楊海英 主編

有關
內蒙古
人民革命黨
的政府文件
和領導講話

上冊

【內蒙古文革檔案】資料編輯委員會

01 滕海清將軍有關內蒙古人民革命黨講話集
主編｜楊海英

編者｜Asuru、Orgen、Seedorjiin Buyant、Uljideleger

02 有關內蒙古人民革命黨的政府文件和領導講話
主編｜楊海英

編者｜Asuru、Orgen、Seedorjiin Buyant、Uljideleger

03 挖內蒙古人民革命黨歷史證據和社會動員
主編｜楊海英

編者｜Asuru、Orgen、Seedorjiin Buyant、Uljideleger

04 內蒙古土默特右旗被害者報告書
主編｜楊海英

編者｜Asuru、Orgen、Olhunud Daichin、Archa

05 內蒙古軍區被害者和加害者紀錄
主編｜楊海英

編者｜Asuru、Khuyagh、Altansuke、Tombayin、Delekei

1. 一九四四年初春，一个蒙古族贫苦农家少年—邰喜德、饥寒交迫，走途无路，考入了伪兴安陆军军官学校少年科、度过了他血和泪的少年时代。

上：描繪蒙古人知識分子為「挎洋刀的」之中共漫畫，引自《蒙古族戰鬥英雄邰喜德》，1992年。
下：「在遊牧民天幕前談笑風生的解放軍」，其實從來沒有出現過的虛景。編者藏。

最　高　指　示

坦白从宽，抗拒从严。首恶必办，胁从不问，立功者受奖。

时至今日，一切空话不必说了，还是做件切实的工作，借以立功自赎为好。

呼和浩特铁路局群众专政指挥部

敦促反革命组织"内人党"及其变种组织成员投降书

"内人党"及其变种组织的成员们，你们听者：

在无产阶级文化大革命取得了伟大的、决定性胜利的今天，在伟大的"挖肃"斗争向纵深发展的时候，在强大的无产阶级专政威力面前，你们这一小撮死党，同伙已经处在人民战争的汪洋大海包围之中，从十月二十四登记以来，你们当中已有一批成员向人民登记自首，坦白交待。

但是，时至今日，仍有一批"内人党"及其变种组织的死心塌地的顽固分子，仍然抗拒不悟，抗拒登记，继续顽抗。

你们想滑过去吗？那是绝对不可能得逞的。不管你隐蔽多深，的装多巧妙，但无论如何也逃不脱群众专政的法网你们的狐狸尾巴早已被我们抓住，你们的党魁、祸首乌兰夫、哈丰阿、特古斯之流早已被揪出来了，你们的反党叛国反革命面目已经暴露无遗了。

你们想顽抗到底吗？那是绝对办不到的你们这一小撮瓮毫王八旦早已成了瓮中之鳖，等待逃脱绝没有好下场，放人不投降，就叫老灭亡，你们再继续顽抗下去，就不客气了，等待你们的将是无产阶级专政的铁拳。

为此，我呼和浩特铁路局群众专政指挥部，对反革命组织"内人党"及其变种组织成员发出以下严重警告：

凡参加过反革命组织"内人党"及其变种组织的成员，必须立即到登记站按规定手续履行登记，不得有误，凡违抗者严惩无贷。

凡已履行完登记手续的成员，必须老老实实，继续检举揭发，坦白交待。凡自动坦白的从宽处理；揭发有功者可以从轻或免于处分；揭发交待立有大功的受奖；抗拒登记、串连统一口供，订立攻守同盟，死不交代，妄图蒙混过关的严惩无贷！

我党历来政策是，坦白从宽，抗拒从严，顽固到底死路一条。

时不宣迟，迟不如早，早不如快，给你们"选择的时间没有很多了……一点游移的余地也没有了。"何去何从，由你们自己早作抉择！

一九六八年十月二十

133　阳光雨露下，　　　小鹰长大了，
　　　小树开了花，　　　就要冲天飞！
　　　三年过去了，　　　莫日根长大了，
　　　莫日根已长大。　　要把草原回。

上：籠罩在全體蒙古人頭上的「敦促內人黨投降書」的一種。

下：中共所宣傳的「在革命聖地延安成長的蒙古人」，引自《草原上的鷹》，1975年。

最 高 指 示

无产阶级文化大革命的斗、批、改阶段，要认真注意政策。

有反必肃，有错必纠。

平 反 通 知

第 414 号

在前段清理阶级队伍中，特别是在挖"新內人党"过程中，由于我們阶级斗爭和路綫斗爭觉悟不高，在"左"倾错誤思想指导下，违背了毛主席"要重证据，重調查研究，严禁逼、供、信"的伟大教导和党的有关政策，犯了严重的逼、供、信和扩大化的错誤，无证据地将 紫夭佑 同志错打成 "九月暗流急先锋""仮纪叛徒"里子将八,圆后党残渣余孽"。

遵照伟大領袖毛主席亲自批示的"五·二二"光輝文件精神，本著"有反必肃，有错必纠"的原則，我盟革委会已于一九六九年十一月半七日宣布給 該 同志从思想上、政治上、組织上彻底平反，幷向該同志賠礼道歉，恢复名誉，給予信任，恢复工作。

由于我們的错誤，使 該 同志的家屬、亲友同志也受到牵连。据此，我們向 吉英梅 同志賠礼道歉，幷消除由此而产生的一切影响。

特此通知

敬祝毛主席万寿无疆！

內蒙古巴彥淖尔盟革命委員会

一九六九年十一月十八日

內蒙古巴彥淖爾盟革命委員會開立的「平反通知」。

序言

楊海英

　　中國文化大革命期間，共產黨在內蒙古自治區發動了大規模種族屠殺（genocide）。經中國政府操作過後的公開數據呈示，中國政府和中國人（即漢民族[1]）總共逮捕了346,000人，殺害27,900人，致殘120,000人。親自在內蒙古各地做過社會調查的歐美文化人類學家們則認為被中國政府和中國人屠殺的蒙古人受害者總數達10萬人[2]。筆者曾經在日本編輯出版了兩本文化大革命（以下簡稱為「文革」）被害者報告書，通過用社會學抽樣調查方法探討呼倫貝爾盟和基層人民公社的被害者情況，得出的結論與歐美文化人類學家的結論相同[3]。這些數據裡並不包括「遲到的死亡」，亦即致殘者120,000人的命運。蒙古人的民族集體記憶是：「文革就是一場中國政府和中國人合謀屠殺蒙古人的政治運動」。[4]

　　大量屠殺蒙古人的時候，中國政府設定的罪名為：蒙古人是「內蒙古人民革命黨成員」。內蒙古人民革命黨，於1925年10月在張家口（蒙古語：Batukhalagha，意即「堅牢的關隘」）成立。建黨時得到了前一年即1924年時剛剛獨立的蒙古人民共和國執政黨「蒙古人民革命黨」和共產國際的大力相助。中國國民黨知道蒙古人成立了民族主義的政黨，而此時的共產黨則在南

---

[1]　蒙古人認為所謂的「中國人」是只指漢民族，只有漢民族才是「中國人」。內蒙古自治區和新疆即東土耳其斯坦的維吾爾人，以及西藏的圖博人只是「中國籍蒙古人」，「中國籍維吾爾人」，「中國籍圖博人」，並非「中國人」。這一點亦是國際學術界共識。參見：Kuzmin, Dmitriev, S. V. 2015 Conquest Dynasties of China or Foreign Empires? The Problem of relations between China, Yuan and Qing, *International Journal Of Central Asian Studies*, Vol. 19, pp.59-91.

[2]　參見：Jankowiak, William, 1988 The Last Hurraah? Political Protest in Inner Mongolia. *The Australian Journal of Chinese Affairs*, 19/20:269-288. Sneath, David, 1994 The Impact of the Chinese Cultural Revolution in China on the Mongolians of Inner Mongolia. *Modern Asian Studies*, 28:409-430.

[3]　參見：楊海英編『モンゴル人ジェノサイドに関する基礎資料5—被害者報告書1』、風響社、2013年、1頁。楊海英編『モンゴル人ジェノサイドに関する基礎資料6—被害者報告書2』、風響社、2014年、78頁。

[4]　參見：楊海英著《沒有墓碑的草原：蒙古人與文革大屠殺》，八旗出版社，2014年。

方割據。

由於「內蒙古人民革命黨」裡「人民」即「arad」一詞本身屬於帶有社會主義色彩的新概念，中國知識分子在向蘇聯和世界上第二個社會主義國家學習時把「arad」有時翻譯為「人民」，有時是「國民」。內蒙古人民革命黨在其成立宣言中稱，「中國領土內，各民族各有其自決權」。當時的中國共產黨也於1927年11月時在其「中共中央臨時政治局擴大會議關於中國共產黨土地問題黨綱草案」中特別提到，「中國共產黨認為必須宣言承認內蒙古民族有自決的權利，一直到分立國家，並且要激勵贊助內蒙古國民黨力爭自決的鬥爭」。翌年，「中共中央致內蒙特使指示信」強調，「內蒙民族運動在民族運動上說是很有革命意義的，我們應當積極領導，並作擴大的民族獨立宣傳以喚起內蒙民族的獨立運動」。之後，中共中央又直接給蒙古工作委員會寫信明確區分「中國同志」（即漢人）和蒙古人。提到要依照國際東方部的原則，「建立內蒙民族共和國，承認民族自決權」。毛澤東率領紅軍長逃至陝北延安後，於1935年12月20日頒佈了「中華蘇維埃中央政府對內蒙古人民宣言」：

> 內蒙古民族只有與我們共同戰鬥，才能保存成吉思汗時代的光榮，避免民族的滅亡，走上民族復興的道路，而獲得如土耳其，波蘭，高加索等民族一樣的獨立與自由。……內蒙古民族可以隨心所欲的組織起來，它有權按自己的原則，組織自己的生活，建立自己的政府，有權和其他的民族結成聯邦的關係，也有權完全分立起來。

毛澤東和他的蘇維埃政府在該宣言裡強調的是蒙古人有「獨立與自由」權，至少可以和中國人「結成聯邦」。但是，中共執政後為了整肅蒙古人菁英而故意混淆「內蒙古人民革命黨」和「內蒙古國民黨」，把蒙古人的民族主義政黨和它自己的宿敵「國民黨反動派」聯繫在一起加以整肅。1968年7月20日，中共內蒙古自治區革命委員會正式確定內蒙古人民革命黨為「民族分裂主義政黨」而對蒙古人加以大屠殺。

中國政府和中國人在內蒙古自治區整肅蒙古人的時候，一開始加在蒙古人頭頂上的是「烏蘭夫反黨叛國集團成員」罪。「烏蘭夫反黨叛國集團成員」

主要由自治區西部土默特地區和鄂爾多斯高原蒙古人組成。實際上內蒙古人民革命黨在1925年成立之際，主要領導人多為東部出身知識分子。1968年7月開始，自治區領導人烏蘭夫被政府認定是「民族分裂主義政黨」內蒙古人民革命黨「頭目」之後，自治區東西部地區菁英和普通蒙古人一起遭殃。客觀講，1925年時的烏蘭夫才19歲，當時他叫「雲澤」，還沒有擔當蒙古人民族主義政黨領袖的資格。中共牽強將二者連在一起完全是為了整肅整個蒙古民族。

　　本書主要收集了關於整肅內蒙古人民革命黨的政府文件和中共眾多領導人講話。中共高級幹部的講話帶有特殊政治意義。在一個沒有法制的專制政權之下，領導人物的講話就是法律而帶有生殺予奪之權。講話往往以「意見」、「批示」和「指示」等形式出現，實際上代表政府意志，具有不可抗拒的性質。文件和領導講話從文革時期開始，下限至1979年中共執行部分「平反」政策期。全部文獻曾經用影印方式在2010年由日本風響社以『モンゴル人ジェノサイドに関する基礎資料2—內モンゴル人民革命党粛清事件』形式出版。如果讀者願意目睹文革期間獨特的政府文件印刷方式和用筆，以及當時的蠟版刻印方式的話，可以直接參考日文影印版。此次重新電子輸入時，文革期間專用的簡體字和繁體字一律統一為現行繁體字。除明顯的錯別字以外，未作任何改動。

目次 │ CONTENTS

編輯書前註：

本書內容為史料檔案，有些文革時期的詞彙和現今我們所習慣的正確用字並不相同。例如「付主席」（副主席）；「揮午」（揮舞）等等。這些不同的用字，為尊重歷史、呈現特殊的文革文化，我們將予以保留。

1.中共中央關於處理內蒙古問題的決定 （1967.04.15）

一、內蒙軍區的個別領導人二月五日以來，在支左工作中，犯了方向、路線錯誤，嚴重打擊了呼和浩特三司等革命群眾組織，大批逮捕了革命群眾，支持了內蒙黨內走資本主義道路當權派烏蘭夫的代理人王逸倫等人以及他們操縱的保守組織。

內蒙軍區黨委某些同志，不經中央和中央軍委批准，把軍區黨委書記、付政委吳濤同志打成三反分子，停止他的工作，還擅自逮捕已經站在革命群眾方面的自治區黨委書記高錦明、權星垣、康修民等同志，並宣佈他們為反革命修正主義分子。這是嚴重的政治錯誤，嚴重的無組織無紀律行為。

至於高錦明、權星垣、康修民等同志，在無產階級文化大革命中有過的錯誤，應當接受群眾批評，在鬥爭中改正。

內蒙軍區有些負責人，在中央指出他們的錯誤以後，還採取兩面態度，進行對抗中央的活動。

內蒙古事件主要由王逸倫、王鐸負責，其次由內蒙軍區某些領導人負責。

二、中央決定由原青海省軍區司令員劉賢權同志，擔任內蒙古軍區司令員，由吳濤同志任軍區政治委員。以劉賢權、吳濤二同志為首改組內蒙軍區的領導，並對軍區發生的問題，進行處理。

三、成立以劉賢權、吳濤二同志為首的內蒙古革命委員會籌備小組。革命群眾組織的負責人，可以參加籌備小組。自治區黨委高錦明、權星垣、康修民等同志，經過革命群眾同意，也可以參加籌備小組。革命委員會籌備小組，負責籌備建立革命的「三結合」的臨時權力機構，領導內蒙地區的無產階級文化大革命，負責處理善後問題，並組織「抓革命、促生產」的班子，把工農業生產和財貿工作管起來。

四、對被打成反革命的革命群眾組織、革命群眾和革命幹部一律平反，被逮捕的一律釋放（包括軍隊內被打擊的革命幹部和戰士）。對韓桐事件的兇手，要依法處理。

　　五、黨內走資本主義道路當權派烏蘭夫問題，要在內蒙公開揭露。王逸倫實行隔離反省，王鐸應停職檢查，交給群眾鬥爭批判。

　　六、幫助革命組織恢復和發展，幫助他們活學活用毛主席著作，整頓思想，整頓作風，整頓組織，實現無產階級革命派大聯合。引導他們把鬥爭的矛頭指向黨內一小撮走資本主義道路當權派，對保守組織的群眾要作政治思想工作，不要打擊報復。工農兵革命委員會、無產者革命造反聯合總部這樣的跨行業的上層組織應當解散，有條件參加群眾組織的人，應回到本單位去參加。一律不許武鬥，不許打、砸、搶、抄、抓。

　　七、結合給被打成「反革命」的革命群眾、革命幹部平反，釋放被捕的革命群眾和革命幹部，進行擁軍愛民，加強軍民團結，嚴防壞人挑撥軍民關係。要向廣大革命群眾宣傳毛主席關於相信和依靠群眾、相信和依靠人民解放軍、相信和依靠幹部大多數的指示。

　　八、廣泛深入地宣傳中央關於青海問題決定的原則，中央關於安徽問題的決定和批語，中央軍委的十條命令，中共中央一九六七年二月二十一日通知和中央軍委的八條命令。這些文件中規定的原則，要堅決貫徹執行。

　　（發至省、軍級）中發〈67〉126號

　　　　　　　　　　　　　呼和浩特大中專院校紅衛兵革命造反司令部翻印
　　　　　　　　　　　　　　　　　　　　一九六七年四月十五日

2.內蒙古自治區呼和浩特市各群眾組織和 人民解放軍當地駐軍的指戰員同志們 （1967.04.17）

（一）中共中央四月十三日關於內蒙問題的決定，是經過我們偉大領袖毛主席及其親密戰友林彪同志批准的。一切擁護以毛主席為首的黨中央的同志，一切擁護以毛主席為代表的無產階級革命路線的同志，團結起來，堅決貫徹執行黨中央關於內蒙問題的決定。

（二）一切受蒙蔽的人，應當擦亮眼睛，不要再受壞人的挑動，要把鬥爭的矛頭指向黨內最大的走資本主義道路當權派，指向內蒙黨內走資本主義道路當權派烏蘭夫、王逸倫這一小撮人，要同個別煽動對抗中央決定的壞人劃清界限，回到毛主席的無產階級革命路線一邊來。

（三）中央已經正確地處理了內蒙問題，內蒙各方面到北京來反應情況的人，都應當迅速返回內蒙。各方面都不要繼續派人到北京來，更不得攔阻火車，妨礙交通，破壞生產。

中央文化革命小組
全軍文化革命小組
一九六七年四月十七日

3.滕海清同志傳達中央首長的指示精神
（1968.02.13）

（1968年2月13日15點14分至17點20分）

參加會議的：高錦明、康修民、李樹德及在家委員，內蒙軍區負責同志，各分區在軍區參加兩個會議人員，各盟、市參加研究加速建立旗縣級革委會會議負責人，呼市造反派各總部負責人，革委會機關各組負責人，約300多人。

滕海清講：1968年2月4日接見是在晚上八點至十二點；中央首長有周總理、康生、江青、謝富治、姚文元、汪東興、吳法憲、葉群等同志。這次主要是彙報一下內蒙文化革命情況，重點，是去年十一月十二日江青同志講話以來到現在的階級鬥爭情況，最後，康老講了話。總理、江青同志在彙報中間有些講話，話雖然不多，但很重要，特別是對我區當前運動向縱深發展「深入一步就是揪烏蘭夫黑線，肅清烏蘭夫流毒的鬥爭有極其重要的指導意義。

總理講：現在還有一些人結夥搶擊國家財產，破壞鐵路、交通、國家物資的行為，這就不是什麼派性了，而是反革命行為。要把頭頭揪出來，交給群眾，公開審判，對脅從的群眾要進行教育，區別對待。現在有些壞人破壞鐵路，炸橋樑，搶擊槍支，殺人，實際上不是什麼造反派，而是反革命操縱。

滕海清講：這是彙報到東三盟仍然有武鬥時講的。最近，呼盟的克一河報告有×××多人××支搶，其中有從河南、長春、北京這些地方來的，結夥原來的保守組織，圍攻森警，打死了人，後來把這些人包圍解決了。這樣他們就不是什麼搞革命了，現在要搞大聯合的鬥批改，他們還搞那些，這是什麼鬧革命。這一些人搶槍，破壞國家財產，不能認為是兩派的問題，而是反革命破壞。這要同造反派內部打內戰劃分清楚，他們已經搶槍打遊擊，就變成反革命了。

保守組織沒有解散的，要教育他們，把壞頭頭揪出來，對群眾要聯合，不要採取簡單壓的方法，更不能隨便把他們當成反革命。對於保守組織，還是人民內部矛盾。凡是今後有搶槍的，動員群眾把他包圍起來，把槍繳了，把壞頭

頭抓起來。兩派鬥爭雖然有壞人操縱，主要是發動群眾把壞人揪出來不能把群眾組織當成反革命。

二、幹部問題

滕海清同志彙報到內蒙的幹部很複雜，壞人總的還是一小撮，但比較其他地方要多一些時：

總理講：幹部問題是很多，去年二、三月問題那麼嚴重，但還沒有外逃的，要作具體分析，相信幹部大多數是好的，個別單位小部分爛掉，大部分爛掉，全部爛掉是有的，但要注意一下，就正個來說，壞人還是極少數。

在滕海清同志彙報到正黨和審幹如何結合，主要是把烏蘭夫黑線挖淨，把烏蘭夫流毒肅清，把幹部隊伍基本弄清了，幹部問題才能解決。

江青：這樣做是對的。

總理：烏蘭夫鬥了沒有？

滕海清：沒有回去，只是背靠背的鬥了，我們要求拿回去。

總理：沒有點名嗎？

滕海清：我們的報紙上點名了，中央報紙沒點。

總理：烏蘭夫回去的問題，要主席決定，適當時後回去。

楊總長：黃厚、王良太可以參加學習？

滕海清：軍區黨委沒有研究。現在階級鬥爭是尖銳的，挖烏蘭夫黑線，現在一方面有人挖，一方面有人保，從十七號以後一月十七日群眾發動起來了，抓了一些壞人。現在好人抓壞人這是主要的，也發現有壞人抓壞人，起了保護作用。壞人抓好人，這是個別的，鬥爭比較複雜，這個情況有沒有，不能說沒有。

總理：為烏蘭夫翻案的多不多？

滕海清：不是多，但是有。

總理：要把為烏蘭夫翻案的頭頭抓起來，實行專政，對受蒙蔽群眾要爭取教育。你們處理東聯的辦法就是很好。

滕海清：土旗東聯不就是為烏蘭夫翻案的。直屬機關東聯，決聯站是大雜燴組織，他們當中很多人是老造反派。一月十七日已宣佈回原單位搞大聯合，鬧革命。

總理：現在就是按單位、行業，搞大聯合嗎？

滕海清：東聯最近讓他們回去，但是下邊有的人做的不好，把他們鬥了，這就不好，證明我這個講話沒算數，我們重點是挖烏蘭夫黑線。現在再加上王再天線上的。如果你們同意的話，還是歡迎他們回去，敲鑼打鼓歡迎他們回去。

三、彙報了群眾專政指揮部的情況：

滕海清同志說，公檢法實際不在我們手裡，公檢法是王再天掌握的是包庇壞人的合法機關。群眾專政，打擊對象是牛鬼蛇神、投機倒把，搞了以後群眾很高興。

江青：很好，上海是文攻武衛指揮部，你們是群眾專政指揮部。

總理：群眾專政指揮部，組成個保衛領導小組，要有軍隊負責同志參加，領導起來，拋開公檢法，重大問題，群眾組織不參加，加強群眾專政指揮部的領導，對重大的政治案件，研究處理。不一定拿到群眾會上去研究。群眾專政指揮形式很好，威力很大，體現了毛主席的依靠群眾的思想，要總結經驗。

四、關於革委會：滕海清同志講，在我們腦子裡對有些幹部瞭解不夠，對幹部問題沒有完全解決，裡邊可能出點問題，個別有問題的混了進來。如何處理，我們採取內部處理的辦法，不在街上貼大字報，因為這是個別的。

總理：革委會是新生事物要愛護他，逐步完備它，混進個別壞人也不要怕，小孩子頭上還有個瘡疤，一點毛病不出是不可能的，如果發現這個問題，要採取內部處理的辦法。

滕海清：革委會成立開始不大瞭解，不是有意安排。對這些人，等於一個蝨子不要上街，階級敵人見了高興，希望我們亂，搞亂我們的陣線，內部處理不等於包庇，不要以為出了一個壞人，革委會就垮臺了，只是把蝨子拿下去了，這是十個指頭與一指頭的問題，要維護革委會的威信，這是造反派選舉出來的，沒有百分之百的正確。

中央首長講：革委會裡邊成員有問題，先保一下，這有好處。

總理：對造反派要做工作，他們會顧全大局的，不要上街貼大字報，中央一項採取這個方針。要維護新政權的威信。比如黑龍江省有個常委很壞，二派都同意打倒，大字報沒有上街。中央文革對這一類問題，也是這樣處理的。這

個問題處理不好，就自己拆自己的台。

滕海清：一個革委會，三十多人、五十人，出一、二個人有什麼了不起的，錫盟轟高萬寶扎布這是不對的，軍分區一定要支持革委會，高萬寶扎布有些歷史問題，我們知道了，現在不認為是壞人分區對大字報不表態是不對的。就現在知道的一些歷史問題沒有什麼了不起，有些委員對高萬寶扎布也不大信任，這就不好了。我們有些大學個別委員有問題，沒有什麼了不起。今後，凡是革委會委員有問題，必須經過上一級革委會決定，先在內部解決，可以開常委會。這樣好，有秩序。

在彙報各盟情況時：各盟基本解決，伊盟問題不大，包括組織上聯合，思想沒聯合。

總理：包頭問題要狠抓一下，要抓革命，促生產，那裡有國家重工業，很重要。對加強國防關係重大，希望在短期內革命和生產有個新的起色，生產要趕上去。滕海清同志能親自去包頭就更好了。

滕海清：包頭比其他地區差：但形勢還是好的，主要是生產有問題，包鋼停產，一個機械廠停產，李質同志已去包頭，抓得很有成績，還需要加強。（滕海清同志準備去包頭親自抓一下）。

滕海清：自治區報了一個核心小組，七人組成，總理說，核心小組名單同意，請康老批一下。

總理：文化革命中，去掉了瞎指揮，去年農業大豐收，21個省市自治區農業獲得大豐收。工業生產要趕上去。

滕海清：河北很好，石家莊最好。

總理：內蒙運動搞的不錯，局勢很穩定，各方面搞得都不錯。

滕海清彙報王再天的問題，說：王是主管公檢法的，公檢法成了包庇壞人的合法機關，到底什麼問題，不清楚，開始，揪特古斯、王再天有些恐慌，去年我的講話，他不敢傳達，我知道這裡有鬼，是有問題的，但沒有掌握多少材料。

康老：王再天這個人很陰險，我從黑龍江一個材料上看到他是蘇修特務，內蒙還有別的人。王再天不僅是個蘇修特務，還是張學良的忠實走狗，而且可能是個日本特務。

滕：張學良1932年調武漢當司令，王再天是參謀，實際是特務，1945年到49年下半年，王再天從蘇聯帶來電臺到內蒙，同蘇聯有聯繫，電臺藏在李溫家，查到一個密本，大部分已燒掉，問總理、康老，王再天和蘇聯通報聯繫，中央知道不，總理說不知道，康老說他也不知道。

康老：你們要有計劃地發現培養和提拔一批蒙族幹部。

楊成武：王再天談越過國境，是因為迷失路途是騙人的，那個地方不會迷失方向的。

滕海清在彙報有壞人煽動說先打西部蒙古人，後打東部蒙古人，用民族問題掩蓋階級鬥爭，抵制挖烏蘭夫黑線時，康老說：內蒙地處蘇修、蒙修、日本特務，壞人果然不少，但大多數幹部群眾是擁護毛主席、共產黨的。建設內蒙還是要靠那裡的廣大幹部和群眾。把壞人揪出批鬥是好的，但面不能太大。烏蘭夫影響很大，流毒很深。對烏蘭夫的批鬥要持久地開展下去。一個是××，一個是農村牧區，要把烏蘭夫批深批透，肅清流毒，就不會出亂子了。一方面對烏蘭夫進行批鬥，同時要大批鬥王逸倫，這樣群眾就會知道我們不是反對蒙古族，蒙古族中的壞人要發動蒙古族中的群眾揪鬥，一般的民族情緒要與反革命區別開。不要隨便給人戴上地方民族主義帽子。

滕：我講過民族情緒是烏蘭夫的流毒。有些民族情緒是認識問題，不要認為是政治問題，那樣是錯誤的。我們是一個目標，社會主義和共產主義，一個思想，毛澤東思想！一個方向，毛主席指示的方向。擁護毛主席就是革命的，凡是不擁護毛主席就是反革命。不要輕易給人戴上民族分裂主義的帽子。要擴大教育面。康老接著說，去年內蒙的1800人來北京，有一句話我很注意。說他們不是反革命，要是反革命就向北跑，不向南來了。運動向縱深發展後，要引起我們注意的是，國內外階級敵人利用民族問題，挑起民族糾紛，製造民族分裂，我們不要上當。我們是搞階級鬥爭，教育群眾，不要陷入到資產階級民族主義泥坑中去。列寧講對民族問題的論述，那是指對資本主義社會講的，現在我們是社會主義國家，因此不完全適用了。

江青：我在北京文藝界的報告，北京文藝界沒動起來，壞人沒有挖出來，內蒙，倒動起來了。通過文藝界深入鬥爭，使文化革命前進了一步，挖出了這麼多的壞人。壞人數量很少，但能量大，對主要頭頭要狠狠打擊，對王再天要

放手讓群眾鬥，要從他口中挖盡材料。現在什麼人也自稱造反派，要看他造誰的反，我們要的是無產階級革命造反派。

滕：有些人自稱造反派，實際是造我們的反，不執行毛主席的指示，搶槍、搞破壞，這是造誰的反。造反有理，造資產階級的反有理，造無產階級的反就是反革命。

江青：李維漢利用民族自治，行民族分裂之實，人為的製造民族矛盾。像廣西僮族本來和漢族一樣，有什麼必要成立自治區，他設計了倒退幾世紀的服裝拿出來，稱作民族服裝，另立民族語言文字。肖華在政協禮堂事件中，做了一件壞事，他說打的對打的好，我們聽了很氣憤，但壞事變了好事，使我們下決心徹底解決內蒙問題。（滕：肖華這條線可能是王良太，王良太的問題我向肖華報告了兩次，他沒表示態度）。

江青：內蒙階級鬥爭比較複雜，又是國防前線，但正個局勢比較穩定，鬥爭深入後，革命群眾挖出了一些壞人和一些反動黨團組織。群眾專政指揮部是個好形式，獲得群眾擁護，毛主席依靠群眾專政的思想威力顯示出來，要加強領導，要總結經驗。

滕：關於內人黨的問題：內人黨是1925年成立的，以後搬到蒙古，1929年烏蘭夫回來，又恢復了，由於種種原因，成員極其複雜，36年又解散了，後來又成立了，1946年4月3日在承德開會，已經下令解散。以後，分裂成很多黨，什麼民族統一黨、新內人黨等等，這些問題如何處理，沒有底細。

總理：1946年4日3日以後，再成立黨，就是反革命。

江青：頭頭和受蒙蔽群眾，頭頭中主要和一般的，悔改好的和抗拒的都要區別對待。

滕：頭頭也要有區別，不在頭頭大小，有些小頭頭很壞。這些頭頭，實際上是蘇蒙修特務，頭頭要發動群眾才能搞清楚，但不能說參加這個黨的每一個人都是反革命，但這個組織是反革命的。

江青：內蒙成立以後，抓了深入階級鬥爭，工作很扎實，青海抓了整黨建黨，各有特點。

謝富治，內蒙有沒有北京去的人，有，統統把他們趕回來，（滕問呼市有沒有在外地的，三司查一下）民族問題要提到階級鬥爭的高度，反革命分子千

方百計挑起民族糾紛，要提高警惕，我們不要上他們的當，在運動中要注意培養一批優秀的民族幹部。

（接見插話就完了）

滕：中央對我們評價很高，鼓勵很大，我們要更加謹慎，我們的農業完成93％（總理講山西最差）工業落後，建立革委會工作做的還是不行。有些人不是跟不上，就是跟著跟著就歪了，群眾專政是專敵人的政。而你們專炮轟派、保守組織的政，這好嗎？我們這裡把東聯壞頭頭雲治序揪出來，是對的，但對東聯組織要按政策辦事，呼市有的鬥了決聯站的人，我講過，要歡迎他們回本單位，幫助他們，聯合他們。最近，政法、文藝各個口鬥爭很激烈，現在有個問題，可能有少數人轉移鬥爭大方向，是鬥烏蘭夫，抓叛徒重要，還是鬥保守組織頭頭重要，還是挖這三股勢力重要。為什麼一搞方向就歪了。正個是好的，個別單位有這種情況。現在還有這樣一種苗頭，把矛頭指向革委會好像內蒙革委會是黑窩子，這是什麼意思，有意見可以提，希望你們不要這樣搞，你們單位都沒有搞好，不要以為革委會是黑窩，我們腦子要清醒，不然就上當，不要把自己人當敵人，把敵人放過了。放著烏蘭夫黑線不抓，搞另外的，這就不好了。

階級鬥爭你不鬥他，他就鬥你，你要鬥他，他要反撲，現在是否是好幹部，革命派，這個時候是個考驗，有人故意這樣轉移大方向，上綱要實事求是上，不是無限的上，階級鬥爭很複雜。可能和派性混在一起，要搞臭派性，揪誰不要按人建立聯部站，現在揪一個人一個聯絡站，黑龍江發現有一千多人有叛徒嫌疑，按我們辦法那得建立多少站，我的意見組織專案組，一個線上一個組織就行了，一個人的問題，組織調查就可以解決，這些人沒有什麼了不起，「甕中抓鱉」。別有用心轉移方向的人不要自作聰明，將來總是搬起石頭打自己的腳。有些人非揪出來不行，如寶音扎布。最後，還是揪出來。有的人搞革委會，不要緊，革委會是垮不了的。我們在戰術上重視敵人。戰略上藐視敵人。

關於「內人團」的問題，這個組織人數很多，過程很複雜，要把材料搞清，根據它的綱領性質，研究再定，內人黨就是搞民族分裂，內外蒙合併的。

李樹德同志補充

一、滕海清同志在彙報時，講到各級革委會建立情況，沒有建立的旗縣，三月底前全部搞起來，企事業單位五一節前搞起來，周總理很贊成。這樣抓革命，促生產就有保障了。

二、工業生產趕上去，去年農牧業生產大豐收，農業生產比前年減產，糧食統購不錯，華北來講是不錯的單位，工業生產，呼市、包頭總產值占內蒙80％，要抓上去。

北京軍區推廣石家莊經驗，工業生產搞的好，這主要是毛澤東思想，毛主席著作學的好，實現了革命化，工廠、商店、服務態度都是革命化。希望我們的工業生產，在呼包二市抓起來，思想要革命化，把市場供應，服務態度很好改進。中央對石家莊的造反派評價很高，旅店住了旅客，還組織學習。周總理在河北成立革委會時對華北提出要起五個方面模範作用（抓革命，促生產，精簡，節約，戰略），北京正在開會研究。

我們要集中力量，把中央首長對我們的鼓勵變為實際行動。

滕海清同志的講話可以傳達，不准在大小報紙，大字報上寫出來，全部傳達，不能各取所需。

（以上是記錄整理，未經本人審閱，請勿丟失。）

《革命大批判》
內蒙呼盟海地區紅色造反者革命大批判聯絡站
《革命大批判》編輯部
一九六八年三月十八日

4.關於「內蒙古人民革命黨」叛國案件的報告（1968.04.26）

（革發印38號　發往：已電發北京）

　　毛主席、林副主席、中共中央、國務院、中央軍委、中央文革並北京軍區（請轉回來，吳）

　　在1963年內蒙古公安部門在郵遞中發現了以「內蒙古人民革命黨」第二次代表大會名義，給澤登巴爾的信一封，文中惡毒地攻擊和咒罵我黨，並要求「內外蒙合併」。這個案件在烏蘭夫、王再天等人包庇下，幾年來不但一直未能破案，案信完全向階級敵人暴露，而且長期製造輿論，似乎1943年「承德4.3」會議以後，「內蒙古人民革命黨」已不存在了，這個叛國案件是不存在的，造成了很大一個偽象。文化大革命初期，曾試過破案，及因資本主義復辟逆流的衝擊，未能完成。

　　在挖烏蘭夫黑線，挖烏蘭夫惡毒的鬥爭中，廣大群眾起來，揪出了「內蒙人民革命黨」的一些骨幹。最近廣大群眾在偉大領袖毛主席關於「無產階級文化大革命，實質上是在社會主義條件下，無產階級反對資產階級和一切剝削階級的政治大革命，是中國共產黨及其領導下的廣大革命群眾和國民黨反動派長期鬥爭的繼續，並無產階級和資產階級的繼續」的教導指引下，向敵人展開了主動全面的總攻擊。此案昨日（二十五日）上午初步突破。內蒙古人民革命黨多次召開會議證明「內蒙古人民革命黨」是存在的，而且長期與我為敵，一直大拉民族分裂主義。據內蒙軍區政治部副主任，烏蘭夫死黨民族分裂主義分子鮑蔭扎布供述：1963年7月（或8月上旬），一個星期天的下午，內蒙古大學的原黨委副書記、副校長巴圖到鮑家，給鮑寫了「內蒙古人民革命黨」1963年代表大會的宣言和代表名單。這個名單中包括七十人左右，現在鮑還牢記住的為內蒙語委主任額爾敦陶克陶、內蒙人委祕書長嘎日布僧格、烏蘭浩特二中額爾敦巴圖、內蒙人委副主席哈豐阿、朋斯克、內蒙高等法院院長特木爾巴根、民政廳長烏力圖、電臺台長昂日布、內蒙人民出版社社長（索都那木）、內蒙師

範學院桑傑扎布、烏盟副盟長盟委副書記旺丹、畜牧廳長都固爾扎布、副廳長額伯熟圖、內蒙古大學副書記巴圖、教師特布信、內蒙交際處專官布扎布、內蒙宣傳部副部長特古斯、內蒙醫學院院長木倫、包頭鋼鐵公司副經理烏力吉那仁、包頭二冶副書記富勝何、哲盟盟長賽音巴雅爾、內蒙體委哈斯巴特爾、呼市毛紡廠廠長德力格爾瑪、烏盟軍分區司令員白音寶力高、內蒙黨校教育長烏日圖、呼盟軍分區司令員王海山、內蒙日報社馬尼扎布、內蒙語委副主任郭文通、語委的其木道爾基、內蒙參事寶如薩格拉扎布、內蒙歷史研究所朱榮嘎、內蒙農村學院院長貢嘎、衛生廳副廳長義達嘎蘇榮、交通廳長烏力吉敖斯爾。此外，鮑蔭扎布還交待可能還有：呼盟盟長吉爾格拉、烏盟軍分區副司令員額爾敦倉、中後聯合旗第一書記哈斯、內蒙人委管理處雙寶、內蒙醫院院長額德、內蒙團委沙梯、婦聯烏雲娜、內蒙文化局金殿賢、內蒙師院旺吉拉、內蒙師院黨委書記特木爾巴根、中央民族出版社副社長李洪範。

　　這個民族叛國集團，約在一九六三年二、三月間，在集寧以合法會議作掩護開第二次代表大會，會中特古斯、哈豐阿都講了話，通過了宣言。宣言可能的中心大會是反對中國共產黨。為實現「內外蒙合併」而做事。這個宣言由特古斯起草，額爾敦陶克陶負責油印。他們給澤登巴爾的信暴露後，曾組織退卻。巴圖曾找鮑蔭扎布策劃，當時議定依靠公檢法的「三長」捂蓋子過關，因為特木爾巴根就是其中的成員。公安廳副廳長布特格其可爭取他們實現。

　　以上情況是新的突破，除有些問題與我們已經掌握的材料相同。某些情況與巴圖交待吻合外，還不能完全有實鮑蔭扎布口供的可能性。為徹底揭開蓋子，挖出這個叛國集團，採取大搞人民戰爭與專案組結合的方式，展開攻擊。根據這個集團中每個人的具體情況，選定鮑蔭扎布、巴圖、額爾敦陶克陶、特布信、旺丹、馬尼扎布等人為重點，並對此些人立即採取拘留隔離的手續。對某些有關人員，組織群眾實施突擊。此案波及面廣人多，在一定時間內必須保密，待問題進一步查清楚，再採取適當措施，以防意外。

　　以上報告與否，請速示。

內蒙古自治區革命委員會

1968.4.26

5.內蒙古自治區革命委員會常委李德臣、 郝廣德同志接見揪黑手、揪叛、揪哈 三聯絡站負責同志談話紀錄整理 （1968.05.24）

時間：1968年5月24日下午3:30-6:00

地點：新城賓館俱樂部

先由郝廣德同志帶領大家向偉大領袖毛主席像敬禮，祝毛主席萬壽無疆，祝林副（付）主席身體健康，背誦毛主席最新指示，無產階級文化大革命，實際上是社會主義條件下，無產階級對資產階級和一切剝削階級的政治大革命，是中國共產黨及其領導下廣大革命人民群眾和國民黨反動派長期鬥爭的繼續。然後，談話開始。

郝廣德：今天找大家來，主要是揪哈，揪叛、和揪黑手三個聯絡站。根據當前形勢的需要，為了更集中，更有力地把你們的工作進行下去，找你們來談一談。李德臣同志，看是否你先給他們談談。

李德臣：你們先談談吧，我們聽聽你們的，不要全面匯（彙）報了，主要是專案工作的進度。

揪哈彙報：（略）

揪黑手彙報：（略）

揪叛彙報：（略）

李德臣：根據當前鬥爭形勢，叫大家來研究一件事，就是重新組織，今後戰鬥任務，講幾點意見。

你們幾個聯絡站我們認為在挖肅鬥爭中起了先鋒作用，在這一階段發動群眾，抵制右傾翻案風起了很好的作用，你們的工作作出了相當的成績，工作人員起了好作用，是應當肯定的。所以我們是支持你們的。

現在的鬥爭形勢常委擴大會議紀要已經講清了（問：這個紀要你們看了

嗎？回答：報上登載後，我們組織學習了。），很早以前就想找大家來談一談。

現在到了什麼階段，整個鬥爭已經進入了向一小撮積極敵人全面總攻擊的階段。

三個階段：第一個階段是文藝界首先開始的，打個前哨戰。67年11月17日學習江青同志講話，24日揪出了特古斯。你們揪黑手、揪叛都是此時應任而生的，鬥爭的方向都是揪特古斯，主要還有幾點成績是：一個是發動了群眾，起了重要作用。當然這個發動群眾應當這麼認識，由於當時是一個轉換階段，不是說群眾都發起來了，很多人原來有右傾麻痺思想，通過這一仗衝擊了一下，群眾思想起了波瀾，大家開始思考問題了。第二個，我們比較系統地研究了敵情，過去我們不瞭解烏蘭夫的三股黑勢力，只是提烏蘭夫，通過這一個仗，我們不但知道了烏蘭夫有很大的嫡系，還發現了烏蘭夫的旁系，也很大，叛徒、特務、牛鬼蛇神。第三個也摸到了我們造反派內部的思想狀況：驕傲自滿，和平麻痺，求安怕亂的思想。為挖肅鬥爭作了思想上、組織上的準備。當時先後出現的還有「決聯戰」，我們沒有承認，沒有支持，他們與你們不同是另一種思潮。

第二階段，在這基礎上，召開了常委擴大會議，向廣大群眾交了敵情，批判了右傾思想，採取了突擊辦法，這一仗打的很順手，打出了一萬多敵人，七千（？）多案件。我們向毛主席和林副主席已經彙報了三十多個重大案件。敵人沒想到我們這一手，被打得措手不及。當時正搞大聯合、三結合，敵人麻痺了，包括王再天在內，兩個月打得比較順利。敵人沒有來得及有組織地反抗。這一階段，你們幾個聯絡站也起了重要作用，起碼說是衝鋒陷陣作用。這一仗，可以說群眾基本發動起來了。這一仗中《魯迅兵團》的上層代表右的勢力垮臺了，說明衝破了右傾保守勢力。另外，這時揪出了楊、付、余，敵人以為有機可乘了，組織了一次反撲，但也沒有什麼了不起，我們就因勢利導，我們舉辦了學習班，召開了「4.13」大會，發表了第二號通告。現在我們處在向敵人發動總攻擊的階段，現在鬥爭是整個挖肅鬥爭的最高潮。全面進攻的重要標誌是：（1）、運動深入了，把隱藏得比較深的、比較巧妙的敵人挖了出來；（2）、比較重要的案件一一突破了；（3）、正醞釀著一個更大規模的革命的大批判，準備展開大批判戰役。在這種情況下，我們幾個聯絡站要適應這種狀

況。仗應怎麼打？一方面肯定前一階段，一方面進行調查，根據形勢，相應作適當調整。從前階段看，一些案件主要是本單位本系統突破的。毛主席說過：「在群眾沒有發動起來的時候，要反對右傾，當群眾發動起來了，就要防止左傾。」在防「左」方面，（1）、常委擴大會議紀要中有有兩段是專門說這個問題的；（2）、不久前，提出了政策標準，就是那條了。你們見了沒有？（答：知道了。）；（3）、最近又打了個電報，也是六條（郝廣德插話：這電報我們準備再修改、再提高一下）。我們規定一些政策，逐漸把群眾的積極性引導到正確的軌道上來，以後還要規定一些政策。應當看到形勢，事物是在變化的。你們應該不斷研究新的形勢、新的特點，不然你們就要犯錯誤。工作要搞得更扎實，再大轟大嗡就不太適合了。國際形勢對我們很有利，法國學生運動和工人運動結合起來了。從×月×日到×月×日幾天的時間，法國全國一千五百萬工人，就有八百萬起來了，佔領了30多所工廠，參加了罷工鬥爭，來的是很快，我是沒想到，可能你們想到了吧。這種形勢我們應當受到鼓舞，是中國無產階級文化大革命在全世界的偉大作用，毛澤東思想在全世界的偉大勝利。美國黑人起來了，法國起來了，越南北方在談判，越南南方發表聲明：不管美國怎麼樣，越南人民是要打到底的。正在巴黎談判，後院著了火。談判中，越南堅決要求美國佬全部撤出越南，而美國則採取降級手段。國內，全國29省市，已有23個成立了革命委員會。社論上說建立革命委員會用只爭朝夕的精神，這還是在社論中第一次提出的。常委擴大會議紀要中談到工人、學生……一律回本單位鬧革命，不要在社會上干擾了。當然你們幾個聯絡站不是干擾了，但這個精神也適合你們。現在全區94個旗縣中已有92個建立了革委會，還有兩個沒有建立（碏口、科左中旗）。各蒙市縣群眾發動起來了，實際上在群眾未發動起來時，這些工作無人搞，現在就有人搞了。現在派性有新的特點，各派都怕落後，都想搞點東西，都想立新功，這是可愛的，但是有私心。（郝廣德：前半句是無產階級派性。）現在你們再去插手，群眾有些討厭，也容易搞成派性，不如本單位搞好。根據這種情況，需要調整一下。調整的辦法：有一部分同志要回本單位，有一部分要納入官方，有一部分要變成專案。具體怎麼辦，一會由郝司令給你們談談。（郝笑：你也叫我司令。）過去你們搞專案組一些可以，不在乎，現在不行了。不是我們這兒高興了就支持你

們搞起幾個聯絡站，不高興了就撤銷。這是根據當前鬥爭形勢的需要決定的。我們每天向毛主席請示彙報時，都要背一條語錄：「政策和策略是黨的生命，各級領導同志務必充分注意，萬萬不可粗心大意。」，不能不要「生命」，既然是「生命」，就要像對待生命一樣對待這個問題。這條語錄不僅要背，而且要用。

有這幾個需要注意：

1、我們這兒是少數民族自治區，有民族特點，烏蘭夫搞民族分裂都是他利用這一點搞的，而我們可以不能粗心大意，我們黨的民族政策是必須執行的，一大意就要出問題，而你們現在搞的是恰恰是這個問題。什麼是死黨？民族分離主義？如「草案」中規定「各個集團」不是「各個黨團」例如「人民革命黨」。一種意見，「人民革命黨」是反動的，我說不能一概這麼講：「人民革命黨」是25年成立的，是民族主義的，列寧說：民族主義是社會主義的一部分，斯大林說：民族主義是社會主義的朋友，現在使用不使用了？我們共產黨是在21年成立的，還沒有來嘛，當時人民革命黨在張家口成立，第三國際派代表參加了，國民黨派代表參加了。對國民黨也要分析，25年的國民黨也不能說是反動的。27年以後，蔣介石叛變革命以後，國民黨分化，分化出一個國民黨反動派，我們打擊的是國民黨反動派。毛主席最新指示中說：……共產黨及其領導下的廣大人民群眾對國民黨反動派長期鬥爭的繼續，……。這裡提出的是國民黨反動派。27年蔣介石叛變革命，國民黨分化，「人民革命黨」相應也有一個分化，我們打擊的是跟著白雲梯投靠國民黨的那一派。1945年又恢復，當時還是民族主義的，1946年「4.3」會讓我黨表態，在「4.3」會議後，「人民革命黨」就是反動的了。認定是反動的以後，還有一個打擊面的問題，要打擊首要的。首要的怎麼來認識，我們規定的那六條，旨在民族分裂頑固不化的頭頭。為什麼不早提，這也是按毛澤東思想辦事的，群眾沒有發動起來時，要反右，就不是想規定條條框框來束縛群眾的手腳，也規定不出來。群眾發動起來了，要防「左」，就要縮小打擊面，

2、搞這個問題的根本武器是毛澤東思想，我們依靠強大的政治是完全可以壓倒敵人的，不能搞逼供信，不能用打人的方法。逼供信害處大，不但容易陷害好人，而且容易被敵人利用，敵人不但能從右的方面搗亂，也可以能從

「左」的方面來破壞嘛。應該很好地研究政策，現在出現的死人問題，近300來人了，有的是武鬥死的，有的畏罪自殺的。老子死了，兒子不易改造，有殺父之仇嘛，鐵了心了。還出現要把壞旦的子女一律消滅，……。現在出現的，打人、遊鬥、逼供都與我們的鬥爭是不利的，都在克服之列。

現在我們與運動初期不同，初期幹部不好辨認，不相信，現在不同了。現在我們有了政府，這個政府就是革命委員會，我們要維護革命委員會的威信，嚴格執行革命委員會的決定，現在毛主席最新指示，……一元化的領導。通過這些，為第三次全委會創造了條件，我們可以不久就開第三次全委會了，要強調落實毛主席最新指示，（幹部政策、革命大聯合）。群眾專政，最近政法委員會要出文件，群專，是在群眾監督下改造，要抓人抄家必須通過群專，而逮捕人的權利完全控制在革委會內部的核心組手裡。

郝廣德：同意德臣同志講話。革委會對你們幾個聯絡站評價是很高的，是在挖肅鬥爭中高舉毛澤東思想偉大紅旗，是站在毛主席革命路線一邊的。按照毛主席的偉大戰略部署，在革委會的領導下，在反三右一潮鬥爭中，做出了很大貢獻，不僅在呼和而且在全區樹立了榜樣，大方向始終是正確的。在發動群眾，在衝破文藝界和公檢法，都有建樹。至於「揪黑手裡有黑手」，「揪叛裡有叛徒」，這是來自敵人方面的，不要上當，革委會是一直支持你們的，是革命的聯絡站，是符合毛澤東思想的。至於出現一些缺點和錯誤，出現一、兩個壞人，這是支流，絲毫不能動搖我們的方向和成績。

同志們不要以為聯絡站裡有了什麼問題，要解散的，不是這樣的，一直是肯定，功勞、成績不能說了，要戒驕戒躁。

根據當前形勢，研究一下我們的任務任務。

現在形勢變化了，群眾充分發動起來了，不像以前那樣，「魯迅兵團」捂階級鬥爭蓋子的時候了。現在有些專案不容易進行下去了，如剛才彙報的王再天專案，這不是你們工作有問題，而是形勢不同了，是發展的必然。不如本單位本系統搞好，也不是無政府主義的，是在革委會領導下進行的。你們過去的名稱也不恰當，什麼內蒙什麼站，連個自治區都沒有，揪黑手聯絡站的名稱不確切了，實質上是搞專案。以後聯絡站變成一、兩個專案，也不要叫哪個聯絡站了，咱們要在革委會領導下變成了一個大山頭，1300萬人民的大山頭。由政

法委員會、革委會專案辦公室變成一個專案組，專案可也用代號，也可以用專
一名稱。

學生有畢業生，要畢業了，下個月可能就分配，應該回校，不是畢業生
的可以按系統安排。我們提議，你們如果同意咱們研究辦法，牌子是否可以摘
呀，不要吃過去的鐵飯碗了。應回去的同志高高興興地回去，該畢業的準備畢
業，該繼續工作的就踏踏實實工作，現在工作要很好檢查、總結、提高。

（各聯絡站表示同意上述講話，撤銷聯絡站，提出有人乘聯絡站摘牌之機
進行攻擊）

李德臣： 你們可以搞一個聲明嘛，《聯合戰報》給登上。

（自己不好寫、怎麼給自己評功擺好？）

李德臣： 乾脆讓群眾給寫一個，末尾再寫上。如果有人趁機會攻擊聯絡
站，就發揮群專的威力。

郝廣德： 老付（郝廣德 的祕書付作傑同志）你負責辦一下這事，我們搞
這個是光明正大的，散了也不偷偷摸摸地散。

（同志們表示願意做好收尾、總結工作。）

李德臣： 對！你們不要急急忙忙散攤子，要把工作總結一下善始善終。

（根據記錄整理，未經本人審閱供參考）

《呼和浩特市無產階級革命派專揪黑手聯絡站》

6.關於「內蒙古人民革命黨」的處理意見（1968.07.20）

內蒙古自治區革命委員會文件　內蒙革發〔68〕351號

在偉大領袖毛主席的一系列最新指示的光輝照耀下，內蒙自治區的無產階級文化大革命形勢大好，挖烏蘭夫黑線，肅烏蘭夫流毒的群眾運動取得了巨大勝利。在這場「挖肅」鬥爭中，廣大革命群眾對內蒙古人民革命黨（以下簡稱「內人黨」）進行了大量地調查研究工作，不但比較深入地調查研究了第一次國內戰爭時期成立的以哈豐阿、特木爾巴根等一小撮民族反動派操縱把持的「內人黨」。還揭露了哈豐阿等在內蒙黨內最大走資派烏蘭夫包庇下，鑽入共產黨內、竊據了重要職位，他們在中共中央於一九四七年四月二十日正式決定「不組織內蒙古人民革命黨」以後，又非法組織的地下「內人黨」及其它變種組織等反革命活動。這是無產階級文化大革命的輝煌戰果，是戰無不勝的毛澤東思想偉大勝利。

「內人黨」是個成立時候較早、涉及面較廣、相當複雜的政治組織。為了嚴格區分兩類不同性質的矛盾，教育群眾，團結一切可以團結的力量，集中目標，穩、準、狠地打擊一小撮階級敵人，奪取無產階級文化大革命的全面勝利，對這個歷史上沒有做過正式結論的「內人黨」，根據廣大革命群眾和我們專案調查的大量材料進行研究的結果來正確的確定它的性質，制定政策，是非常必要的。

（一）「內人黨」的發展過程

「內人黨」出現三個不同的歷史時期。

一九二五年十月，在國際國內革命高潮的影響和推動下，由蒙族當中的一些資產階級知識分子發起組織了一個內蒙古人民革命黨。在張家口召開的第一次代表大會上，選出了以白雲梯、郭道甫為首的十九名中央執行委員，提出了

反帝反封建的政治主張。

　　它成立時，第三國際和國共合作的廣州國民政府都派代表參加了大會，並得到了當時傾向蘇聯的馮玉祥的支持。

　　該黨成立後，進行了一些反對民族壓迫和反帝、反封建的宣傳活動；由馮玉祥出錢、出軍官，搞了一支四、五百人的武裝，叫「內蒙自治軍」；而黨的組織，並沒有得到多大發展。一九二六年夏，馮玉祥被張作霖打敗，「內人黨」總部也跟隨馮玉祥退到了寧夏，「內蒙自治軍」歸了馮部。

　　一九二七年蔣介石叛變後，「內人黨」也出現了劇烈的分化。黨內爭奪領導權的鬥爭也隨之激化，一九二七年八月，該黨在蒙古的烏蘭巴托召開的第二次代表大會上，選掉了白雲梯委員長、郭道甫祕書長的職務（但仍是執行委員）。不久，郭道甫又篡任祕書長，掌握了領導權。一九二七年九月白雲梯從蒙古回來後，就公開投靠了蔣介石；一九二八年郭道甫也投靠了張學良，「九一八」以後又投靠了日本帝國主義。隨後「內人黨」的重要成員特木爾巴根、朋斯克、博彥滿都等人也都紛紛投靠日帝，成了蒙奸、日特。只有少數「內人黨」成員流亡在國外。設在烏蘭巴托的總部成了空架子，倒一九三六年宣佈取消。

　　日寇投降後，哈豐阿、博彥滿都、特木爾巴根等趁我黨我軍尚未進入內蒙東部之際，打起「民族解放」的旗號，於一九四五年八月十八日又搞起了內蒙古人民革命黨。十三名蒙奸、日特自封東蒙本部執行委員，哈豐阿為祕書長。他們用「送黨證」、「追送黨令」等手段，經過幾個月的發展，內蒙東部的大部分旗縣和東北鄰近的一些蒙族局地區，都有了「內人黨」的組織，一度掌握了這些地區的軍政大權，它的成員多數是偽滿官吏和資產階級知識分子。到一九四六年二月他們公開宣佈解散「內人黨」，轉入地下，三月一日改名為「新內人黨」，哈豐阿任書記。它的政治綱領也未改變，還是搞什麼「全蒙古民族的統一和獨立」。

　　一九四五年底、一九四六年初，根據毛主席《建立鞏固的東北根據地》的偉大指示，我黨我軍先後進入內蒙東部地區，廣泛開展了減租反霸、清算運動。並在同年四月三日於承德召開的內蒙古自治運動統一會議上，經過鬥爭，哈豐阿、特木爾巴根勉強統一停止「內人黨」的活動，實際上是他們要了兩面派。而烏蘭夫則違背中央指示，進行整治交易，把哈豐阿、特木爾巴根以及

大部分「內人黨」骨幹分子相繼拉入共產黨。一九四七年三、四月間，內蒙自治政府即將成立之際，哈豐阿、特木爾巴根等人又一次跳出來，要求公開組織「內人黨」，企圖和我黨分庭抗禮，爭奪領導權。一九四七年四月二十日，中共中央正式指示「不組織內蒙人民革命黨」。經過激烈的鬥爭，終於挫敗了他們的陰謀，「五‧一」大會後宣佈取消「內人黨」。

　　一九四七年五月一日中國共產黨領導下的內蒙古自治政府成立，七月一日中國共產黨內蒙古工作委員會在群眾中公開，進一步加強了我黨對內蒙古自治區的領導。但是，「內人黨」中的一小撮民族反動派並不甘心他們的失敗。他們在烏蘭夫的包庇下，或者轉入地下，或者另立旗號，祕密發展組織，與蒙修勾結，長期進行民族分裂叛國活動。每當國際國內階級鬥爭激烈的時候，他們便興風作浪。直到這次偉大的無產階級文化大革命運動向縱深發展的時候，這股反革命勢力，才受到了廣大革命群眾的嚴厲打擊。

（二）「內人黨」的性質

　　各個時期的「內人黨」，產生的時代背景、綱領、路線、領導成員以及對當時國內革命的態度不同，我黨對它採取的方針政策也就不同，所以現在需要分別確定性質。

一、一九二五年十月到一九三六年期間的「內人黨」的性質

　　這個黨是在國共合作、第一次國內革命戰爭時期產生的。它的政治主張和實際活動，是反帝國封建、反對民族壓迫、要求民族獨立自由的，是符合當時革命潮流的。

　　這個黨，政治上是資產階級民族主義的，組織上採取了單一蒙族的組織形式。它的隊伍是以資產階級知識分子為基礎，吸收了一些官吏、喇嘛參加；它的領導人大部分是屬資產階級知識分子的右翼。這個黨在革命遇到曲折時出現急劇的分化，正是反映了資產階級政黨的特點。

　　根據上述情況，我們認為這個時期「內人黨」的性質是資產階級民族主義的政黨。

二、一九四五年八月十八日到一九四七年五月一日「內人黨」的性質

　　日本帝國主義投降後，國內的階級矛盾反證了新的變化。毛主席英明地指出：「從整個形勢看來，抗日戰爭的階段過去了，新的情況和任務是國內鬥爭。蔣介石說要『建國』，今後就是建什麼國的鬥爭。是建立一個無產階級領導的人民大眾的新民主主義的國家呢，還是建立一個大地主大資產階級專政的半殖民地半封建的國家？這將是一場很複雜的鬥爭。目前這個鬥爭表現為蔣介石要篡奪抗戰勝利果實和我們反對他的篡奪的鬥爭。」這場鬥爭在內蒙古東部地區也同樣激烈地進行著。廣大勞動人民迫切要求在中國共產黨領導之下，推翻國民黨的反動統治，消滅階級剝削和民族壓迫制度，建立一個各名族平等的民主的統一的新中國；而代表剝削階級利益的哈豐阿、博彥滿都、特木爾巴根等一小撮民族反動派，則要逃避人民的懲辦，繼續維持其反動統治。他們為此目的建立起來的「內人黨」，打著民族主義的旗號，以民族問題掩蓋當時激烈的階級鬥爭，公開宣佈內蒙要成為「蒙古人民共和國的一部分」，「統一整個蒙古民族」，大搞「內外蒙合併」，組織「內外蒙合併」的簽名活動。當這一目的未能達到時，又提出「高度自治」、實際是內蒙獨立的主張。在組織上，還是採取單一蒙族的組織形式。並於一九四五年十月建立了內蒙人民革命青年團，作為它的助手。於一九四六年一月建立「東蒙自治政府」和「內蒙自治軍」，控制了內蒙東部地區的政權，實際上形成了獨立王國。它的這種政治主張和活動，違背全國和內蒙人民的意願，代表了內蒙地區剝削階級的階級利益。

　　這個黨，當時在國民黨和共產黨之間，採取了投機的兩面態度：它一方面和國民黨反動派的大漢族主義政策有矛盾，但又與其進行勾結，乞求國民黨承認它對內蒙東部地區的統治地位；另一方面，由於我黨我軍力量的強大和蘇聯紅軍的佔領，它沒有公開反對中國共產黨，還提出要同共產黨做「朋友」，妄圖讓我們支持它「獨立自治」的主張。因此，在當時國共兩黨的激烈鬥爭中，它基本上屬一種中間勢力。

　　我黨我軍進入內蒙東部地區後，遵照毛主席的民族政策和「對於國內各階級互相關係的基本政策，是發展進步勢力，爭取中間勢力，孤立反共頑固

勢力」的教導，為了團結廣大群眾，集中力量，反對國民黨反動派，對「內人黨」採取了謹慎的態度和又團結又鬥爭的方針，使他們沒有倒向國民黨反動派。但是，隨著民主革命的深入發展，「內人黨」的地方民族主義的綱領和活動也越來越具有反動性，所以，我黨中央在一九四七年四月二十日明確指示：「不組織內蒙人民革命黨。」

根據上述情況，我們認為這個時期「內人黨」的性質，是地方民族主義的政黨，其領導權主要掌握在一小撮民族反動派手裡。

三、一九四七年「五‧一」後「內人黨」及其變種組織的性質

一九四七年「五‧一」大會上成立了內蒙古自治政府。我們偉大的領袖毛主席在發給大會的賀電中明確指出：「我們相信：蒙古民族將與漢族和國內其他民族親密團結，為著掃除民族壓迫與封建壓迫，建設新內蒙古與新中國而奮鬥。」毛主席的這一指示，給內蒙人民的解放指出了光明大道。在中華人民共和國建立後，毛主席又進一步指示：「國家的統一，人民的團結，國內各民族的團結，這是我們的事業必定要勝利的基本保證。」但是「內人黨」中的一小撮民族反動派卻反其道而行之。在中央已經決定不組織「內人黨」後，哈豐阿等人繼續施展兩面派的伎倆，在公開場合解散「內人黨」，實際上，轉入地下，並且還組織了一些變種組織，繼續推行「內人黨」的反動政治綱領，進行反黨叛國、民族分裂的罪惡活動。在「當代王爺」烏蘭夫的卵翼下，和烏蘭夫的反革命修正主義集團勾結在一起，結成了一股顛覆無產階級專政，復辟資本主義的反革命勢力。

因此，一九四七年五月一日以後轉入地下的「內人黨」及其變種組織，是反革命組織。

（三）對不同時期「內人黨」的處理意見

一、凡參加一九二五年至一九三六年和一九四五年八月之一九四七年五月一日期間「內人黨」的，都不應視為參加反動組織。

二、凡參加一九四五年八月至一九四七年「五‧一」期間「內人黨」的，

按一般政治歷史問題對待，但必須交待清楚；如是中共黨員和國家幹部，隱瞞這段歷史者，嚴厲追究。

三、對於以「內人黨」為掩護，逃避人民懲辦的蒙奸、特務、牧主、地主、反動的封建上層和宗教上層分子以及其他反革命分子，均應按照黨的有關政策規定予以懲辦。

四、一九四七年「五‧一」大會後，「內人黨」及其變種組織都是反革命組織。

其成員必須在此件到達後一個月內到指定單位進行登記；抗拒登記者，加重懲處。

其支部委員和相當於支部委員以上的骨幹分子，或雖無明確職務，而實際起骨幹作用的分子，按反革命分子論處；如能徹底坦白交代、檢舉揭發，可從寬處理；立大功者，也可不按反革命分子論處。

一般成員，不按反革命分子對待；拒不交代、揭發者，應從嚴處理。

內蒙古自治區革命委員會
一九六八年七月二十日

7.李樹德同志在第三次全委擴大會議上關於內蒙古人民革命黨、內蒙古人民革命青年團的性質及處理的說明（1968.07.16）

同志們：

首先讓我們懷著無限忠於偉大領袖毛主席的深厚的無產階級感情，共同祝願我們各族人民和世界人民的偉大導師，我們心中最紅最紅的紅太陽毛主席萬壽無疆！萬壽無疆！萬壽無疆！

祝願毛主席的親密戰友，我們的林副統帥身體健康！永遠健康！永遠健康！

我完全擁護滕海清同志在全委擴大會議上所作的兩次報告，並且堅決貫徹執行告訴所提出的方針和任務，以及第三次全委擴大會議所作出的一切決定。

「大海航行靠舵手，幹革命靠毛澤東思想」。在偉大領袖毛主席的英明領導下，在以毛主席為首、林副主席為副的無產階級司令部的親切關懷直接指揮下，從內蒙革委會二次全委會到現在的半年時間裡，我們內蒙古自治區無產階級革命派和廣大革命群眾，緊跟毛主席的偉大戰略部署，把鬥爭矛頭緊緊對準中國赫魯曉夫及其在內蒙古的代理人烏蘭夫，開展了轟轟烈烈的挖烏蘭夫黑線，肅烏蘭夫流毒的人民戰爭，並取得了偉大勝利。

毛主席教導我們：「無產階級文化大革命，實質上是在社會主義條件下無產階級反對資產階級和一切剝削階級的政治大革命，是中國共產黨及其領導下的廣大革命人民群眾和國民黨反動派長期鬥爭的繼續，是無產階級和資產階級鬥爭的繼續。」內蒙古地區廣大無產階級革命派和革命群眾，以毛主席的最新指示為武器，在「挖肅」運動中，集中火力，集中目標，把鬥爭矛頭緊緊對準以烏蘭夫為首的一小撮階級敵人，向他們展開全面總攻擊，從而大大地加強了無產階級專政、進一步提高了廣大革命群眾的階級鬥爭、路線鬥爭覺悟，廣泛深入地揭發、批判了烏蘭夫反黨叛國集團的罪惡陰謀，有力地揭露了烏蘭夫為了反黨叛國而招降納叛的種種罪惡，把隱藏在深處的一夥叛國集團也挖了出來。所有這些，都是毛澤東思想的偉大勝利，是各族廣大革命群眾鬥爭的偉大戰果。

　　在無產階級文化大革命日益向縱深發展的鬥爭過程中，廣大革命群眾用高度的階級警惕性挖掘了內蒙古人民革命黨（以下簡稱「內人黨」）和內蒙古人民革命青年團（以下簡稱「內人團」）的問題，對我區無產階級文化大革命做出了巨大的貢獻。

　　「內人黨」是內蒙古地區歷史較長的一個政治組織。它一產生就被一些民族反動派所操縱、利用。特別是在日本帝國主義投降後哈豐阿所組成的「內人黨」，他的主要成員大部分是蒙奸、日特。這些是為了逃避人民的懲處，繼續維持其反動統治為目的而搞起「內人黨」的。烏蘭夫為了實現反黨叛國的罪惡目的，招降納叛，結黨營私，同這批人民的敵人進行整治交易，利用他所竊取的職權把一夥蒙奸、日特包庇下來，大批拉入黨內加以重用，變成了他搞民族分裂、反黨叛國的一股重要勢力。

　　「內人黨」的歷史很複雜，牽涉的面又較廣。一九二五年建立的和一九四五年建立的「內人黨」，產生的時代背景、綱領、路線、領導成員、對國內革命運動的態度都不相同，我們黨在各個歷史時期對它的態度也不同。一九四七年「五一」大會後，哈豐阿等人賊心不死，又把它轉入了地下或改頭換面，一直在進行反共、反人民、反社會主義的活動；每當國際國內階級鬥爭尖銳時，他們就出來破壞和搗亂，特別是在蘇修掀起反華逆流以來，反革命的地下「內人黨」的活動就更加囂張了。

　　「內人團」原來是「內人黨」為了推行其地方民族主義路線而建立出來的，但後來接受了中國共產黨的領導，於一九四九年三月低轉入了中國新民主主義青年團。

　　為了把「挖肅」鬥爭推向一個新階段，奪取全區無產階級文化大革命的全面勝利，對「內人黨」、「內人團」經過大量地調查研究，歷史地確定它的性質，制定對待它的具體政策，區別兩類不同性質的矛盾，對於團結爭取廣大群眾，把打擊目標集中在烏蘭夫死黨、叛徒、特務、頑固不化的走資派、民族分裂主義分子的身上，穩、準、狠地打擊最主要、最危險的階級敵人，是非常重要的。這次會上對「內人黨」、「內人團」的問題搞了兩個文件，現在，我就起草這兩個文件的主要依據、基本觀點和幾個問題，作如下說明。

（一）關於內人黨的問題

一九二五年白雲梯組成的「內人黨」與一九四五年哈豐阿組成的「內人黨」雖然是一個名稱，但它們是兩回事，而一九四七年「五一」大會後哈豐阿及其死黨分子轉入地下的「內人黨」，這又是一回事。因此，我們對各個時期出現的「內人黨」進行了分別定性。

一、關於一九二五年至一九三六年期間的「內人黨」的性質

一九二五年出現的「內人黨」，是當時國際國內革命高潮影響的產物。國際上，列寧、斯大林領導的社會主義蘇聯建立後，積極地扶助一切殖民地半殖民地人民的解放運動。在國內，正如毛主席指出的：「一九二四年，孫中山先生接受了中國共產黨的建議，召集了有共產黨人參加的國民黨第一戲全國代表大會，定出了聯俄、聯共、扶助農工的三大政策，建立了黃埔軍校，實現了國共兩黨和各界人民的民族統一戰線，而在一九二四年至一九二五年，掃蕩了廣東的反動勢力，在一九二六年至一九二七年，舉行了勝利的北伐戰爭，……發動了中國歷史上空前廣大的人民解放鬥爭。」這股革命洪流震盪了全國各個角落、各個階級，內蒙古地區一些資產階級知識分子也被捲入了進來。他們中的一些代表人物於一九二五年十月在張家口召開了代表會議，成立了內蒙古人民革命黨，提出了反帝、反封建、要求民族解放的政治主張。從他當時散發的宣傳材料中看出，他是反對日本帝國主義、王公、漢人官吏和反動軍閥的。因此，它得到了第三國際和國共合作的廣州國民政府的支持，第三國際、國民政府代表參加了它的成立大會，也得到了當時傾向蘇聯的馮玉祥的支持。

據我們掌握的一些材料看，這個黨成立後，趁當時革命高潮之機，也搞了一些反帝、反封建、反民族壓迫的宣傳活動。例如在它的中央委員會印發的宣傳材料《內蒙古受苦之局面》中，揭露了封建專制者和民族壓迫者對內蒙人民的殘酷剝削與黑暗統治，號召貧困落後的大眾與壓迫者、專制者鬥爭，消滅少數的反動分子，爭取自由解放，還提倡破除封建束縛、興辦學校、發展文化教育事業，等等。它在馮玉祥出錢、出軍官的情況下，還搞了一支幾百人的「內

蒙自治軍」。

但在當時軍閥混戰的情況下，這個黨的組織並未得到多大發展，進行的活動也不多，缺乏群眾基礎。由於它的隊伍是以資產階級知識分子為基礎的，並吸收了一些官吏、議員、喇嘛參加，而且它的領導人物，大部分是屬資產階級知識分子的右翼。所以，隨著蔣介石的反革命政變和日寇的侵入，它內部產生了幾次分化。如一九二七年八月、九月以後，這個黨的發起人，第一號人物白雲梯公開投靠蔣介石；一九二八年這個黨的第二號人物郭道甫又投靠了張學良，以後又投靠了日本帝國主義；自稱一九二九年從第三國際派回來的特木爾巴根、朋斯克也相續投降自首，成了日特；「內人黨」第一屆中央執委博彥滿都還當上了偽滿興安總省省長。只有少數人一直流亡在國外，設在烏蘭巴托的「內人黨」也只剩了空架子，最後在外蒙宣佈取消。

對這樣一個「內人黨」，我們按照毛主席的教導，用歷史唯物主義的觀點，把它放在當時階級鬥爭的具體條件下進行了分析。

偉大的領袖毛主席根據大革命時期革命的性質與任務，在一九二六年英明的指出：「一切勾結帝國主義的軍閥、官僚、買辦階級、大地主義階級以及附屬於他們的一部分反動知識界，是我們的敵人。工業無產階級是我們革命的領導力量。一切半無產階級、小資產階級，是我們最接近的朋友。那動搖不定的中產階級，其右翼可能是我們的敵人，其左翼可能是我們的朋友。」

根據毛主席的指示分析當時國內各階級、各黨派的政治情況，我們認為這一時期的「內人黨」，從其政治主張和實際活動來看，是屬資產階級民主革命的一部分力量。後來這個黨的嚴重分化，並大部分倒向了敵人，也正符合毛主席對中國資產階級具有兩面性的英明論斷：「一方面——參加革命的可能性，又一方面——對革命敵人的妥協性。」從它的分化到消亡，也說明這個資產階級政黨是十分脆弱的；說明它的政治勢力必然受全國政治鬥爭局勢的左右，而不可能獨立存在。

現在，我再將我們搜集到的當時我黨中央和順直省委對於這個黨的分析和態度摘要介紹一下，這也是我們現在研究確定這個黨的性質的依據。

一九二九年二月二十一日中共中央給內蒙委員會的信中有這樣兩段話：「過去的內蒙國民黨（附帶說一句：這個黨的名稱，下邊我還要單獨說明一

下）自白雲梯派投降中國國民黨後，已產生了黨內左右派的鬥爭，在左派中有一部分青年黨員頗注意於群眾工作，堅持內蒙民族獨立，反對中國國民黨軍閥的革命主張，在東蒙頗有一點群眾的基礎，這一組織的活動便是內蒙中國同志所認為的『新國民黨』。現在他們雖未十分發達，然而他們所提出的『打倒王公』、『反對改省』的口號，卻能影響廣大群眾。且其在組織上有三個地方確曾有反對王公貴族地主加入國民黨，儘量吸收青年革命分子的行動。對我們已有聯絡的要求，對國際願受密切指導的表示。」「關於對內蒙國民黨的態度，應認定內蒙國民黨只有在反對王公貴族地主，極力領導被壓迫蒙古民眾，尤其是廣大的牧民農民的鬥爭之條件上，才能保證其為革命的群眾組織。」並提出使其「能在我們影響之下……日益深入群眾，尤其深入於蒙古牧民、農民群眾中，而逐漸成為公開的鬥爭組織時，我們才能使用加入群眾組織的原則，有組織的加入進去，廣大我們的政治影響，爭取廣大的群眾。」

一九二九年三月中共順直省委關於「內蒙工作方針」一文中提出到：「據非正式的消息，我們同志在內蒙的國民黨甚佔優勢，並問內蒙國民黨即將在庫倫（注：即蒙古的烏蘭巴托）開代表大會。我們通知必須與外蒙同志密切的籌備此大會之成功，肅清白某的反動的勢力，端正內蒙革命運動的方針。在組織上切實成功為勞苦群眾的革命的政黨。」還提出「要內蒙國民黨派負責代表長（常）住在我們的指揮機關所在，我們也派代表住庫倫，以便權商工作的進行。」

從上述內容可以看出，當時我黨對「內人黨」是支持的，並想儘量幫助其左翼深入勞動群眾、走上革命道路的。

這個黨，就其產生時代背景，提出的政治主張和進行的一切活動看，當時是屬進步潮流的，但它畢竟還是資產階級的民族主義的。它不分階級籠統地仇視和反對漢人，散步了不少狹隘民族主義的毒素。

在組織上它採取了單一蒙族，不吸收其他民族參加的這種單一的民族組織形式。斯大林同志曾尖銳地批判過：「民族的組織形式是培養民族狹隘性和民族保守性的學校。」

所以，我們認為把它成為資產階級民族主義的政黨，是符合歷史情況和它本身實際情況的。

附帶說明一個問題：

它原來叫國民黨還是「內人黨」？從上述中共中央和順直省委的兩個文件的內容看，說的是「內人黨」的事，但名稱確寫的是「內蒙國民黨」。從我們查到的歷史資料看，它當時的蒙文宣傳材料中寫的就是叫內蒙古人民革命黨，而不是國民黨，這個宣傳材料就是一九二六年二月一日「內人黨」中央委員會再版翻印的。我們還提審了參加過第一次代表會議的博彥滿都，也供認叫「內人黨」。此外，在白雲梯叛變該黨後，一九二八年所發表的「清黨聲明」中，宣佈把這個黨「改組為國民黨」。可是以前並不叫國民黨。所以，我們分析它一開始就叫「內人黨」是比較可靠的。

二、關於一九四五年八月到一九四七年五月的「內人黨」的性質

抗日戰爭勝利前夕，我們偉大領袖毛主席就指出：「抗日戰爭的階段過去了，新的情況和任務是國內鬥爭。蔣介石說要『建國』，今後就是建什麼國的鬥爭。是建立一個無產階級領導的人民大眾的新民主主義的國家吧，還是建立一個地主大資產階級戰爭的半殖民地半封建的國家？這將是一場很複雜的鬥爭。目前這場鬥爭表現為蔣介石要篡奪抗戰勝利果實和我們反對他的篡奪的鬥爭。」日寇投降後，內蒙古地區也同樣存在著向何處去的問題。存在著廣大人民要求徹底解放和一批蒙奸要逃避人民懲辦、竊取勝利果實，繼續維持他們的反動統治的鬥爭。

日寇投降後，以哈豐阿、博彥滿都、特木爾巴根為代表的一夥蒙奸、日特，趁我黨我軍未開闢內蒙東部地區工作的極短暫空隙，於一九四五年八月十八日，又重新打出了「內人黨」的旗號。他們利用原來參加或混入過「內人黨」，而「內人黨」早先又與第三國際有過一段關係這個條件，大肆捏造歷史，編造了在日帝國統治時代就「不屈不撓的祕密工作者」，「做了許多有價值、有意義的工作」等謊言，騙取了蘇聯紅軍的信任，哈豐阿以下的十三個蒙奸、日特便自封「執行委員」、「祕書長」，宣佈「恢復」實際是重新組織了這個黨，發表了一個欺騙輿論的《內蒙人民解放宣言》和《致喬巴山、澤登巴爾書》，作為它的政治綱領，把所謂「為使全蒙古民族的統一和獨立」當作它唯一的政治主張來欺騙蒙族群眾。又給一批大小蒙奸「贈送」了這個黨的黨

徽，狡猾地把這些人的所謂「入黨」時間，捏造成抗日戰爭勝利以前的一九四二年或一九四四年不等。胡說什麼「發展他們入黨尚未使其本人知道的也為數不少。」用這個騙子手法，將大量偽滿軍、警、政人物保護下來。一些國民黨分子和蔣匪特務，也被他們拉入「內人黨」，實際上把「內人黨」變成了一個牛鬼蛇神的保護傘。同時，他們還用民族主義旗號作幌子，拉攏，欺騙了一批具有資產階級民族主義思想的知識分子和少數群眾參加了該黨。從日寇宣佈無條件投降，到一九四六年四月止，短短七個多月中，據哈豐阿交代，就在呼倫貝爾盟、哲理木盟、昭烏達盟的部分地區和東北鄰近的一些旗縣發展了兩、三千名黨員。為了籠絡和控制廣大青年，又由「內人黨」出面組織了一個「內人團」，作為推行它的政策的工具。「內人黨」、「內人團」就是這樣形成的。

「內人黨」當時提出的一些政治口號，如：內蒙古「從此加入在蘇聯和蒙古人民共和國指導之下，成為蒙古人民共和國的一部分，以期完成解放。……劃除一切封建餘孽，保障勞動人民的自由和權利，使將來的社會經濟向著非資本主義發展的路線飛躍發展。……蒙古人民得到解放後，……和友邦中國的革命政黨緊密提攜，以期公開徹底的解決蒙漢民族問題，」在蒙族人民中是有欺騙性的。因為日本剛剛投降後中國大局未定，內蒙古的前途問題，在當時的知識分子和相當大的一部分群眾中還很迷茫。特別是一小撮蒙奸把自己裝扮成「祕密抗日」的英雄，把「內人黨」說成是第三國際或當時是屬社會主義的蒙古領導的，又喊著與中共做「朋友」等口號，使許多人上了這一小撮蒙奸的當，從而相信這個黨或參加這個黨是可以理解的。還因為內蒙東部地區由於長期遭受了封建軍閥的民族壓迫，加上十四年日寇所推行的民族離間政策的毒害，特別是當時國民黨篡奪抗戰勝利果實，使內蒙人民面臨國民黨反動派又一次推行民族壓迫的威脅，許多人不明白「內蒙古革命是中國革命的一部分」這個道理，趁我黨我軍未正式進入內蒙東部地區之機，哈豐阿等根據這些條件，迎合蒙族群眾那種要求擺脫民族壓迫的心理，扯起「民族解放」的假旗來欺騙人民，是很迷惑群眾的。

「內人黨」和「內人團」建立後，首先是在東部地區廣泛搞「內外蒙合併」的簽名運動，並多次派人去蒙古「請願」。當他們的這個活動失敗後，又搞起了「內蒙高度自治」，實際是搞獨立。並於一九四六年一月建立了一個

獨立王國式的「東蒙自治政府」，組織了「內蒙自治軍」。原來是偽滿興安總省省長的博彥滿都又當上了總理；偽滿興安總省參事官哈豐阿當上了祕書長。這一小撮蒙奸又用「合法」的身分，繼續控制了內蒙東部地區。為了長期統治內蒙古，他們除了用這種狹隘民族主義來毒害群眾，籠絡人心，控制人民外，同時又用兩面投機的態度，既吹捧蔣介石，公開去乞求蔣介石承認他們的「政府」，又稱和我黨是「兄弟黨」，爭取我黨的支持，並用這種手段抵制我黨開關內蒙東部地區的工作，想把內蒙搞成獨立王國。所以我們認為，在當時國共兩黨的激烈爭鬥中，「內人黨」採取了中間態度，基本上屬一種中間勢力。我黨對它採取了爭取的方針。

抗日戰爭勝利以後，全國人民的主要任務是反對蔣介石篡奪勝利果實的鬥爭。毛主席英明的指出：「我黨當前任務，是動員一切力量，站在自衛立場上，粉粹國民黨的進攻……」，是「……使反動派陷於孤立，使我黨獲得廣大的同盟者，擴大在我黨影響下的民族民主統一戰線。」為了戰勝國民黨的進攻，毛主席在《建立鞏固的東北根據地》的指示中一再指出，「……動員一切力量從事細心的群眾工作，……迅速發動群眾，建立根據地，在西滿和熱河，堅決地有計劃粉粹國民黨的進攻。」為了集中力量反擊國民黨的進攻，黨中央曾一再指示東北局，對內蒙要「採取十分謹慎的政策」。中央在一九四六年三月一日有關內蒙工作的指示中指出：「對東蒙自治政府策應謹慎，需要相機說服他們接受區域自治，但仍應以團結為主，不需操之過急，使他們離開我們倒向國民黨。」

總之，「內人黨」儘管是一撮民族敗類為了保護他們自己而組織起來的，又是以「內外蒙合併」、「高度自治」等地方民族主義為唯一任務的，是脫離當時中國革命總任務的，有其反動性質，但由於它沒有公開倒向蔣介石反對我黨，對全國人民集中力量同國民黨進行鬥爭是有利的。由於我黨對它採取了爭取的政策，又經過大量的發動群眾的工作，經過對這些蒙奸的鬥爭，在廣大人民要求進步的壓力下，在我黨我軍占壓倒優勢的情況下，這個黨終於被迫承認了我黨對內蒙的領導，取消了東蒙自治政府，改編了軍隊，因此，我們不把它定為反動的黨，只定為地方民族主義的政黨。這樣既尊重了當時的具體歷史條件，又有利於團結和爭取其中的大多數。但「內人黨」又是一小撮蒙奸、日特

為了保護自己而搞起來的，所以我們在文件中又肯定了「內人黨」的領導權主要是操縱在一小撮民族反動派的手裡。這樣定性，就便於區別對待，既能團結爭取多數蒙蔽的群眾，又能集中目標孤立和打擊一小撮民族反動派。

三、關於一九四七年「五・一」大會後到現在地下「內人黨」 及其變種組織的性質

一九四七年四月二十日中共中央指示：「不組織內蒙人民革命黨」，五月一日內蒙古自治政府成立大會後，也公開宣佈解散「內人黨」。所以在這以後的「內人黨」已屬非法。但烏蘭夫為了實現他反黨叛國的政治目的，把哈豐阿等一小撮民族反動一齊收羅在自己的卵翼下，成了他的一包庇、縱容下，始終未停止過他們的反共活動。只是在形式上由公開轉入地下，還搞了一些變種組織，繼續推行「內人黨」的反動政治綱領，進行反黨叛國、民族分裂的罪惡活動。例如，一九四七年「五・一」大會後出現的公開反共的「蒙古民族統一黨」和其它一些類似的反革命組織等。這時，他們的「民族主義」，就是要反對共產黨的領導，破壞各族人民的團結，顛覆無產階級專政，妄圖把內蒙古從祖國大家庭分裂出去。特別是隨著國際帝國主義、現代修正主義、各國反動派反華大合唱的情況下，地下「內人黨」以及變種組織也緊緊配合烏蘭夫反黨叛國集團，更加猖狂地進行民族分裂的罪惡活動，或者借他們竊據的職權進行裡通外國的反革命勾當，有計劃地組織逃蒙，煽動地方民族主義情緒等。甚至在一九六三年春召開了所謂「內人黨」的「第二次代表大會」，猖狂反共、反人民、反社會主義，勾結蒙修，分裂祖國。所以，它的性質已不再是人民內部矛盾，而是反共，反人民，反社會主義的反革命組織了。

四、關於把「內人黨」定成反革命組織的時間界限，劃在一九四七年五月一日，而沒有劃在一九四六年四月三日承德會議的主要根據：

第一，「內人黨」的問題沒有列為「四・三」會議正式議程，會議決定也沒有寫「內人黨」的為題。據有關人員交待只是哈豐阿、特木爾巴根兩人有過口頭協商，同意停止「內人黨」活動，不是決定解散「內人黨」的組織，而且沒有文字根據。

第二，中央和東北局從「四・三」會議後到一九四七年四月二十日前，一

直都在考慮如何處理「內人黨」的問題。

例如，一九四七年三月二十三日《中央關於內蒙古自治諸問題的意見》中說：「……如果內蒙古人民中積極分子主張解散內蒙古自治運動聯合會而組織內蒙古人民革命黨，我們應予以贊助。」同年四月十三日《東北局關於處理內蒙古人民革命黨問題給西滿分局的批示》中說，「關於內蒙人民革命黨問題，我們同意富春意見，惟必須制定明確綱領，派遣可靠同志幫助××建立領導核心，嚴防敵偽殘餘及一切不可靠分子混入，形成與我們對立或反對我之組織……」。一九四七年四月二十日《中央對東北局關於內蒙古自治問題意見的覆示》中明確指示：「不組織內蒙古人民革命黨，而保留內蒙古自治聯合會。」我們認為黨中央的這些指示是我們給一九四五年八月到一九四七年五月一日的「內人黨」定性的主要依據。

第三，由於內蒙古東部是少數民族地區，這個黨又是打著「民族主義」旗號進行活動的，在群眾中有一定影響。一九四六年「四・三」會議時，我黨剛進入內蒙東部地區時間不久，還需要一段時間進行教育發動群眾的工作。

第四，我黨領導的內蒙古自治政府正式成立，是在一九四七年五月一日。我們偉大領袖毛主席向大會發來了賀電，英明地指出：「蒙古民族將與漢族和國內其他民族親密團結，為著掃除民族壓迫與封建壓迫，建設新內蒙古與新中國而奮鬥」。內蒙古的革命鬥爭從此進入了一個嶄新的階段。七月一日，中共內蒙工委在群眾中公開宣佈成立。

因此，我們認為把時間界限劃在一九四七年「五一」以後，是符合當時的歷史情況，也更能體現黨的政策。把「五一」大會前的「內人黨」按內部矛盾對待，更有助於團結大多數蒙族幹部和群眾，徹底鼓勵一小撮民族反動派。

（二）關於內蒙古人民革命黨青年團的問題

「內人團」於一九四五年十月五日成立。一九四六年「四・三」承德會議前是地方民族主義政黨——「內人黨」建立、控制的，「四・三」以後，逐步接受我黨改造和領導，於一九四九年三月底轉入中國新民主主義青年團，歷時三年零六個月。主要活動於呼、哲、昭、錫盟等地區。約一萬二千名團員。

　　「內人團」經過了由「內人黨」控制的半年時間和我黨改造與領導的三年時間的兩個不同的階段。我們從其主流和多數考慮沒有分段定性。而是把它聯繫起來，用一句話概括了它的全部性質。這就是：由內蒙古人民革命黨控制的民族主義知識青年組織，逐步改造為中國共產黨領導的進步青年組織。

　　這樣定性，說明了三個問題：

　　第一，指出了它在「內人黨」控制時期，在政治上推行了「內人黨」的政治路線，脫離當時中國各族人民反對國民黨反動派的總任務而大搞「內外蒙合併」、「內蒙獨立」的資產階級民族組織形式，而主題又是知識分子。這種民族的組織形式加深了青年的民族狹隘性和民族保守性。所以我們把他概括為民族主義的知識青年組織。

　　第二，一九四六年「四・三」會議後在我黨改造領導下，已成為進步青年群眾組織我們所以這樣定，是有一些根據的：

　　1、一九四六年「四・三」後，東北局西滿分局成立了東蒙工作委員會，以西滿軍區駐烏蘭浩特辦事處的公開身分，進駐東蒙地區開闢工作。他們進去後，承認「內人團」的存在，並根據東北局對青年團切實爭取領導權的指示，採取了團結、教育、改造的方針，使「內人團」較快地擺脫了「內人黨」的控制，接受了我黨的改造和領導。而於一九四六年六月一日對團章做了重大改造，承認了內蒙是中國的一部分，內蒙革命是中國革命的一部分，將為「內外蒙合併」、「內蒙獨立」而奮鬥，改為「實現新民主主義的新中國而奮鬥」，將由「內人黨」領導，改為由內蒙自治運動聯合會領導（此會是我黨領導的，當時黨在內蒙未公開）。

　　2、在我黨領導下，積極組織團員、青年參加了減租反霸，土地改革、支援前線等群眾運動，反對國民黨反動派。

　　3、一九四七年的大會上，在擊退哈豐阿、博彥滿都等一小撮民族反動派反對中國共產黨的兩條道路鬥爭中，「內人團」的絕大多數團員（包括一部分骨幹）是站在了我黨一邊，對鬥爭的勝利起到了一定的作用。特別是同年七月一日中共內蒙工委公開宣佈成立後，「內人團」是積極擁護的，並宣佈在共產黨領導下，為建設新中國而奮鬥。

　　4、在實際鬥爭中，團的組織基礎發生了根本的變化。主要是在一九四七

年下半年以後，打破了民族界限，向工農兵開了門。所以大批群眾運動中湧現出來的工農牧兵積極分子加入了團的組織。

5、一九四九年一月中共中央建立中國新民主主義青年團決議公佈後，「內人團」宣佈接受中國新民主主義青年團章程，並於同年三月二十五日召開了全區團員代表大會上決定轉入了中國新民主主義青年團。

第三，體現了歷史從寬，現行從嚴的精神，和黨對青年知識分子的政策。「內人團」是個歷史的組織，儘管它過去在「內人黨」控制下，幹了不少危害各民族團結的事，但是作為整個「內人團」組織來說，並未發現行活動，而是個歷史問題。同時，「內人團」初期的成員主要是知識青年，當時，一方面他們多系出身剝削階級家庭，又受了日本帝國主義民族離間政策的毒害，有嚴重的民族主義思想，所以容易被一小撮民族反動派所利用，而走上地方民族主義的邪路，這筆賬應該記在一小撮民族反動派哈豐阿、特木爾巴根和特古斯等人的身上。另一方面，還要看到他們中的多數人曾受帝國主義、封建軍閥的民族壓迫，傾向當時社會主義的蘇聯、蒙古，他們是能夠接受我黨的政治主張的。

（三）烏蘭夫是「內人黨」中的一小撮民族反動派的包庇者和黑後臺

烏蘭夫為了拉攏自己的勢力，拒不執行中央「從下層打下基礎」的指示，把廣大勞動人民撇在一邊，對打著「內人黨」旗號招搖撞騙的一小撮蒙奸、日特，採取了投降主義的路線。他在「四・三」會以上，對哈豐阿、特木爾巴根等人不是通過政治鬥爭去爭取，而是拿黨的原則大作政治交易。「四・三」會以後的第三天（即四月六日）烏蘭夫就把哈豐阿、特木爾巴根拉入了共產黨。連哈豐阿自己都說他是在「沒有入黨要求的情況下，被烏蘭夫拉入共產黨的。」並且立即讓哈豐阿當上了中共興安省委的委員。「四・三」會議後，又將大部分「內人黨」的骨幹分子相繼拉入了共產黨。在「四・三」會議上哈豐阿、博彥滿都等人的反動氣焰是很囂張的，但烏蘭夫為了掩蓋自己投降主義罪行，在他給中央、東北局的報告中，謊報他們是「自願接受我黨領導」；把這批蒙奸的反動氣焰輕描淡寫地說成是「不可免有分歧和出入之處」。當一九四七年內蒙自治政府成立前夕，哈豐阿、特木爾巴根、博彥滿都、朋斯克、烏力

吉敖喜爾等又絕狂地跳出來，要公開組織「內人黨」，企圖以「內人黨」來代替和抵制共產黨的領導。哈、特公開叫嚷：「如不承認『內人黨』，內蒙便要分裂」，「中共如要退出內蒙，那也無法」等等，明目張膽地要趕走我黨。烏蘭夫不但沒有按照中央指示與之鬥爭，反而繼續採取包庇、縱容的態度，甚至支持他們公開進行反共活動，讓他們討論是組織「內人黨」好，還是共產黨好。因為有烏蘭夫的縱容、包庇，所以，哈豐阿、特木爾巴根等囂張到了寧肯退出中共、也要組織「內人黨」的地步。後來，由於黨中央、東北局、西滿分局採取了果斷措施，由於黨領導下的廣大群眾和幹部堅持了鬥爭，才擊敗了哈豐阿等人的猖狂進攻，成立了內蒙自治政府。這是烏蘭夫卻又無恥貪天之功，據為已有，吹噓他如何進行「鬥爭」，恰不知恥地把自己打扮成正確路線的代表，歪曲歷史，欺騙黨和人民。

通過這場激烈的鬥爭，哈豐阿等人的反動嘴臉已徹底暴露，在群眾中遭到孤立後，烏蘭夫為了招降納叛，又出面給哈豐阿、特木爾巴根等這批蒙奸進行粉飾，千方百計壓制人民群眾對他們的鬥爭，把他們長期保護下來，成了內蒙地區的大隱患。

烏蘭夫不僅包庇了「內人黨」中的一小撮階級敵人，而且還百般抵制廣大革命群眾對「內人團」的領導權，長期推行民族分裂主義路線，狂熱地吹捧烏蘭夫為「民族領袖」，宣揚「民族熱」，以民族鬥爭代替階級鬥爭，培養「民族接班人」，樹立「為內蒙人民服務的人生觀」等等，大造反革命輿論，打著紅旗反紅旗毒害廣大青年，以達到他反黨叛國的罪惡目的。這些都必須在這次文化大革命運動中，高舉毛澤東思想偉大紅旗，深入持久地進行革命的大批判，以徹底肅清其流毒，從政治上、思想上、理論上和組織上把烏蘭夫的民族分裂主義和反革命修正主義路線批倒批臭，這對奪取無產階級文化大革命全面勝利，鞏固無產階級專政，防止資本主義復辟，具有重要的意義。

（四）關於對「內人黨」、「內人團」具體對待的意見

這段「挖肅」鬥爭，取得的成績是很大的。如果沒有廣大革命群眾在這次「挖肅」鬥爭中對「內人黨」、「內人團」的揭發批判，我們是不可能來給他

們確定性質和提出具體對待的意見的。

　　我們把一九二五年白雲梯，郭道甫所搞的「內人黨」，特別是把哈豐阿等人在日寇投降後所搞的「內人黨」確定成人民內部矛盾的性質，並對一般成員一小撮民族反動派加以區別對待，對歷史問題與現行活動加以區別對待，把「內人團」第一階段歷史（即在「內人黨」控制時）也確定為人民內部矛盾的性質，不僅是符合歷史條件的，也有利於團結爭取更多的人，以徹底孤立一小撮民族反動派。這樣來定他們的性質，充分體現了黨對一切願意改造的人寬大為懷的精神。我們相信，這樣定性，對於更加充分的發動這兩個組織的群眾，特別是當然參加過「內人黨」的人，使他們正確對待自己，主動地積極地交代自己的問題，檢舉揭發一小撮民族反動派的罪惡事實，在「挖肅」運動中將功補過，對待奪取這場「挖肅」鬥爭的決定性勝利，是有積極意義的。

　　當然，也可能會有一些右傾思想的人，或者有些群眾審查過而抱有抵觸情緒的人，甚至還必然有鑽空子，向群眾潑冷水或反攻倒算，以此來否定對「內人黨」「內人團」的揭發批判，否定「挖肅」鬥爭的巨大成績，這是絕對不允許的，這樣只能加重他們的錯誤和罪惡。

　　為了使「挖肅」運動深入發展，為了充分調動群眾的積極性，我們提出的具體對待的意見，是力求體現毛主席的偉大策略思想的。現在我就對待「內人黨」、「內人團」的具體政策做簡要的說明：

　　我們把一九二五年和一九四五年這兩個時期的「內人黨」都按人民內部矛盾對待，其成員不算參加反動組織。一九四五年八月到一九四七年五月參加「內人黨」的，按一般政治歷史問題對待。並且強調參加過這個時期「內人黨」的中共黨員和國家幹部，必須交待清楚，不得隱瞞，否則嚴加追究。其他「內人黨」黨員也要交待清楚這段歷史，使其知錯改錯，不要重犯錯誤。

　　哈豐阿、特木爾巴根、博彥滿都等人搞「內人黨」的目的，就是為了逃避人民的懲辦，所以他們搞的這個黨確實拉進了不少蒙奸、特務及其他反革命分子，他們以「內人黨」為掩護，在烏蘭夫包庇下，逃避了懲辦，所以，規定中，把這些傢伙列為打擊的重點，把鬥爭的矛頭集中在這一小撮民族反動派身上。

　　「五一」大會後，轉入地下的「內人黨」及其變種組織，他們進行民族

分裂叛國活動是很猖狂的，它的頭目仍然是哈豐阿、特木爾巴根等一夥「內人黨」骨幹分子。所以凡是在「五一」大會後的地下「內人黨」及其變種組織，都按反革命組織對待。但是，在具體對待上，為了分化瓦解敵人，給一些願意改造的人以出路，應該體現黨的坦白從寬、抗拒從嚴，一般從寬、首要從嚴的政策。我們認為文件的這些具體規定、能敦促一部分人起義、投案，悔過自新，以便徹底孤立一小撮民族反動派。這些規定，也給內蒙古地區其他旨在進行民族分裂、投修叛國活動的反動組織的成員指明了出路，因此是有利於自治區的階級鬥爭的。

對「內人團」我們基本上肯定了它是進步青年組織，但同時亦指出了它的問題。因此對它的成員（包括骨幹）的對待，除了本身有反動身分的、投敵、叛變或者有其他嚴重問題者外，「四‧三」前參加的，只要把這段歷史交待清楚就概不追究；「四‧三」後的團員應視為加入了進步青年群眾組織。

同志們：前一階段對「內人黨」問題的深入揭發、批判是全區挖烏蘭夫黑線、肅烏蘭夫流毒的一項重要戰果！通過這個月對「內人黨」的揭發、批判，使我們進一步看清了烏蘭夫和哈豐阿的兩股反革命勢力，是如何合流在一起的。在他們內部，有這樣和那樣的狗咬狗的矛盾，但是他們對我們的偉大領袖，對我們偉大的黨，對我們偉大的社會主義祖國，對無產階級專政是極端仇視的，對廣大革命人民群眾是恨之入骨的。烏蘭夫這個大野心家、大陰謀家，為了達到他反黨叛國的罪惡目的，就是利用這些反革命勢力，湊成了它的明、暗兩套班子，以哈豐阿的「內人黨」骨幹分子為主的暗班子，就是烏蘭夫裡通外國、搞民族分裂叛國活動的重要勢力，是打入我們革命陣營內部，顛覆無產階級專政的特務組織、陰謀組織。在挖烏蘭夫黑線、肅烏蘭夫流毒的運動中，全區無產階級革命派和廣大革命群眾，高舉毛澤東思想偉大紅旗，不畏艱苦，不怕苦難，排除了各種各樣的阻力，把哈豐阿等一小撮反革命分子的反動本質，把「內人黨」的一系列現行反革命活動進行了充分的揭發，取得了重大成績，對「挖肅」運動做出了重大貢獻，這種頑強的革命精神，是值得大大發揚的。同時，我們也再次警告那些抱有各種各樣的幻想的民族分裂主義分子：你們已經處在廣大人民的嚴密包圍之中了，黨和人民又一次給你們指明了出路，你們應該立即棄暗投明，否則你們將要遭到人民的嚴厲制裁！特別是那些誤入

歧途的人，應該立即回頭，主動坦白，與操縱、控制你們的一小撮民族敗類劃清界限，積極起來檢舉、揭發你們的罪行，爭取立功贖罪，就一定能夠得到黨和人民的寬大，反之如果抱著僥倖心理，想躲過這場人民戰爭，或者繼續頑抗下去，就要使你們把自己推到一小撮頑固不化的反革命行列中去，被歷史的車輪碾得粉身碎骨！

同志們：毛主席歷來告誡我們：「謙虛使人進步，驕傲使人落後」。我們雖然取得了重大勝利，但絕不可自滿自足而停步不前。我們要繼續緊跟偉大領袖毛主席的戰略部署，克服右傾輕敵思想，努力學好毛主席親自批示的北京新華印刷廠開展對敵鬥爭的經驗，同事總結自己的經驗，認真學習並推廣包鋼、二冶和五四大隊的先進經驗，牢牢掌握黨的政策，繼續狠抓階級鬥爭這條綱，再接再厲，乘勝前進，把挖烏蘭夫黑線、肅烏蘭夫流毒的鬥爭進行到底。奪取無產階級文化大革命的全面勝利！

最後我們聲明一點，我們作的這個說明，未經核小心組合常委討論、審查，錯誤的地方，請同志們批評指正。

最後，讓我們高呼：高舉毛澤東思想偉大紅旗，把「挖肅」運動進行到底！

徹底粉碎一小撮民族分裂分子破壞民族團結、破壞祖國統一的罪惡陰謀！

以戰無不勝的毛澤東思想為武器，深入持久地開展革命的大批判！

向包鋼、二冶的廣大革命職工和五四大隊的貧下中農學習！

戰無不勝的、偉大的毛澤東思想萬歲！

毛主席的無產階級革命路線勝利萬歲！

毛主席的無產階級文化大革命萬歲！

我們心中最紅最紅的紅太陽、各族人民的偉大領袖毛主席萬歲！萬歲！萬萬歲！

《東方紅通訊》內部刊物（124）

內蒙古巴盟東方紅革命造反聯絡站總部主辦

1968年8月9日

8.內蒙古自治區革命委員會關於 「內蒙古人民革命青年團」的處理意見 （1968.07.20）

內蒙革發〔68〕352號

在偉大領袖毛主席一系列最新指示的光輝照耀下，內蒙古自治區廣大革命群眾正向以烏蘭夫反黨叛國集團為代表的反革命勢力展開全線總攻擊，誓奪無產階級文化大革命的全面勝利。在這場群眾性的挖烏蘭夫黑線、肅烏蘭夫流毒的鬥爭中，也涉及到了內蒙古人民革命青年團（以下簡稱「內人團」）的問題。由於這個組織有其特殊的發展過程，並且人數較多，群眾中的影響較大，為了區別敵我矛盾和人民內部矛盾，團結一切可以團結的力量，調動一切可以調動的積極因素，穩、準、狠地打擊最危險、最主要的敵人，有必要對「內人團」作出正式結論，以正確對待其成員。

「內人團」於一九四五年十月五日建立。一九四六年四月三日承德會議（內蒙自治運動統一的會議，以下簡稱「四‧三」會議）以前由地方民族主義政黨內蒙古人民革命黨（以下簡稱「內人黨」）控制；「四‧三」會議後逐步接受我黨的改造和領導，於一九四九年三月底轉入中國新民主主義青年團。歷時三年零六個月。主要活動於內蒙古呼倫貝爾盟、哲里木盟、昭烏達盟、錫林郭勒盟等地區。到轉團時，約有團員一萬二千人。

一九四五年日寇投降後，國內階級矛盾發生了新的變化。我們偉大領袖毛主席英明地指出：「從整個形勢看來，抗日戰爭的階段過去了，新的情況和任務是國內鬥爭。蔣介石說要『建國』，今後就是建什麼國的鬥爭。是建立一個無產階級領導的人民大眾的新民主主義的國家呢，還是建立一個大地主大資產階級專政的半殖民地半封建的國家？這將是一場很複雜的鬥爭。目前這個鬥爭表現為蔣介石要篡奪抗戰勝利果實和我們反對他的篡奪的鬥爭。」在這場鬥爭面前，內蒙古廣大蒙漢各族勞動人民，要求在中國共產黨領導下，打倒國民黨反動派，建立一個各民族平等的民主的統一的新中國。而一小撮民族反動派，

則要逃避人民的懲辦，進而奪取人民的抗戰勝利果實，繼續維持他們的反動統治。他們為了攏絡青年為實現其反動的政治目的服務，趁我黨我軍尚未進入內蒙東部之機，以「民族解放」為幌子，在哈豐阿、特木爾巴根和特古斯等一小撮民族反動派的一手策劃下，於一九四五年十月五日在烏蘭浩特成立了內蒙古人民革命青年團。它的成員主要是出身於剝削階級家庭並有嚴重的資產階級民族主義思想的知識青年。而且採取了單一蒙族的組織形式。

「內人團」建立後，在「內人黨」的控制了進行了「內外蒙合併」、「內蒙獨立」的活動：通過它的《黎明》、《群眾》等刊物，大肆吹捧「內人黨」，狂熱地宣揚地方民族主義思想；大搞「內外蒙合併」的簽名運動；積極支持哈豐阿、博彥滿都之流為了控制內蒙東部地區的政權而成立的東蒙自治政府和內蒙古自治軍。成了「內人黨」推行地方民族主義路線的得力工具。

一九四六年春，東北形勢發生了很大變化。根據毛主席《建立鞏固的東北根據地》的偉大指示，我黨我軍先後從東北各解放區進入內蒙東部各盟全面開闢工作。同年四月三日在承德召開了內蒙古自治運動統一會議，哈豐阿、特木爾巴根等勉強同意「內人黨」停止活動。這時，「內人團」面臨著一個向何處去的問題。由於廣大蒙族知識青年，長期受帝國主義和國民黨反動派的民族壓迫，具有民族解放的要求，贊成民主革命，反對帝國主義，傾向當時社會主義的蘇聯、蒙古，這就決定了「內人團」這個組織有接受共產黨的改造和領導的可能性。中共東蒙工委按照一九四六年四月十七日東北局對「青年團應切實地爭取其領導權」的指示，對「內人團」採取了團結、教育、改造的方針，同以博彥滿都、哈豐阿、特木爾巴根為代表的民族反動派展開了爭奪青年的鬥爭。我黨通過舉辦各種訓練班和組織參加減租反霸的群眾運動，對廣大團員進行毛澤東思想教育，使「內人團」逐步靠攏我黨，而擺脫「內人黨」的控制。一九四六年六月一日對團綱團章作了重大修改，把由「內人黨」領導改為由我黨領導下的內蒙古自治運動聯合會領導，把為「統一合併整個蒙古」、「內蒙獨立而奮鬥」，改為「建設和平民主的、健全繁榮的新蒙古」、「為實現新民主主義的新中國而奮鬥」。一九四六年下半年，當國民黨軍隊向內蒙東部地區大舉進犯的時候，「內人團」號召「熱愛民族的男女青年動員起來，堅決與國民黨反動派作鬥爭」。在一九四七年「五‧一」大會上的兩條路線鬥爭中，參加會

議的「內人團」員絕大多數站在了我黨一邊，對鬥爭的勝利起了一定作用。同年七月一日中共內蒙工委公開宣佈成立後，「內人團」熱烈擁護，進一步明確接受共產黨的領導。在黨的領導下，組織廣大團員和青年參軍參戰，支援了人民解放戰爭；召開了一些大型反蔣集會，聲援蔣管區的民主運動和學生運動；積極參加了土地改革運動。

在轟轟烈烈的民主革命和解放戰爭中，「內人團」得到了改造，它的組織基礎也隨著發生了根本變化。原來的團員中，一部分叛變逃跑或公開反對民主革命而被淘汰（也有些壞人在烏蘭夫包庇下，混進了革命隊伍）；一部分接受我黨領導，走上了革命道路。同時，在我黨的領導下，「內人團」向廣大工農兵開門，大批群眾運動中湧現出來的各族青年積極分子參加了「內人團」，使它由一個單一蒙族的知識青年組織，變成了以各族勞動青年為主體的廣泛的群眾組織。

從整個歷史全面分析「內人團」的性質，我們認為，它是一個曾由內蒙古人民革命黨控制的民族主義的知識青年組織，逐步改造為中國共產黨領導的進步青年群眾組織。

對其成員，要分別情況，具體對待：

對於「內人團」中的「內人黨」分子，按對「內人黨」的處理意見對待；

對於混入團內的壞人按其本身的反動身分和罪惡進行處理；

對於自首變節、叛變投敵的，按叛徒對待；

除上述幾種人外，「四‧三」會議以前「內人團」的成員（包括骨幹），只要將這段歷史交代清楚，可不予追究；「四‧三」會議後的「內人團」員應視為進步組織的成員。

對於烏蘭夫、哈豐阿反黨叛國集團及其在「內人團」的代理人，長期推行的民族分裂主義路線，必須在這次無產階級文化大革命中，以毛澤東思想為武器，進行革命的大批判，肅清其流毒，進一步提高各族人民和青年的毛澤東思想覺悟。

內蒙古自治區革命委員會
一九六八年七月二十日

9.內蒙古自治區革命委員會關於在牧區劃分和清理階級成分的幾項政策規定（草案）（1968.07.20）

遵循毛主席關於中國社會各階級分析的一系列理論，政策，並根據一九四八年四月中共中央《關於土地改革中各社會階級的劃分及其待遇的規定（草案）》和一九五〇年八月四日中央人民政府政務院《關於劃分農村階級成分的決定》，結合牧區廣大群眾在無產階級文化大革命中劃分和清理階級成分的初步經驗，對在牧區劃分和清理階級成分的幾項具體政策，做如下規定：

一、牧區的階級、階層

牧區存在著兩個階級、六個階層，即牧主、富牧、上中牧、中牧、下中牧、貧牧。牧主、富牧是牧區的剝削階級。各地劃階級時，可劃為上述六層，也可劃為五層，即牧主、富牧、上中牧、下中牧、貧牧。

牧主

佔有大量牲畜，自己不勞動，或只有附帶勞動，靠剝削為生的，劃為牧主。牧主主要以雇工、放「蘇魯克」（注一）、高利貸和其他剝削方式剝削牧民。

接大量「蘇魯克」（注一），雇工經營，自己不勞動，靠剝削為生的，也劃為牧主。

牧主破產後，有勞動力仍不勞動，不從事正當職業，其生活狀況超過中牧的，仍劃為牧主。

依靠或組成一種反動勢力，稱霸一方，為了私人利益，經常用暴力和權勢去欺壓與掠奪人民，造成人民生命財產的重大損失，查有實據者，劃為惡霸牧主。

封建上層（章蓋〔注二〕以上）是牧主階級的政治代表，本人應劃為封建上層分子，同牧主一樣對待。

富牧

佔有大量牲畜，自己參加勞動，但雇工、放「蘇魯克」等剝削收入占其純收入百分之五十以上的，劃為富牧。

解放時的上中牧，合作化前三年上升為富牧，抗拒社會主義改造，群眾意見很大的，應劃為富牧；擁護社會主義改造，經群眾討論同意的，仍劃為上中農。

解放時的中牧，合作化前三年上升為富牧的，對其中少數一貫抗拒社會主義改造，群眾意見很大的，劃為新富牧；對其中擁護社會主義改造，經群眾討論同意的，可劃為上中牧。

上中牧

佔有較多的牲畜，生活狀況在中牧以上，其生活來源主要靠自己勞動，但有輕微剝削，其剝削量一般不超過純收入百分之五十的，劃為上中牧。

因家庭人口多，勞動力少，或遭遇天災人禍，生活困難的，其剝削量雖超過純收入的百分五十，但不超過百分之六十，群眾不加反對的，仍劃為上中牧。

解放時的貧牧、下中牧，合作化前三年，上升為上中牧的，處少數資本主義自發傾向為嚴重的，劃為上中牧以外，一般仍劃為下中牧或中牧；上升為富牧的，除個別剝削量很大，一貫抗拒社會主義改造，群眾意見很大的，劃為新富牧外，其餘劃為上中牧。

中牧

佔有一定數量的牲畜，完全靠自己勞動，不剝削被人，也不受別人剝削，生活基本自給自足的，劃為中牧。

下中牧

佔有牲畜不多，依靠自己勞動，並受少量剝削的，劃為下中牧。

佔有牲畜不多，兼營手工業或少量園田等，生活不富裕的，也劃為下中牧。

不出賣勞動力，也不接「蘇魯克」，但佔有牲畜很少，生活比較困難的，也劃為下中牧。

解放時的中牧，由於自然災害等特殊原因，在合作化前牲畜大量減少，生活顯著下降的，可劃為下中牧。

貧牧

沒有牲畜或佔有少量牲畜，主要或全部靠出賣勞動力或接「蘇魯克」等為生活來源的劃為貧牧。

解放前的奴隸，劃為貧牧。

解放時的貧牧、下中牧，解放後上升為中牧的，其原成分不變。

其他成分

（一）關於喇嘛的成分為題：對解放後已參加集體勞動的一般喇嘛，其成分基本上依據其家庭成分來定，或依據其解放以來參加的勞動職業來定；對解放後，一直不參加勞動，靠宗教職業收入維持生活的一般喇嘛，可劃為宗教職業者，作為團結對象；對少量握有統治實權的上層喇嘛（一般為解放前的「格斯貴」〔注三〕以上）劃為宗教上層分子，作為打擊對象。由於召廟小，權勢不大，任職不長的，或解放後還俗早、政治表現一貫好的，或解放後由勞動人民出身的喇嘛被選任為「格斯貴」職務的，經群眾討論同意，可劃為宗教職業者。

（二）手工工人、小手工業者、自由職業者、小商小販和商人成分的劃分，按一九五〇年八月四日政務院決定執行。

（三）鑒於牧區現在是在解放二十多年後劃分階級成分，各階級、階層之間互相轉入的情況較普遍，各個家庭成員的組成較複雜，因此，劃階級時，需要逐人審議，分別評定。

　　解放當時不足十八歲的牧主、富牧子女，解放後到合作化前參加主要勞動，政治表現較好，群眾意見不大的，可劃為牧、富子女，作為團結對象；如果有勞動力不參加勞動，參與剝削，一直過剝削生活，政治表現不好的，可劃為牧主、富牧分子。

　　凡因抱養、過繼、同居、寄居、嫁娶、招贅等情況，在解放前，從剝削階級家庭轉入勞動牧民家庭，從事主要勞動滿一年的，一律隨勞動者家庭評定成分；解放後轉入勞動牧民家庭的牧、富子女，參加主要勞動滿一年的，亦可隨勞動者家庭評定成分。解放前，由勞動牧民家庭轉入剝削階級家庭，如與剝削者過同等生活滿三年的，劃為剝削者成分，如實際上處於被剝削、壓迫地位的，應劃為適當的牧民成分；合作化前轉入的，如果有勞動能力不參加主要勞動，並參與剝削，與剝削者過同等生活滿三年的，劃為剝削者成分，如果參加主要勞動，政治表現較好，可按原家庭評定成分；合作化後轉入的，一般按原家庭成分評定。

　　（四）在解放前從農村、城市移入牧區的人，凡在農村、城市尚未劃過成分，現在一律參加劃階級，但要把原籍的情況調查清楚。土改時已劃成分的，按原籍劃定的成分進行複查。

二、劃階級的標準和剝削量的計算

　　（一）牧區各階級、階層的成分，按佔有生產資料的分量，生活來源中勞動收入和剝削收入的相對分量，勞動生活和剝削生活的時間等三個方面來決定。

　　（二）劃分階級成分的時間標準，以當地解放時為起點（包括解放當年），向上推三年為主，並參加合作化前三年的情況。連續過剝削生活滿三年的，即劃為剝削者成分。

　　（三）剝削量的計算問題：為了計算方便起見，規定以下幾個簡便計算標準。在家中有一人參加主要勞動的情況下：（1）凡經常雇一個長工，或者其他剝削分量相當於雇一個長工的，均不劃為富牧。（2）凡經常雇兩個長工，或其它剝削分量的總和相當於雇兩個長工的，一般劃為富牧。（3）凡經常剝

削分量在相當於雇一個長工以上，但不到雇兩個長工的，則應仔細計算其剝削收入是否超過其純收入的百分之五十，超過的一般為富牧，不超過的為上中牧。（4）每年雇領工或月工總計達一百二十天以上的，以雇一個長工計算。（5）接「蘇魯克」，又雇工的，從剝削收入中減去向畜主支付部分，剩餘部分算為剝削。（6）放「蘇魯克」的牲畜折合雇工人數，應根據當地當時的實際情況這算。具體折合標準，由旗革命委員統一規定，報盟革命委員會批准。

三、對牧主、富牧的待遇問題

（一）凡劃為牧主、富牧、封建上層、宗教上層分子的，一律撤銷在各級政權機關、公社、牧場和群眾團體中擔任的一切職務，一律取消在公社、牧場中的定息和畜股報酬，一般的均剝奪其公民權，取消社員資格，對他們實行無產階級專政，在群眾監督下勞動改造。對入社後，多年來老實勞動，不做壞事的牧富分子，可否保留其公民權和社員資格，由群眾審議決定。對那些沒有改造好的或罪惡重大、有現行破壞活動的分子，要放手發動群眾，批判鬥爭，直至依法懲辦。

（二）對牧主、封建上層、宗教上層分子超過當地貧牧佔有水平的生產資料、自留畜及全部金銀珠寶、大量現款、囤積的大量生活用品等，原則上一律沒收。對富牧的多餘部分進行徵收。對新富牧和保留社員資格的牧富分子的生活用品一般不動。對牧主、富牧分子等的銀行存款，暫實行凍結。沒收和徵收的財產，全部歸公社和生產隊集體所有，作為公積金和公益金。其中金銀珠寶之類財產，應集體出售給國家銀行。鑒於合作化以後有些牧主、富牧已參加了一定的勞動，在沒收和徵收其財產時，應適當從寬處理。大的召廟財產，沒收後要由旗革命委員會統一處理。

（三）對牧主、富牧、封建上層、宗教上層分子，只要他們老老實實，接受改造，不破壞，不搞亂，就要給予勞動改造，重心做人的機會，生活上給予出路，讓他們參加集體生產勞動，實行同工同酬。

四、劃定階級成分時，應按照規定的標準和政策，由生產隊、生產大隊貧下中牧協會領導之下民主評定。

這個政策規定草案中未做詳細盡規定的有關劃分階級成分的具體政策，要遵照一九四八年四月中共中央《關於土地改革中各社會階級的劃分及其待遇的規定（草案）》和一九五〇年八月四日中央人民政府政務院《關於劃分農村階級成分的決定》等文件執行。

注一：放「蘇魯克」，即出租畜群；接「蘇魯克」，即租入畜群。

注二：章蓋，即相當於偽區長的官位。

注三：格斯貴，即喇嘛廟的宗教監督。

10.內蒙古自治區革命委員會關於在挖烏蘭夫黑線、肅烏蘭夫流毒鬥爭中幾個具體政策問題的意見（1968.07.19）

內蒙革發〔68〕353號

我們偉大領袖毛主席關於無產階級文化大革命的理論、路線、方針和一系列政策，是我們奪取無產階級文化大革命全面勝利的根本保證。我們必須認真學習，深刻領會，堅決貫徹，條條落實。毛主席教導我們：「政策和策略是黨的生命」，毛主席又教導我們：「需要正確的政策。這個政策的基本點，就是放手發動群眾，壯大人民的力量」。為了更廣泛更深入地發動群眾，調動一切積極因素，團結一切可以團結的力量，集中力量，集中目標，穩、準、狠地打擊最主要最危險的敵人，將「挖肅」鬥爭進行到底，奪取無產階級文化大革命的全面勝利，遵照毛主席關於對敵鬥爭的政策、策略思想，特別是五月十九日對「北京新華印刷廠軍管會發動群眾開展對敵鬥爭的經驗」的批示，對運動中碰到的幾個具體政策問題，提出如下意見。

一、關於烏蘭夫死黨分子

1、參與策劃烏蘭夫反黨叛國活動的主要成員，是烏蘭夫死黨分子，能徹底交代，積極揭發，有立功表現者，從寬處理。

2、在無產階級文化大革命中，死保烏蘭夫及其反黨叛國集團的主要成員，積極為烏蘭夫翻案，至今仍不悔改者，是烏蘭夫死黨分子。對於因不瞭解情況，保過烏蘭夫，或曾為烏蘭夫翻案，經過教育，現在能劃清界限，承認錯誤，積極起來揭發，用實際行動改正自己的錯誤的，不是烏蘭夫死黨分子。

3、過去曾參與了烏蘭夫反黨叛國集團的一些活動，但在烏蘭夫的問題被揭發後，能很快覺悟，與烏蘭夫劃清界限，同烏蘭夫反黨叛國集團作鬥爭者，不是烏蘭夫死黨分子。

二、關於民族分裂主義分子

1、進行民族分裂的反動集團和投修叛國集團中的首要分子和骨幹分子，是民族分裂主義分子。但只要徹底坦白交代，有悔改表現，可從寬處理。參加民族分裂集團或投修叛國集團的人，能夠承認錯誤，徹底交代，積極揭發，又無重大罪惡者，可不視為民族分裂主義分子。

2、對於曾有過一些民族分裂的言論，而無組織活動的人，要與民族分裂主義分子相區別；但應深刻檢查，改正錯誤。

3、歷史上曾參加過反動集團或叛國集團活動，參加革命後作過交代，已有組織結論，沒有新發現重大問題的，屬一般歷史問題，可不再追究。歷史上曾參加反動集團或叛國集團，沒有交代過，現在能主動老實交代的，可寬大處理。

三、關於特務、叛徒、自首變節分子

1、凡是特務、叛徒和自首變節分子，必須堅決挖出來，潛伏下來的特務應作為重點。在這次運動中能自動交代或自動投案的，從寬處理；立功者將功折罪。確實查明無現行活動的歷史特務，可根據罪惡大小和交代情況區別對待。解放前，曾給蒙古、蘇聯當過情報員，目的在於收集國民黨和帝國主義的情報，對我黨和人民革命事業沒有危害，解放後已脫離關係的，不算特務分子，但必須交代清楚。

2、對叛徒和自首變節分子的處理，應堅決按照中央1967年6月28日關於「抓叛徒」問題的通知和1968年2月5日中央轉發黑龍江省革命委員會「關於深挖叛徒工作情況的報告」的批示執行。

3、叛徒、特務、自首變節分子，有的過去雖已交代，作過結論，但因受中國赫魯曉夫叛徒哲學影響，結論不當的，應重新審處。有一般政治歷史問題，如參加過國民黨特務組織的外圍組織，已向組織交代清楚，並作過正確的組織結論，沒有新的活動的，要與特務分子相區別。過去未作過交代，現在能主動徹底交代，並有悔改表現的，從寬處理。

四、關於內蒙古自治運動聯合會

內蒙古自治運動聯合會，是日寇投降後到內蒙古自治區人民政府成立前，經中共中央批准成立的在內蒙古地區推行民族區域自治的群眾團體，不是反動組織。

五、關於起義人員

對國民黨的軍政起義人員，要把歷史罪惡和現行活動加以區別。過去歷史上罪惡不大，起義後交代清楚，老老實實接受改造，又無現行反革命活動的，屬政治歷史問題。歷史上有重大罪惡，起義後政治表現不好的，必須揪出來批鬥。有現行反革命活動的堅決予以專政。

六、關於壞頭頭

1、在無產階級文化大革命中混入群眾組織內竊取了領導職務或起操縱作用的地（牧主）、富（富牧）、反、壞、右分子，《中共中央、國務院關於在無產階級文化大革命中加強公安工作的若干規定》第四條所指出的人員，叛徒、特務、自首變節分子，走資派，烏蘭夫死黨分子，民族分裂主義分子，資本家，是壞頭頭。

2、在無產階級文化大革命中受走資派幕後操縱，實際上成為走資派的代理人，破壞文化大革命，破壞生產，幹了很多壞事，有重大罪惡，而又堅持不改，屢教不改的，也是壞頭頭。經過教育後，能認識改正錯誤的，從寬處理。

3、在無產階級文化大革命中，由於不瞭解情況而錯保走資派，或受走資派蒙蔽而幹了一些壞事，現在能劃清界限的，不是壞頭頭。有些群眾組織的負責人，在運動中犯過這樣那樣的錯誤，屬好人犯錯誤，不是壞頭頭。

內蒙古自治區革命委員會文件

巴盟革命委員會辦公室

1968年7月29日翻印

11.內蒙古自治區革命委員會關於在牧區劃分和清理階級成分的幾項政策規定（草案）（其二）（1968.08.10）

（一九六八年八月十日修改重印）

　　遵循毛主席關於中國社會各階段分析的一系列理論、政策、並根據一九四八年四月中共中央《關於土地改革中各社會階級的劃分及其待遇的規定（草案）》和一九五〇年八月四日中央人民政府政務院《關於劃分農村階級成分的規定》，結合牧區廣大群眾在無產階級文化大革命中劃分和清理階級成分的初步經驗，對在牧區劃分和清理階級成分的幾項具體政策，做如下規定：

一、牧區的階級、階層

　　牧區存在著兩個階級、六個階層，即牧主、富牧、上中牧、中牧、下中牧、貧牧。牧主、富牧是牧區的剝削階級。各地劃階級時，可劃為上述六層，也可劃為五層，即牧主、富牧、上中牧、下中牧、貧牧。

牧主

　　佔有大量牲畜，自己不勞動，或只有附帶勞動，靠剝削為生的，劃為牧主。牧主主要以雇工、放「蘇魯克」（注一）、高利貸和其他剝削方式剝削牧民。

　　接大量「蘇魯克」（注一），雇工經營，自己不勞動，靠剝削為生的，也劃為牧主。

　　牧主破產後，有勞動力仍不勞動，不從事正當職業，其生活狀況超過中牧的，仍劃為牧主。

　　依靠或組成一種反動勢力，稱霸一方，為了私人利益，經常用暴力和權勢去欺壓與掠奪人民，造成人民生命財產的重大損失，查有實據者，劃為惡

霸牧主。

封建上層（章蓋〔注二〕以上）是牧主階級的政治代表，本人應劃為封建上層分子，同牧主一樣對待。

富牧

佔有大量牲畜，自己參加勞動，但雇工、放「蘇魯克」等剝削收入占其純收入百分之五十以上的，劃為富牧。

解放時的上中牧，合作化前三年上升為富牧，抗拒社會主義改造，群眾意見很大的，應劃為富牧；擁護社會主義改造，經群眾討論同意的，仍劃為上中農。

解放時的中牧，合作化前三年上升為富牧的，對其中少數一貫抗拒社會主義改造，群眾意見很大的，劃為新富牧；對其中擁護社會主義改造，經群眾討論同意的，可劃為上中牧。

上中牧

佔有較多的牲畜，生活狀況在中牧以上，其生活來源主要靠自己勞動，但有輕微剝削，其剝削量一般不超過純收入百分之五十的，劃為上中牧。

因家庭人口多，勞動力少，或遭遇天災人禍，生活困難的，其剝削量雖超過純收入的百分五十，但不超過百分之六十，群眾不加反對的，仍劃為上中牧。

解放時的貧牧、下中牧，合作化前三年，上升為上中牧的，處少數資本主義自發傾向為嚴重的，劃為上中牧以外，一般仍劃為下中牧或中牧；上升為富牧的，除個別剝削量很大，一貫抗拒社會主義改造，群眾意見很大的，劃為新富牧外，其餘劃為上中牧。

中牧

佔有一定數量的牲畜，完全靠自己勞動，不剝削被人，也不受別人剝削，生活基本自給自足的，劃為中牧。

下中牧

佔有牲畜不多，依靠自己勞動，並受少量剝削的，劃為下中牧。

佔有牲畜不多，兼營手工業或少量園田等，生活不富裕的，也劃為下中牧。

不出賣勞動力，也不接「蘇魯克」，但佔有牲畜很少，生活比較困難的，也劃為下中牧。

解放時的中牧，由於自然災害等特殊原因，在合作化前牲畜大量減少，生活顯著下降的，可劃為下中牧。

貧牧

沒有牲畜或佔有少量牲畜，主要或全部靠出賣勞動力或接「蘇魯克」等為生活來源的劃為貧牧。

解放前的奴隸，劃為貧牧。

解放時的貧牧、下中牧，解放後上升為中牧的，其原成分不變。

其他成分

（一）關於喇嘛的成分為題：對解放後已參加集體勞動的一般喇嘛，其成分基本上依據其家庭成分來定，或依據其解放以來參加的勞動職業來定；對解放後，一直不參加勞動，靠宗教職業收入維持生活的一般喇嘛，可劃為宗教職業者，作為團結對象；對少量握有統治實權的上層喇嘛（一般為解放前的「格斯貴」〔注三〕以上）劃為宗教上層分子，作為打擊對象。由於召廟小，權勢不大，任職不長的，或解放後還俗早、政治表現一貫好的，或解放後由勞動人民出身的喇嘛被選任為「格斯貴」職務的，經群眾討論同意，可劃為宗教職業者。

（二）手工工人、小手工業者、自由職業者、小商小販和商人成分的劃分，按一九五〇年八月四日政務院決定執行。

（三）鑒於牧區現在是在解放二十多年後劃分階級成分，各階級、階層之間互相轉入的情況較普遍，各個家庭成員的組成較複雜，因此，劃階級時，需要逐人審議，分別評定。

　　解放當時不足十八歲的牧主、富牧子女，解放後到合作化前參加主要勞動，政治表現較好，群眾意見不大的，可劃為牧、富子女，作為團結對象；如果有勞動力不參加勞動，參與剝削，一直過剝削生活，政治表現不好的，可劃為牧主、富牧分子。

　　凡因抱養、過續、同居、寄居、嫁娶、招贅等情況，在解放前，從剝削階級家庭轉入勞動牧民家庭，從事主要勞動滿一年的，一律隨勞動者家庭評定成分；解放後轉入勞動牧民家庭的牧、富子女，參加主要勞動滿一年的，亦可隨勞動者家庭評定成分。解放前，由勞動牧民家庭轉入剝削階級家庭，如與剝削者過同等生活滿三年的，劃為剝削者成分，如實際上處於被剝削、壓迫地位的，應劃為適當的牧民成分；合作化前轉入的，如果有勞動能力不參加主要勞動，並參與剝削，與剝削者過同等生活滿三年的，劃為剝削者成分，如果參加主要勞動，政治表現較好，可按原家庭評定成分；合作化後轉入的，一般按原家庭成分評定。

　　（四）在解放前從農村、城市移入牧區的人，凡在農村、城市尚未劃過成分，現在一律參加劃階級，但要把原籍的情況調查清楚。土改時已劃成分的，按原籍劃定的成分進行複查。

二、劃階級的標準和剝削量的計算

　　（一）牧區各階級、階層的成分，按佔有生產資料的分量，生活來源中勞動收入和剝削收入的相對分量，勞動生活和剝削生活的時間等三個方面來決定。

　　（二）劃分階級成分的時間標準，以當地解放時為起點（包括解放當年），向上推三年為主，並參加合作化前三年的情況。連續過剝削生活滿三年的，即劃為剝削者成分。

　　（三）剝削量的計算問題：為了計算方便起見，規定以下幾個簡便計算標準。在家中有一人參加主要勞動的情況下：（1）凡經常雇一個長工，或者其他剝削分量相當於雇一個長工的，均不劃為富牧。（2）凡經常雇兩個長工，或其它剝削分量的總和相當於雇兩個長工的，一般劃為富牧。（3）凡經常剝

削分量在相當於雇一個長工以上，但不到雇兩個長工的，則應仔細計算其剝削收入是否超過其純收入的百分之五十，超過的一般為富牧，不超過的為上中牧。（4）每年雇領工或月工總計達一百二十天以上的，以雇一個長工計算。（5）接「蘇魯克」，又雇工的，從剝削收入中減去向畜主支付部分，剩餘部分算為剝削。（6）放「蘇魯克」的牲畜折合雇工人數，應根據當地當時的實際情況這算。具體折合標準，由旗革命委員統一規定，報盟革命委員會批准。

三、對牧主、富牧的待遇問題

（一）凡劃為牧主、富牧、封建上層、宗教上層分子的，一律撤銷在各級政權機關、公社、牧場和群眾團體中擔任的一切職務，一律取消在公社、牧場中的定息和畜股報酬，一般的均剝奪其公民權，取消社員資格，對他們實行無產階級專政，在群眾監督下勞動改造。對入社後，多年來老實勞動，不做壞事的牧富分子，可否保留其公民權和社員資格，由群眾審議決定。對那些沒有改造好的或罪惡重大、有現行破壞活動的分子，要放手發動群眾，批判鬥爭，直至依法懲辦。

（二）對牧主、封建上層、宗教上層分子超過當地貧牧佔有水平的生產資料、自留畜及全部金銀珠寶、大量現款、囤積的大量生活用品等，原則上一律沒收。對富牧的多餘部分進行徵收。對新富牧和保留社員資格的牧富分子的生活用品一般不動。對牧主、富牧分子等的銀行存款，暫實行凍結。沒收和徵收的財產，全部歸公社和生產隊集體所有，作為公積金和公益金。其中金銀珠寶之類財產，應集體出售給國家銀行。鑒於合作化以後有些牧主、富牧已參加了一定的勞動，在沒收和徵收其財產時，應適當從寬處理。大的召廟財產，沒收後要由旗革命委員統一處理。

（三）對牧主、富牧、封建上層、宗教上層分子，只要他們老老實實，接受改造，不破壞，不搗亂，就要給予勞動改造，重心做人的機會，生活上給予出路，讓他們參加集體生產勞動，實行同工同酬。

劃定階級成分時，應按照規定的標準和政策，由生產隊、生產大隊貧下中牧協會領導之下民主評定。

　　這個政策規定草案中未做詳細盡規定的有關劃分階級成分的具體政策，要遵照一九四八年四月中共中央《關於土地改革中各社會階級的劃分及其待遇的規定（草案）》和一九五〇年八月四日中央人民政府政務院《關於劃分農村階級成分的決定》等文件執行。

注一：放「蘇魯克」，即出租畜群；接「蘇魯克」，即租入畜群。

注二：章蓋，即相當於偽區長的官位。

注三：格斯貴，即喇嘛廟的宗教監督。

12.內蒙革命委會核心小組對呼市當前工作的指示（1968.11.22）

一九六八年十一月二十二日

李德臣同志11月22日晚傳達

今天滕司令員、吳政委、權星垣、樹德同志接見了呼市革命委員會核心小組的通知和戈志盛同志，關於當前呼市的運動問題，滕司令員、吳政委和其他領導同志作了一些指示。今天下午在接見的，我這個傳達根本也沒準備，這是第一；第二，就是我一般的做記錄也不可能把它記全；第三，記的裡面也許有錯誤。所以今天就是把我記錄的爭取儘量的原原本本地給大家做傳達，好再是今天樹德同志也來了，還有什麼問題錯了的話請他作糾正。今天到那裡去的有符力格同志、高增貴同志、楊鴻文同志、馬伯岩同志、戈志盛同志，如果我傳達的有錯誤的話，他們也可以出來作糾正。現在我就傳達。

滕司令員對呼市當前這場鬥爭很關心，內蒙革命委員會核心小組對呼市當前的運動也很關心。這次接見，就是為了把呼市的鬥批改的這場鬥爭搞的更好，打勝仗，他們發表了一些意見。開始滕司令員提出兩個問題，要大家來考慮；一個問題就是呼市當前主要的應該搞什麼？再一個問題就是你們這次擴大會議要不要開？是不是現在就開？提了這麼兩個問題。滕司令員講：從中央十二中全會精神傳達之後，特別是在傳達毛主席在十二中全會上的極其重要的指示和林副主席的重要講話以後，在我們內蒙自治區開展了高錦明同志的右傾機會主義路線錯誤的批評以後，現在全區的形勢大好，許多單位在對敵鬥爭上，特別是在大批判、清理階級隊伍這一些方面都出現了新的高潮，廣大群眾進一步發動起來了，現在各地進展雖然不同，多數的地區效果很好。比方包頭，就是十二中全會公報傳達之後的短短幾天時間裡邊就揪出了二千多敵人，光東河區就揪出來一千多，而且揪出來一些潛伏下來的國民黨特務；在昭盟形勢一片大好，群眾進一步發動起來，在城鎮和鄉村都掀起了大批判和清理階級隊伍

的高潮，光克什克騰旗在最近這一段時間之內就挖出1709個敵人，赤峰市也有很大進展，他們那裡農村的貧下中農主動的組織起挖肅小組，他們這個挖肅小組的條件有這麼幾條：一條是高舉毛澤東思想偉大紅旗，政治好；第二條必須是貧下中農；第三條是作風正派辦事公平，自動組織起來，有的是七個人，有的九個人，有的五個人，組織起來以後，就向敵人發起進攻，他們那裡就是剛聽完全會公報就把地主分子、四類分子揪出來批鬥，搞得轟轟烈烈，那個形勢確實是勢不可擋的；在烏盟，向內人黨發起了全面攻擊，現在已經搞出兩千多內人黨，還有其他盟像巴盟、哲盟、錫盟這一次衝破右傾機會主義路線的阻力展開了全面攻擊之後，各旗縣都發動起來了，揪出來一大批鑽到我們紅色政權裡邊的階級敵人。總而言之，就是黨的八屆十二中全會公報毛主席的重要指示、林副主席的重要講話已經變成了廣大人民群眾的實際行動，各地捷報頻傳戰果輝煌，形勢一片大好！我們呼市的廣大群眾也發動起來了。當前呼市的問題是什麼呢？就是引導群眾向什麼方向進攻，目標究竟對準誰，搞什麼？所以滕司令員講：我感到呼市一段大方向掌握的不大好，沒有引導大家真正的向階級敵人進攻，所以呼市這一階段對敵鬥爭看起來進展不好，也沒有聽到呼市在這一方面的反應。滕司令員講：高增貴同志有錯誤，但不是敵人所以現在這樣搞，這個不好；原來高增貴同志是有錯誤的，特別是呼市的群眾組織關係搞的不好，和工代會，紅代會搞對立，高增貴同志在這些問題上有錯誤。滕司令員說：怎麼搞的呀？怎麼反對你的這麼多？對立的那麼厲害呢？這裡面到底是什麼問題呀？滕司令員講：是你們沒有跟群眾組織搞好關係，沒有跟他們團結起來，你過去不信任群眾，跟群眾搞對立，現在呢，你的日子就不好過。但是高增貴同志還不是敵人，他是犯了錯誤。現在的鬥爭矛頭，擺在我們面前的，一個是敵我矛盾，一個是人民內部矛盾，這兩個問題應該先抓什麼？應該把矛頭對準敵人，先抓這個問題，這個問題抓住了，方向搞對了，就能夠打勝仗。滕司令員講：你們那裡不能跟內蒙古自治區革命委員會一樣硬套，硬套不行。要不要開個會？滕司令員講：是要開個會，但是不一定非在這個時候開，現在呼市存在著兩派，兩派對立，這裡邊是有壞人在裡邊搞鬼，你們過去有派性，人家不滿意，所以造成這個惡果，現在呢？現在是敵人利用你們過去的一些錯誤、缺點在這裡面搞鬼，你們呼市革命委員會內認識有不一致，不支持廣

大群眾，不關心群眾，各有自己的認識，要按自己的辦，所以群眾反對你們，你們應該對這個問題很好地考慮，在群眾當中來說，有資產階級派性不是可怕的，你們有沒有，你們用的工作人員究竟哪一個好，哪一個不好，我不清楚，但是很多群眾對你們的用人很不滿意，你們對群眾的意見凡是對的都應該採納嘛，有一些人有錯誤，我們對他的錯誤不能一概的保，有的群眾要批評他，為什麼不可以讓群眾批評一下呢？所以你們用硬保的辦法是不好的，這種辦法很簡單，也很笨。本來核心小組原來就有個意圖，準備抓一抓呼市的問題，後來叫高錦明同志抓一抓，結果沒有抓好。你們內部的問題已經很長了，到現在沒有解決；當然呼市沒有搞好我們有責任，但是你們的錯誤我們不能包庇，你們確實有錯誤。目前怎麼搞法？情況我不大瞭解，我覺得應該把群眾發動起來，向階級敵人進攻，抓好革命大批判，狠抓清理階級隊伍。革命大批判和清理階級隊伍主席都講了嘛！你不把群眾發動起來搞敵人，那怎麼行呢？我們應該緊跟嘛，緊跟毛主席偉大戰略部署嘛！你們呼市就是不如包頭，不如人家包頭東河區搞得好，當前不抓這個問題是不行的。開展內部的兩條路線鬥爭，批評錯誤是應該的；但是現在不要去搞，不要爭高低嘛。過去因為我們有右傾，敵人鑽空子，帳要算在敵人身上，不能算在我們的同志身上，有錯誤就檢查，搞在同志身上這不行。所以現在你們應該開大會，動員群眾起來，抓革命的大批判，搞清理階級隊伍，把階級敵人抓起來。現在對於挑動群眾鬥群眾的就是要批判。你們還要注意對好的，對符合毛澤東思想的就要勇於支持，敢支持；對壞的就要勇於批評；好的不敢支持、壞的不敢批評，歪風邪氣你們看不見，光坐在家裡開會，那怎麼行呢？當前在這一個時間內要狠狠地抓一抓貫徹擴大的十二中全會精神，抓革命的大批評，抓清理階級隊伍，要抓住不放，要把鬥、批、改的高潮掀起來，這是第一個意見。

第二，大家對高增貴同志有意見，這沒什麼，高增貴同志應該親自到前線去抓階級鬥爭，指揮戰鬥，用你的實際行動來改正錯誤嘛，要制止今天這裡開大會鬥一頓那裡鬥一頓，這樣就沒辦法工作了，還得要讓他工作；但是高增貴同志應該主動地到群眾當中去，接受群眾的批評，還是要把工作抓起來，不把工作抓起來不對。楊鴻文同志無非就是有點右傾，沒有關係嘛，克服了就好嘛！不應該採取現在這種這裡揪那裡鬥的辦法，現在沒有撤你們的職，你們應

該工作嘛，如果不工作了，如果還是那樣這裡揪那裡鬥工作不成，實際上不就幫了敵人的忙嗎？我們現在也沒有發現高增貴、楊鴻文兩個同志就是敵人嘛，他們就是敵人也跑不了嘛！現在有大量的敵人應該抓嘛，所以要支持他們兩個人工作，我們批評高錦明的右傾機會主義錯誤，就是要向敵人發動進攻，別的地方就跟你們這裡不一樣嘛！別的地方就搞得很好，這就是他們在克服右傾嘛。緊跟毛主席的偉大戰略部署，落實全會的各項戰鬥任務，狠抓革命的大批判，抓好清理階級隊伍，這就是最好的克服右傾。你們今後怎麼辦？你們開個大會，符力格同志可以講一講，現在壓倒一切的任務，就是貫徹八屆擴大的十二中全會精神，掀起鬥、批、改的高潮，把革命的大批判和清理隊伍搞好。有些右傾的同志要在實際中改正錯誤，在這個基礎上你們可以開個會，開展批評和自我批評，總結經驗，吸取教訓，過去你們呼市做了大量的工作，這一點不能否認；但是工作當中有錯誤，現在看你們的錯誤還不能和高錦明等同起來。我們要發動群眾，要警惕壞人在後邊搞鬼，對在後面搞鬼的壞人，要把他揪出來。呼市革命委員會應該有一個正常的工作秩序，應該很好地掌握這個局面，應該加強集體領導，滕司令員建議符力格同志擔任呼市核心小組的付組長，把集體領導搞好，有事集體研究，然後都出去說話，這樣才能統一思想、統一語言，才有力量。滕司令員講：馬伯岩同志過去大方向是對的；但是工作上也是有缺點的，馬伯岩同志和戈志盛同志都應該多講話嘛！應該支持高增貴同志和楊鴻文同志，這樣子你們就能夠把這段工作做好。

再一個問題是呼市機關的問題，呼市革命委員會的機關有一些人群眾有意見，有問題，可以先回去參加鬥、批、改；還有一些人他沒有什麼問題，但是派性太大，這也不行，帶著資產階級派性幹工作是幹不好的。所以呼市革命委員會要下決心把你們這個機關好好調整一下。還有就是你們下邊的各級革命委員會，這是個領導班子嘛，這裡邊有一些人不好，可以把你們調出來辦學習班，在學習班裡把問題搞清楚，不然搞不好工作；有一些人他不是敵人，但是他思想不好，也要在學習班裡邊把問題解決。革命的根本問題是政權問題，政權就是領導班子，這是我們的中心，我看你們的工作搞不好，就是因為領導班子有問題，為什麼廣大群眾反對你們？這是個應當注意的問題，起碼你們應該吸取這個教訓。呼市工代會是好的，是聽話的，為什麼對你們意見很大？你們

應該很好地跟他們商量問題嘛！一定要跟工代會搞好關係，要吸取這個教訓。你們呼市有這麼好的條件，再搞不好就不太像話了。包頭革委會的人並不比你們多，他們就是比你們搞得好，他們的有些單位對高錦明的講話有抵制，烏達工人毛澤東思想宣傳隊就沒有傳達高錦明的講話，所以我們今後還是那句老話：合乎毛澤東思想我們就去辦；不合乎毛澤東思想的我們就去抵制；這句話說起來簡單，做起來也是不容易。但是一定要這麼做。你們開個會是可以的，通過這個會聽取大家的批評，但是最近可以不開。人家不是都說你們右傾嗎？你們要克服右傾就到前線去指揮，（吳政委：光說不行，要見之於行動，到實踐當中去克服右傾。）還有你們一講話下面就有反映，為什麼有反映呢？就是因為你們講派性的話嘛！你們自己有資產階級派性，一講就露了馬腳，下邊就有反映，以後你們不要再講帶有資產階級派性的話，要講毛澤東思想，講話你不突出政治，群眾當然有意見。

高增貴同志的錯誤是人民內部矛盾，高錦明那樣我們還是希望他改正錯誤，高增貴同志不等於高錦明。符力格同志剛到呼市不久，不大瞭解情況，也可能有好處，沒有框框。（吳政委：就是按毛澤東思想辦事，沒有框框，緊跟毛主席的偉大戰略部署，就能把工作搞好。）希望你們呼市革命委員會的幾個同志，還是要互相支持。總之，你們要把主要精力放在貫徹十二中全會精神方面，把矛頭對準敵人。今後可以開個會，總結經驗，吸取教訓，在必要的時候高增貴同志可以去做檢查，但現在這個辦法這裡揪那裡揪這樣不行。也希望高增貴、楊鴻文同志把腰杆子挺起來好好工作。

吳政委說：我沒有什麼多講的了，十二中全會精神是我們完成各項任務的巨大武器，現在呼市就是要把群眾發動起來，向敵人全面進攻，糾正錯誤也要靠在實際行動當中去解決。

滕司令員：就是不要搞兩派對立，要把矛頭對準敵人。

吳政委：希望你們打個大勝仗！

李樹德同志在傳達會上的講話

滕司令員講的呼市的問題，我們內蒙古革命委員會核心小組全體同志完全

同意。

希望呼市革命委員會，根據滕司令員今天的指示來部署你們的工作，要按這個精神去做，我們認為滕司令員今天這個講話是結合呼市當前形勢的實際，具體地把十二中全會的精神，把毛主席的指示同呼市的具體情況結合起來了。

第一、呼市形勢很好。

群眾進一步發動起來了，群眾都在那裡等著，領導問題趕不上，最近一個時期領導趕不上。以前滕司令員、吳政委從北京找李德臣去，對內蒙當前的工作，做了指示，我們是30日傳達的，那二次講話是傳達了毛主席和林付主席的聲音嘛，也反映了全國先進地區的先進經驗，這個講話在呼市傳達的比較早，而且傳達的面比較廣，據我所知大部分基層單位是傳達到了，因為參加會議的多，有這個條件。再一個傳達十二中全會的精神，你們這裡聽的也早，11月2號傳達的，2號到今天是20天，今天22號，而且面也比較廣，據我所了解的情況，大部分基層單位已經傳達了，這是那次嘛，這是毛主席的聲音，已經和群眾見面了，這就變成一個強大的武器嘛，但是從呼市這段來看發展的不如其他地區快，剛才德臣同志傳達滕司令員的意見講了，包頭呢！傳達很快，這次挖出了幾千敵人，都是穩藏最深偽裝最巧妙，潛伏時間比較長的，是深挖的。原東河區運動進展慢一點，這次十二中全會傳達以後，東河區呢，機關、工廠、學校、街道是全線出擊，掀起了一個革命大批判、清理階級隊伍的高潮。

另一個是烏盟，烏盟的形勢很好嘛，烏盟就是內蒙開會期間傳達了十二中全會，放手發動群眾，全面出擊，把長期以來突不破的內人黨全線突破了。內人黨土崩瓦解。總之這個形勢發展很快，因此，也希望呼市按照滕司令員的意見認真、迅速地雷厲風行地貫徹十二中全會的精神，貫徹落實毛主席的指示和林付主席的指示，放手發動群眾向敵人進行全面進攻，掀起一個大批判、清理階級隊伍的高潮，因為鬥批改嘛，大批判、清理階級隊伍，這是鬥、批、改貫穿始終的靈魂，是主要組成部分，而且主席在閉幕式上三次講到這個問題，在這個問題上我們已經領導上有點趕不上，應該快馬加鞭趕上去，我們說，我們呼市廣大無產階級革命派是好的，聽毛主席的指示是聞風而動的，從來是得到中央表揚的，聽中央的話，聽毛主席的話的，只要領導趕上去，迎頭直追，但是，講一個情況，呼市敵情是比較嚴重的。譬如說第四次全委會各盟市都反

應了一些敵情，而且這些敵情都和呼市有聯繫的，而且他們一致認為，這個指揮機關就在呼市，特別是哲盟、呼盟、巴盟、這幾個盟反映是最強烈的，這個問題就值得我們呼市充分注意，這次揭露了大量的材料，這個問題是值得我們注意。我講這麼兩個例子，一個是哲盟，哲盟揪出了內人黨頭子、特務頭子肇那斯圖，還有一個是阿古達木，地方揪出了一個賽音巴雅爾，還有其他的，但我們呼市就有人去包庇、支持這些人。有些本來是敵人，有的是上了當，披著造反派的外衣，去了盡幹敵人不敢幹的事，這方面哲盟是揭露了大量的材料，另一個是呼盟，呼盟地方揪出了吉爾格拉，是個日本特務，是統一黨頭子。還有其他，軍隊裡也揪出了嘛！是日本特務頭子，是內人黨頭子嘛！叫王海山，還有一個叫烏力吉達賴，我們這裡就有人去嘛，參與祕密策劃，開了好多祕密會議，一直是支持這些特務頭子嘛，盜用了我們解放軍政委，人家揭露了大量的材料，說明我們這個呼市敵情是很嚴重，但有些不一定就是敵人，但做的是敵人的事，另外，內人黨呢？這一個是有組織有綱領，而且是裡通外國的一個民族分裂叛國投修的一個政黨，就是蒙修的情報機關、間諜機關，就是顛覆我們祖國的，他的頭子，他的首要機關就在我們呼市，但是這個案子在呼市來講，進展的並不快，十二中全會精神傳達以後有進展，但是和整個敵情來看，我們這個進展並不行，因此，必須發起全面進攻，如果這個隱患不把他消除，不把他挖出來，我們將來要受到歷史的懲罰，我們對人民要犯罪。同志們，看他們那個第二次代表大會給澤登巴爾寫的信，那是反動透頂，就是顛覆我們祖國的，他就是裡通外國的，這樣我們這個仗一打，應該作為一個重要的部分，我們群眾是好的，只要我們正確地誘導，按主席的思想，按主席的指示，我們想，這一仗是可以打好的，我們現在的形勢很好，應乘勝前進，要發展大好形勢。第二個意見，把矛頭對準敵人，滕司令員不是講嗎？兩類矛盾擺在這裡，一個是人民內部矛盾，一個呢，就是敵我矛盾，我們要是把敵我矛盾放在一邊不顧，而且集中力量搞人民內部矛盾，還是呢？發動群眾，全線出擊，向敵人進攻？滕司令員的意思是發動群眾，向敵人進攻，我這裡也包括兩個意思，一個意思最近有些群眾鬥群眾，希望同志們總結這個經驗教訓，不要再上敵人這個當，過去，有一部分同志，受了壓抑，這是由於高錦明的右傾機會主義路線所造成。這個帳應當和高錦明算。當然，高增貴同志、楊鴻文同志也受

了影響嘛，也執行了嘛，我們和這些同志一樣。壓是錯誤的，反過來講，再去壓另一派那也不對，這樣正好中了壞人的計，上了他們的當，我們千萬不要上這個當，敵人只能用一些挑起兩派的對立，來保護自己，來掩蓋他自己，在這個時候我們一定要清醒，要善於做政治思想工作，用主席思想去誘導群眾，團結起來，聯合起來一致對敵，主席早就講了嘛，再不要分天派，地派嘛，搞成一派，就行了嘛，這是反對多中心嘛！一個工廠鬧成兩個中心、三個中心、一個學校三個中心，兩個中心，必須反對嘛，凡是主席反對的，我們就必須反對嘛，應該反對嘛，我們不都講了嘛，主席指到哪裡，就打到哪裡，主席說到哪，我們就做到哪裡，我想這一點我們革命委員會全體成員和今天到會的全體同志，要注意做這個工作，無論如何，我再說一遍，不要上敵人的當，敵人想的唯一能夠賴以苟延殘喘的，就是挑起來派群眾鬥群眾，這就達到了保護他自己，全國經驗是這樣，我們內蒙的經驗也是這樣的，這個問題我們要警惕，要十分警惕。

第三個意見：同志們一再講，我們呼市無產階級革命派和廣大的群眾，要支持革命委員會的工作，革命委員會由的同志有缺點有錯誤，這是人民內部的事情，如果是有壞的人，就把他揪出來，工作的錯誤，或者是執行了一些錯誤的東西，這可以在實際鬥爭中改，也可以用鬥私批修改，也可以進行批評，也可以主動地到群眾裡邊，接受批評，來改正錯誤，所以我們要珍惜我們這個大好形勢要珍惜我們這個勝利成果，發展這個勝利成果，但是，都要支持革命委員會，支持革命委員會的工作。今天為了加強革命委員會的領導，決定付力格同志參加呼市革命委員會核心小組並且擔任付組長，另外還增加一個同志，晨光同志，部隊上的同志，到革命委員會當付主任，參加核心小組成員。

這樣把革命委員會加強起來，我們希望呼市的無產階級革命派，廣大的革命群眾，都要支持革命委員會的工作，有錯誤善意地幫助改正，今天大家都要在十二中全會精神的旗幟下，在毛主席指示旗幟下，放手把群眾發動起來，打他一個很漂亮的戰鬥，我們想呼市這一仗需要，特別是呼市是經過多次反覆的，要放手發動群眾，把群眾發動起來以後，是真正的革命的還是壞人，讓群眾加以鑒別，不要以哪一派支持誰，哪一派保誰，劃分正確與錯誤，還是以主席路線以主席思想劃分嘛！

　　所以我想這些問題，滕司令員都講了，但是我們內蒙革委會，對呼市的形勢看來是很好的，問題是革委會的領導跟上去！各個方面都要跟上去，要發展這個大好形勢，乘勝前進。要把十二中全會精神落實。

　　毛主席的指示，林付主席指示這些給我們一個強大的思想武器，是戰勝敵人的無窮無盡的戰鬥力量，我們想呼市是可以迎頭趕上一些先進地區的，我的意思滕司令員都講了，就講這麼一點，按滕司令員的意見來部署，現在這個會再過一些時候開。現在你們坐在房子裡開會，群眾在等著你們，能行嗎？我看不行，指揮員都在這裡開會，前線要不要打仗了？因此，我們覺得滕司令員今天這個指示，是抓住了呼市的主要矛盾，如果按照你們這個部署不行，還是按照滕司令員的指示進行部署，你這樣呢？群眾擰成一股繩，你們要和群眾戰鬥在一起嘛，我就講這麼幾句。

（根據錄音整理、未經本人審閱）

13.敦促「內人黨」登記第一號通告
（1968.10.18）

對莫須有的「內人黨」採取同對待反動會道門那樣，以烏雲壓城之勢逼迫懷疑對象進行登記。這種令人髮指的行徑，是由滕辦主任李德臣提出指令呼和浩特市公安機關軍管會主任馬伯岩幹的。馬伯岩其人曾在「5.22」指示中，周恩來點過他的名字。（阿拉騰德力海　1999:42-46）[1]

在偉大領袖毛主席的一系列最新指示的光輝照耀下，我區的無產階級文化大革命形勢大好。挖烏蘭夫黑線，肅烏蘭夫流毒的群眾運動取得了巨大勝利。當前，我區同全國各地一樣，正處在偉大的鬥、批、改高潮之中，奪取無產階級文化大革命的全面、徹底勝利。

根據內蒙古自治區革命委員會批轉政法委員會《關於對「內人黨」進行登記的幾個具體問題意見的報告》指示，對1947年「五一」大會後，「內人黨」及其變種組織都是反革命組織，其成員必須進行登記。現就登記工作通告如下：

一、對「內人黨」以及變種組織的登記工作，在內蒙、呼市兩級革命委員會的領導下，成立登記工作辦公室。登記辦公室在呼市工代會樓，電話2267。辦公室下設五個登記站。分別設在：東風區公安機關軍管小組，新城西街派出所，紅旗區公安機關軍管小組，向陽區公安機關軍管小組，負責對「內人黨」及其變種組織的全部登記工作。

二、對「內人黨」及其變種組織的登記工作，是一場嚴肅的階級鬥爭，是徹底摧垮烏蘭夫反黨叛國集團、奪取我區無產階級文化大革命全面勝利的重大措施。廣大無產階級革命派和廣大革命群眾，要積極行動起來，打一場圍剿「內人黨」及其變種組織的人民戰爭，積極檢舉、揭發「內人黨」及其變種組織的成員。檢舉揭發的廣大革命群眾到各登記站和登記工作辦公室口頭反應情

1　編按：該第一號通告選自阿拉騰德力海的著作《內蒙古挖肅災難實錄》，1999年，42-46頁。

況或書面形式都可以。

三、一切參加「內人黨」及其變種組織的成員們，你們已經處在人民戰爭的汪洋大海中，你們逃不出人民群眾的天羅地網。你們要認清形勢，選擇出路。必須起來檢舉、揭發「內人黨」及其變種組織的反革命活動。我們黨的政策歷來是「坦白從寬、抗拒從嚴。」「首惡必辦、脅從不問、立功者受獎」。一切參加「內人黨」及其變種組織的成員，必須立即坦白交待進行登記，並積極起來檢舉揭發，才是唯一的出路。拒不交代，要按嚴懲。

四、內人黨及其變種組織的成員，必須履行登記手續，填寫登記表。在登記時，必須攜帶一寸免冠照片2張，填寫登記表兩份，填寫時一律使用鋼筆，按表內要求，認真詳細填寫，字跡整齊清楚，不得任意塗改。填寫完畢後，由負責登記工作人員進行審查，不合乎要求這，要重新填寫。

五、一九四七年「五一」大會以後，參加「內人黨」及其變種組織的成員，凡居住在呼市地區的，必須按單位所在地，各公安分局所管轄範圍，去登記站進行登記。

六、凡一九四七年「五一」大會以後參加「內人黨」及其變種組織的成員，必須在10月11日至11月21日前進行登記。抗拒登記者，加重懲處。

七、其支部委員和相當支部委員以上的骨幹分子，或雖無明確職務，而實際起骨幹作用的分子，按反革命分子論處；如能徹底坦白交待，檢舉揭發，可以從寬處理；立大功者，也可以不按反革命分子論處。

八、一般成員，不按反革命分子對待；但拒不交待揭發或過期不登記者，從嚴處理。

中國人民解放軍呼和浩特市公安機關軍事管制委員會

一九六八年十月十八日

14.敦促「內人黨」登記第二號通告
（1968.11.23）

中國人民解放軍呼和浩特市公安機關軍事管制委員會關於對「內人黨」及其變種組織進行登記的第二號通告

在我們最最敬愛的偉大領袖毛主席親自發動和領導的這場史無前例的無產階級文化大革命運動中，我區廣大無產階級革命派和革命群眾高舉毛澤東思想偉大紅旗，揭發出反動透頂的「內人黨」及其各種變種組織的輝煌成績，這是無產階級文化大革命的偉大勝利！這是毛主席革命路線的偉大勝利！這是戰無不勝的毛澤東思想的偉大勝利！！偉大領袖毛主席教導我們：「民族鬥爭，說到底，是一個階級鬥爭問題」。「內人黨」及其各種變種組織，是一個有組織、有計劃、有綱領，統一領導、統一指揮、規模龐大、活動廣泛的反革命組織，就是烏哈死黨長期以來推行民族分裂主義、反革命修正主義路線反黨叛國陰謀的罪證。因此，對「內人黨」及其變種組織，必須進行登記，堅決取締。對抗拒登記進行破壞活動的分子，嚴厲鎮壓。

根據內蒙自治區革命委員會關於「內蒙古人民革命黨」的處理意見，我中國人民解放軍呼和浩特市公安機關軍事管制委員會，於1968年10月18日發出通告，並在10月20日至11月21日對「內人黨」及其變種組織進行登記，在內蒙、呼和兩級革命委員會的正確領導下，在呼市群眾專政總指揮部、工代會、貧代會、紅代會等有關部門密切配合下，發動廣大人民群眾起來檢舉揭發，充分發揮我黨的政策威力，使「內人黨」及其變種組織陷入人民戰爭的汪洋大海之中，有一大批黨徒、骨幹分子進行了登記，其中對主動交代、和抗拒登記的，我們實行了政策兌現，他們分別受到從寬和從嚴處理。但是，時至今日，還有那麼一小撮「內人黨」及其變種組織的頑固分子，仍對我黨政策置若罔聞，負隅頑抗，同時，在對「內人黨」及其變種組織進行登記工作中受到右傾翻案暗流的嚴重干擾和階級敵人的破壞，阻礙登記工作的順利進行。根據中央十二中

全會做好清理階級隊伍工作的精神和當前內蒙地區正在開展批判右傾機會主義路線的形勢，為了粉粹右傾翻案暗流，徹底摧垮和肅清「內人黨」及其變種組織的反革命勢力，把「挖肅」鬥爭進行到底，我中國人民解放軍呼和浩特市公安機關軍事管制委員會決定對「內人黨」及其變種組織登記工作延期一個月，並特發如下通告：

一、對「內人黨」及其變種組織進行登記工作從11月23日至12月23日延期一個月。

二、凡在1945年8月18日至1947年「五一」大會前參加「內人黨」組織的成員，已作交待和未作交待的，但仍有活動者都必須進行登記，繼續隱瞞，嚴加追究。

三、凡在1947年「五‧一」大會後，參加「內人黨」及其所有變種的成員，必須在此通告期限內進行登記，拒不登記者，嚴加懲辦。

四、凡參加搞民族分裂，搞內外蒙合併，破壞祖國統一的一切祕密組織集團，都是反革命組織，其成員一律進行登記，違犯登記嚴懲無貸。

重申我黨的政策是：「坦白從寬，抗拒從嚴」。「首惡必辦，脅從不問。立功者受獎」。頑固到底死路一條！

嚴重警告你們這一小撮反革命分子們：你們是爭取從寬處理呢，還是頑固到底！何去何從及早抉擇！！

1968年11月23日

15.呼和浩特市革命委員會轉發呼市公安機關軍管會關於對「內人黨」及其變種組織登記工作中幾個問題的報告（1968.11.30）

〔68〕呼和革字第562號　呼和浩特市革命委員會文件

最高指示

千萬不要忘記階級鬥爭。

階級鬥爭一抓就靈。

各級革委會、工宣隊、各駐呼市單位：

　　呼和浩特市革命委員會同意呼市公安機關軍管會關於對「內人黨」及其變種組織登記工作中幾個問題的報告意見，現轉發你們，望結合「挖肅」鬥爭認真執行。

呼和浩特市革命委員會

一九六八年十一月三十日

呼市公安機關軍管會關於對「內人黨」及其變種組織登記工作中幾個問題的報告

呼和浩特市革命委員會：

　　目前我市正在全面貫徹落實黨的八屆十二中全會精神，一個狠抓階級鬥爭，群眾性的向敵人進攻的新形勢已經出現。我市的無產階級文化大革命在毛主席一系列最新指示的光輝照躍下，形勢一派大好，並且越來越好。圍殲「內人黨」及其變種組織取得了很大成績。但是，前一個時期對「內人黨」及其變種組織的登記工作中，由於遭受到右傾機會主義路線的嚴重干擾和敵人翻案

活動的破壞，使登記工作受到很大阻力。加之有的領導同志對此項工作重視不夠，對敵鬥爭抓的不緊，個別單位各自為政，對上封鎖消息，阻止已經挖出的「內人黨」及其變種組織成員的登記，例如呼市某廠「內人黨」骨幹分子已於11月8日交待，但本單位至今不讓其他登記站登記；並出現兩派互相控制口供現象，還有的把「挖肅」與登記對立起來，搞「多中心論」，各自為政，某歌舞團拒絕登記辦公室的同志提審「內人黨」骨幹分子擴大線索；內蒙級機關某些單位，對此項工作極不重視，我們認為以上種種情況雖是少數單位出現的問題，但這是阻礙對敵鬥爭的極嚴重的右傾表現。

為把「挖肅」和圍殲「內人黨」及其變種組織緊密結合起來，放手發動群眾，全面出擊把「挖肅」鬥爭進行到底。現對「內人黨」及其變種組織的登記工作中幾個問題通知如下：

（1）堅決貫徹黨的八屆十二中全會精神，狠抓階級鬥爭，把大批判、清理階級隊伍為中心內容的「挖肅」鬥爭進行到底，必須放手發動群眾，向敵人全面攻擊，在圍殲「內人黨」及其變種組織的工作中，各級領導同志必須親臨階級鬥爭第一線，把「挖肅」鬥爭抓緊，各單位組織起深挖和圍殲「內人黨」及其變種組織專案組和指揮機構，與群眾緊密結合起來，負責深挖、批鬥、和內查外調工作，並在進行工作中與登記辦公室和各登記站取得密切聯繫。

（2）凡挖出的「內人黨」及其變種組織的成員，必須到所管轄之內的登記站進行登記，其他單位未經呼市公安機關軍官會批准不得私自設立登記站無權受理登記。任何人或任何單位均不得阻止「內人黨」及其變種組織成員進行登記。

（3）在對「內人黨」及其變種組織的深挖、圍殲中所獲取的各種罪證（旗幟、武器、證件、綱領等）均應迅速上繳登記辦公室，不得損壞、焚燒、私自隱藏，違者嚴加懲處。

（4）凡已經登記的「內人黨」及其變種組織成員，各單位都要與登記站取得聯繫，密切配合，協同作戰。對於那些登記中極不老實，繼續隱瞞罪惡的，要進一步發動群眾，把其批倒、批臭，把罪惡活動挖盡。

（5）為把「內人黨」及其變種組織堅決、徹底、乾淨、全部地挖出來，發揚協同作戰的作風，各單位在深挖中發現的新線索，組織活動情況等材料，

要及時上報對「內人黨」登記辦公室，以便傳遞有關單位。

以上報告如無不妥，請批轉各單位執行。

呼市公安機關軍管會

1968年11月27日

16.關於在農村牧區組織貧下中農、貧下中牧毛澤東思想宣傳隊的通知（1968.12.05）

內蒙革委會電報

各盟市旗縣革命委員會：

各軍分區、人民武裝部：

在戰無不勝的毛澤東思想的指引下，我區廣大農村牧區的無產階級文化大革命形勢大好，而且越來越好。但是，許多地區清理階級隊伍的任務很大，有些社、隊壞人篡了權，階級鬥爭蓋子還未徹底揭開，有些地區兩個階級、兩條道路、兩條路線鬥爭的教育抓的很差，革命大批判還沒有認真地開展起來。因此，今冬明春各級革委會、軍分區、各級武裝部，要突出地抓好農村牧區的文化大革命。

我們偉大領袖毛主席熱情地支持廣東省派出百萬貧下中農毛澤東思想宣傳隊的革命的新生事物。派貧下中農（牧）毛澤東思想宣傳隊是毛主席的偉大戰略部署的重要組成部分。我區廣大農村牧區要立即普遍組織由人民解放軍參加的貧下中農（牧）毛澤東思想宣傳隊。

貧下中農（牧）毛澤東思想宣傳隊的中心任務是：

狠抓活學活用毛澤東思想，全面落實毛主席一系列最新指示，當前特別要把認真貫徹落實黨的八屆十二中全會精神放在首位；「革命的根本問題是政權問題」，一定要把基層政權牢牢掌握在貧下中農、貧下中牧手中；狠抓兩個階級、兩條道路、兩條路線的鬥爭，把「挖肅」鬥爭進行到底，完成黨的八屆十二中全會公報提出的各項戰鬥任務，狠抓革命，猛促生產，掀起冬季生產的新高潮，為明年農牧業生產大躍進做好準備，打好基礎。

凡沒有組織貧下中農（牧）毛澤東思想宣傳隊的地區，要立即組織起來，盡快進點。貧下中農（牧）毛澤東思想宣傳隊應由貧下中農（牧）中的先進分子所組成，以基幹民兵為基礎，老中青相結合。由解放軍和苦大仇深、立場堅定、作風正派、忠於毛澤東思想的積極分子負責領隊。各級革委會要同當地駐

軍協商，抽調一部分人民解放軍參加。各地還可抽調部分革命幹部參加。

貧下中農（牧）毛澤東思想宣傳隊要立即普遍組織，重點進駐那些「老大難」社、隊，一般的不出旗縣，但不應在本大隊活動，宣傳隊由所在旗縣革命委員會領導。

為了很好地完成任務，貧下中農（牧）毛澤東思想宣傳隊在進點以前，要短期集訓，學習毛主席的最新指示，學習「公報」，學習黨的有關方針政策，統一認識，統一步伐，統一行動。

貧下中農（牧）毛澤東思想宣傳隊，應當成為活學活用毛澤東思想的模範；要放手發動群眾，堅持走群眾路線，堅定地依靠貧下中農、貧下中牧；要大興調查研究之風，嚴格遵守三大紀律、八項注意，要善於從革命群眾運動中吸取營養，提高自己。參加宣傳隊的貧下中農、貧下中牧和解放軍的指戰員，要積極響應毛主席「擁軍愛民」的偉大號召，互相學習，團結一致，共同對敵，勝利完成任務。

各級領導要加強調查研究，深入第一線，親自蹲點，注意總結組織貧下中農（牧）毛澤東思想宣傳隊的新經驗、新問題，並及時報告內蒙革委會和內蒙軍區。

內蒙古自治區革命委員會
中國人民解放軍內蒙軍區
一九六八年十二月五日

17.中國人民解放軍達拉特旗公檢法聯合軍事
管制小組通告（1968.12.16）

　　凡參加「內蒙古人民革命黨」及其變種組織的首要分子所有一般成員，在此通告發出之日起，一月內，必須到指定地點進行登記。所隱藏的一切罪證、材料必須同時交出，不得毀壞。對積極交罪主動登記的首要分子及所有一般成員，應根據「坦白從寬，抗拒從嚴」的政策，分別予以從輕處理。對抗拒登記，拒不交罪者，必須嚴加懲處。具體處理辦法按六八年七月二十日內蒙古自治區革委會關於對「內蒙古人民革命黨」的處理意見執行。

　　一、旗級各單位，樹林召城關鎮，樹林召公社所屬各大隊、生產隊範圍內，參加「內人黨」及其變種組織的首要分子及所有一般成員，一律到達旗公檢法軍管小組登記。

　　二、各公社、廠礦革命委員會均要設立登記站，「內人黨」及其變種組織的首要分子及所有一般成員一律到公社、廠礦革命委員會登記站進行登記。

　　三、各公社革委會要將此項工作的進展情況，及時向中國人民解放軍達拉特公檢法聯合軍事管制小組彙報。

　　特此通告

一九六八年十二月十六日

〔中國人民解放軍達拉特旗公檢法聯合軍事管制小組　印章〕

18.中國人民解放軍達拉特旗公檢法聯合軍事管制小組關於對「內人黨及其變種組織」進行登記的第二號通告（1968.12.23）

在偉大領袖毛主席的一系列的最新指示的光輝照耀下，以八屆十二中全會公報精神為武器，狠反了以高錦明為代表的右傾機會主義路線，把「挖肅」運動推向了縱深發展。「整個形勢大好，比以往任何時候都好」。目前，我旗廣大無產階級革命派和革命群眾，高舉毛澤東思想偉大紅旗，遵照我們偉大領袖毛主席：「民族鬥爭，說到底，是一個階級鬥爭問題」的教導。在我旗已經全面掀起了聲勢浩大的深挖「內蒙古人民革命黨」（簡稱「內人黨」）的人民戰爭。「內人黨」是一個有組織、有計劃、有綱領、統一領導、統一指揮、組織龐大，47年5月1日以後活動面廣的反革命組織。也就是烏蘭夫及其死黨哈豐阿、博彥滿都、特木爾巴跟等一小撮民族反動派，打著民族主義的旗號，以民族問題掩蓋激烈的階級鬥爭，公開宣佈「統一正個蒙古民族」，大搞「內外蒙合併」的陰謀分裂祖國、投修叛國等罪惡活動。因此，必須深入發動群眾，深挖「內人黨」及其變種組織，必須堅決、徹底、乾淨、一個不留全部消滅。

根據內蒙古自治區革命委員會關於「內蒙古人民革命黨」的處理意見和伊盟革委會、伊克昭軍分區轉發盟公檢法聯合軍事管制委員會關於「進一步發動群眾，開展深挖『內人黨』及其變種組織的人民戰爭的報告」精神。在旗革委會和人武部的重視領導下，我組於68年9月27日召開了全區電話會議，對開展深挖「內人黨」及其變種組織的登記工作做了詳細佈置。又於1968年12月16日發出了對「內人黨」及其變種組織進行登記的通告。由於各公社、廠、礦革委會、領導小組的重視，旗群專指揮部、工代會、貧代會、紅代會等有關部門的緊密配合，全面廣泛地發動群眾檢舉揭發，使「內人黨」及其變種組織陷入了人民戰爭的汪洋大海之中，在我黨的政策感召下，有的「內人黨」徒、骨幹分子，已進行了坦白登記。凡主動登記，積極坦白認罪者，按照我黨既定政策，分別予以從寬處理。但是，時至今日，仍有些「內人黨」及其變種組織的頑固分子，無棄暗投明之意，對我黨政策置若罔聞。繼續負隅頑抗，這樣他們必將

遭到依法嚴懲。

　　為此，遵照八屆十二中全會公報精神，為了挖淨肅清「內人黨」及其變種組織的一切反革命勢力，把挖肅鬥爭進行到底。我軍管組重申對「內人黨」及其變種組織的成員和骨幹登記工作特作如下通告：

　　一、對「內人黨」及其變種組織進行登記日期仍按我軍管組1968年12月16日通告執行，即：1968年12月16日起，至1969年元月16日止。有意違者加罪處理。

　　二、凡在1945年8月18日至1947年5月1日前參加「內人黨」的所有成員（包括機關幹部、市民家屬、農村社員或地富反壞右）都一律進行登記，繼續隱瞞，從嚴處理。

　　三、凡在1945年「五・一」大會後，參加「內人黨」及其變種組織的所有成員，必須在此通告期限內到指定單位進行登記，拒不登記者，加重懲處。

　　四、凡參加民族分裂，搞內外蒙合併，破壞祖國統一的一切祕密組織和集團，均系「內人黨」的變種組織，都是現行反革命組織。其成員也要一律進行登記，拒不登記者，依法加罪懲處。

　　五、登記站的設立：旗級各單位、城關鎮、樹林召公社所屬地區，凡在上述期間參加「內人黨」及其變種組織成員一律到中國人民解放軍達拉特旗公檢法聯合軍事管制小組進行登記。各公社、廠礦所屬地區凡在上述期間參加「內人黨」及其變種組織成員一律到公社、廠礦革命委員會對「內人黨」及其變種組織的登記站，進行登記。

　　我們重申，「內人黨」及其變種組織的骨幹分子，如能徹底坦白交待，檢舉揭發。按照黨的「坦白從寬，抗拒從嚴」的政策，可從寬處理；拒不交待、揭發者要堅決從嚴懲辦。我們嚴重警告「內人黨」及其變種組織所有分子，何去何從及早抉擇！

　　　　　　　　　　　　　　　　　　　　　　　1968年12月23日
　　　　　　　〔中國人民解放軍達拉特旗公檢法聯合軍事管制小組　印章〕

19.敦促「內人黨」及其變種組織投降書
（1968.12.19）

「內人黨」及其變種組織的骨幹分子成員：

　　偉大的無產階級文化大革命，已取得決定性勝利。十二中全會公報審判了大叛徒、大內奸、大工賊、帝修反的走狗劉少奇以及他在內蒙的代理人「當代王爺」烏蘭夫的死刑，宣佈了他們狼狽為奸、互相勾結、破壞祖國統一、破壞民族團結、反黨叛國陰謀的破產。

　　波瀾壯闊的「挖肅」運動，調動了廣大革命群眾向階級敵人發起了猛烈攻擊，把民族分裂主義分子烏蘭夫反黨叛國，陰謀政變的明班子、暗班子一個個挖了出來。什麼哈豐阿、特木爾巴根、戈壁、王再天、特古斯之流的反革命面目，統統暴露於光天化日之下。

　　「挖肅」的人民戰爭不僅把一切隱藏很深的叛徒、特務頑固不化的走資派和牛鬼蛇神統統揪了出來，進一步把烏蘭夫反黨叛國集團的核心組織反動的「內人黨」及其變種組織摧毀了。

　　「內人黨」及其變種組織的骨幹和成員們：你們現在已經到了日暮窮途，山窮水盡的地步了，你們早已陷入人民戰爭的汪洋大海之中了，任何不切實際的幻想統統去掉吧！立即交械投誠吧！任何不切實際的「苦思冥想」都是枉費心機的！

　　可不是嗎？你們的頭頭什麼雲××、張××、胡××、佟××、雲×等已被革命群眾俘虜，正在交待罪惡。你們的據點正在紛紛崩潰。你們的陣腳已經大亂。

　　「想頑抗到底嗎？」那將會把你們碰得粉身脆骨。「頑固，實際上是頑而不固，頑到後來，就要變，變成不齒於人類的狗屎堆」。你們這個反動組織早已成了框中之鶴，你們已經沒有迴旋的餘地，如果頑抗，歷史的車輪會把你們砸的粉身脆骨。

　　「你們想滑過去嗎？」那是絕對辦不到的，絕對不能得逞的！你們早已眾叛親離！不管你們隱藏多深、偽裝多奇妙，無論如何也逃脫不了無產階級專政

的法網！你們的狐狸尾巴早已被我們抓住，逃是逃不掉的，滑是滑不過去的！唯一的出路是向人民投降，走坦白從寬，立功贖罪的道路。

在此我們正告那些頑固分子：繼續頑抗只有死路一條，等待你們的將是無產階級專政的鐵拳，現在你們只有趕快不失時機的投誠，走「坦白交待檢舉揭發，可以從寬處理；立大功者，也可以按反革命分子論處」的道路。

我們奉勸那些一般成員：丟掉一切幻想，你們是協從者；你們是誤上賊船的，你們不要再為你們的頭目保密了，你們此時不揭發，不起來控訴他們對你們的毒害，更待何時？

登記時間已過月餘，再不趕快坦白交待，性質就要轉化，事不宜遲，遲不如早，早不如快，給你們「選擇的時間沒有很多了，……一點猶豫的餘地都沒有了。」何去何從及早抉擇！

為體現黨的寬大為懷的政策，限今於■月廿■日前登記，過此時間，則■■■處理。[1]

中國人民解放軍托縣政法軍管小組
「內人黨」登記站
一九六八年十二月十九日

---

[1] 編按：此處史料辨識不清，以■代替。

20.關於今冬明春農村牧區無產階級文化大革命的意見（1968.12.12）

內蒙古自治區革命委員會文件

內蒙革發〔68〕571號

各盟、市、旗縣革委會，各軍分區、人民武裝部：

在戰無不勝的毛澤東思想的光輝指引下，我區農村牧區無產階級文化大革命，已經取得了巨大的勝利。**「形勢大好，不是小好。整個形勢比以往任何時候都好。」** 擺在我們面前的中心任務是：全面落實毛主席的一系列最新指示，努力完成黨的八屆擴大的十二中全會公報提出的各項戰鬥任務，認真搞好鬥批改。根據自治區革命委員會第四次全委擴大會議精神，對今冬明春農村牧區無產階級文化大革命的意見如下。

一、狠抓活學用毛澤東思想的群眾運動，用戰無不勝的毛澤東思想統帥一切

「大海航行靠舵手，幹革命靠毛澤東思想。」

毛主席在黨的八屆擴大的十二中全會上及其重要的指示和林副主席的重要講話、全會公報，是具有偉大現實意義和深遠歷史意義的光輝文獻，全面落實公報就是無產階級文化大革命的全面勝利。必須認真學習，熱情宣傳，堅決貫徹，全面落實。

我們大辦辦好以階級鬥爭和兩條路線鬥爭為中心內容的各種類型的毛澤東思想學習班，大搞群眾運動，把活學活用毛澤東思想放在高於一切，大於一切，先於一切，重於一切的地位。用戰無不勝的毛澤東思想統帥一切。

毛主席關於無產階級專政條件下繼續革命的理論、路線、方針、政策，是對馬列主義的偉大發展。必須真正學到手，真正用得上。要認真組織大家學習兩條路線鬥爭的歷史，不斷提高廣大革命群眾兩個階級、兩條道路、兩條路線

鬥爭的覺悟，從政治上、思想上、理論上、組織上堵塞產生修正主義的渠道，鞏固和發展無產階級專政，鞏固和發展社會主義經濟基礎。

二、一定要把基層領導權牢牢掌握在貧下中農、貧下中牧手裡

革命的根本問題是政權問題。政權，是無產階級的生命權，生存權。有了政權就有了一切，沒有政權就喪失一切。我區農村牧區社、場、隊已普遍建立了領導班子，但某些社、場、隊的權力有些仍不是貧下中農、貧下中牧掌握。解決好領導班子問題，是今冬明春農村牧區鬥批改的重點。農村牧區社、場、隊的領導班子，特別是生產大隊的黨、政、財、文、民兵大權，必須切實掌握在忠於毛主席，忠於毛澤東思想，忠於毛主席無產階級革命路線的貧下中農、貧下中牧手裡。必須強調，在農村牧區一定要貫徹執行黨的堅定依靠貧下中農、貧下中牧，團結中農、中牧、打擊地富反壞右分子的階級路線。一切真正的無產階級革命派在農村牧區必須堅定不移地站在貧下中農、貧下中牧一邊、要堅決尊重、支持、維護、接受貧下中農、貧下中牧的領導，接受貧下中農、貧下中牧的再教育。決不允許同貧下中農、貧下中牧爭權。

堅決落實毛主席「吐故納新」的偉大指示，把混入基層領導班子的壞人清除出去。毫無革命幹勁，不起作用的成員，必須進行必要的調整。來歷不明，歷史不清的人不能進入基層政權機構，已經進來的，要經上一級革命委員會批判，停止職務，待查請問題後，分別情況，酌情處理。

各級領導班子，要上跟毛主席，下靠貧下中農、貧下中牧。相信群眾，依靠群眾，永遠置於群眾的監督之下。反對復舊。

各級領導班子，要積極開展內部的兩條路線鬥爭。把路線鬥爭交給群眾。要狠反右傾機會主義，右傾投降主義，右傾分裂主義，反對反動的資產階級多中心論，實行一元化領導。

三、打一場革命大批判、清理階級隊伍的人民戰爭

黨的八屆擴大的十二中全會號召我們繼續深入開展革命大批判，繼續在工

廠、人民公社、機關、學校、一切企業事業單位、街道等各方面，充分發動群眾，認真做好清理階級隊伍，把混在廣大群眾中的一小撮反革命分子挖出來。革命大批判和清理階級隊伍，是完成鬥、批、改其它各項任務的前提和基礎。革命大批判從政治上、思想上、理論上為清理階級隊伍開路，而清理階級隊伍為革命大批判提供生動的活教材，兩者互相促進，互相推動。

當前，廣大農村牧區要進一步掀起一個聲勢浩大的聲討、批判大叛徒、大內奸、大工賊劉少奇及其在我區的代理人「當代王爺」烏蘭夫叛黨叛國滔天罪行的群眾運動新高潮。同時，要繼續深入持久地開展對劉少奇、烏蘭夫之流在農村牧區推行的一整套反革命修正主義、民族分裂主義路線的批判，清楚其反革命流毒。

我區農村、牧區、林區、農牧場形勢一片大好，但必須看到還存在著嚴重的反革命遺跡，有些地區階級陣線不清。必須普遍深入地開展革命大批判和清理階級隊伍為內容的偉大「挖肅」運動。牧區要認真做好劃階級、鬥牧主、清理階級隊伍的工作；農村，凡沒有進行土地改革的地區，要遵照毛主席的歷次教導，和中央的有關政策規定劃階級；那些和平土改的地區和推行了「蒙族地、富降一格」、「牧工不計算剝削量」的反動政策的地方，都要遵照中央有關規定進行階級複查，把漏劃的地、富劃出來。各地都要認真清理階級隊伍；對「外來」人員都要查清，把混在群眾中的一切反革命分子統統挖出來。

在農村過去沒有劃分下中農的地方，要把下中農劃出來，以擴大依靠面，樹立貧下中農的絕對優勢。

經過「挖肅」鬥爭，對那些證據確鑿的叛徒、特務、頑固不化的走資派、沒有改造好的地富反壞右分子和牧主、富牧、封建官僚、宗教上層、民族分裂主義分子等等一切反革命分子，都交給群眾，實行無產階級專政。對邊境地區的壞人，該內遷的內遷，該遷返原籍的遷返原籍。

毛主席教導我們：「**敵人的孤立並不等於我們的勝利。我們如果在政策上犯了錯誤，還是不能取得勝利。**」毛主席最近又教導我們：「**對反革命分子和犯錯誤的人，必須注意政策，打擊面要小，教育面要寬，要重證據，重調查研究，嚴禁逼、供、信。對犯錯誤的好人，要多做教育工作，在他們有了覺悟的時候，及時解放他們。**」在清理階級隊伍中，必須嚴格遵循毛主席的教導，

堅決執行毛主席一系列對敵鬥爭的方針政策，嚴格區分兩類不同性質的矛盾，穩、準、狠地打擊一小撮階級敵人。

在搞好清理階級隊伍的基礎上，按照自治區革命委員會整黨建黨工作意見，有領導、有計劃、有步驟地開展農村牧區政黨建黨工作。

在政黨建黨中必須遵照毛主席「吐故納新」的教導，把混在黨內的壞人清除出去。同時還應結合整黨對共青團、民兵、貧協等組織進行整頓。

四、積極組織貧下中農、貧下中牧毛澤東思想宣傳隊

組織貧下中農、貧下中牧毛澤東思想宣傳隊是毛主席偉大戰略部署的重要組成部分，還沒有組織的地區，要按照內蒙革委會、內蒙古軍區《關於在農村牧區立即組織貧下中農、貧下中牧毛澤東思想宣傳隊的通知》立即組織。已經組織起來的，也要按上述通知精神貫徹執行。

五、繼續深入開展學大寨的群眾運動，狠抓革命，猛促生產

「農業學大寨」是我們偉大領袖毛主席向全國五億農民發出的光輝指示。各級革命委員會要把學大寨當作農村牧區鬥、批、改的一個重要內容來抓。學大寨最根本的是學根本，學思想，學精神，即：學大寨人活學活用毛澤東思想，大力突出無產階級政治，大抓階級鬥爭，堅定地走社會主義道路；學大寨人開展破私立公的思想革命，樹立為革命種田的思想；學大寨人自力更生，艱苦奮鬥，勤儉創業，改天換地，遭受特大災害也能奪取大豐收的革命精神；學大寨人先進的勞動管理制度，實現農村牧區經營管理上的深刻的社會主義大革命；學習陳永貴同志和大寨其他幹部狠抓政治思想工作，不謀私利，全心全意為革命，完全徹底為人民，不脫離勞動，不脫離群眾的革命精神。學好大寨的關鍵是：狠抓領導班子的思想革命化，組織革命化。把領導班子建設成為一個高舉毛澤東思想偉大紅旗的無產階級的戰鬥指揮部。

通過革命的大批判，徹底肅清劉少奇、烏蘭夫「三自一包」、「三不兩利」等資本主義復辟的流毒。進一步鞏固、發展集體經濟，堅決打擊破壞集體

經濟的邪風。至於自留地、自留畜等問題，可以先在一些地方組織貧下中農、貧下中牧進行討論，也可以個別的進行試點，不要急於普遍的變動。

　　各級領導在今冬春一定要狠抓革命，猛促生產。在搞好革命的前提下，好好抓一下冬季生產，切實做好春耕生產的準備工作，為奪取明年農牧業的大豐收打下良好的基礎。

　　今冬明春，旗縣革命委員會、人民武裝部，一定要把工作重點切實放到農村牧區，盟市革命委員會也要組織農村牧區文化大革命的專門領導班子。在人民解放軍的大力支持下，一定要抓好農村牧區的文化大革命，尤其是抓好那些沒有搞好的社、場、隊，這是今冬明春農村牧區鬥、批、改重點的重點。我們一定要更高地舉起毛澤東思想偉大紅旗，在黨的八屆擴大的十二中全會公報的光輝照耀下，繼續貫徹執行一九六七年十二月四日中共中央關於農村文化大革命七條指示精神，充分發揮貧下中農、貧下中牧毛澤東思想宣傳隊的作用，堅定地依靠貧下中農、貧下中牧，大搞群眾運動，大抓先進典型，推廣運用包鋼、二冶和杭後、寧城、阿巴嘎的先進經驗，大幹一冬一春，為奪取農村牧區無產階級文化大革命的全面勝利奮勇前進！

　　（此件發至各生產隊。）

內蒙古自治區革命委員會
中國人民解放軍內蒙古軍區
一九六八年十二月十二日
（已發：各盟市、旗縣革委會，各軍分區，人武部。共印四〇，〇〇〇份。
——內蒙古自治區革委會辦公室祕書組　一九六八年十二月十九日印發）

21.關於「內人黨」問題的彙報提綱（1968.12.22）

在偉大領袖毛主席親自發動和領導的無產階級文化大革命運動中，內蒙古各族革命人民，高舉毛澤東思想偉大紅旗，緊跟毛主席的偉大戰略部署，向隱藏在黨、政、軍各系統中的一小撮階級敵人展開了猛烈進攻，取得了一個又一個的偉大勝利。最近，在黨的八屆十二中全會公報的光輝照耀下，內蒙古自治區的廣大各族革命群眾，發揚無產階級徹底革命精神，向反黨叛國的、民族分裂主義的特務集團「內蒙古人民革命黨（簡稱內人黨）」發動了全面進攻，初步取得了重大戰果。根據四盟二市（欠呼、哲、巴三盟）的不完全統計，到十二月十日已挖出「內人黨」徒10,911名。從已揭露出來的情況看，這個集團不僅是一個以分裂祖國，妄圖實現「內外蒙合併」的反革命組織，而且是一個與蘇、蒙修特務，美、蔣、日本特務等有密切勾結的，以顛覆我國無產階級專政為目的的龐大的特務情報組織。這個反革命組織中的骨幹成員，早已竊取了我黨、政、軍許多大權，是烏蘭夫投修叛國的暗班子，是烏蘭夫叛國的鐵證。把這個反革命民族分裂主義集團挖出來，清除了北部邊疆的一個極大隱患，這是戰無不勝的毛澤東思想的偉大勝利，是毛主席無產階級革命路線的偉大勝利。

根據初步掌握的材料，彙報四個問題：

一、「內人黨」的演變概述及其組織概況；

二、烏蘭夫就是「內人黨」的總頭目；

三、對「內人黨」得以發展的初步分析；

四、對深挖「內人黨」的打算。

第一，「內人黨」的演變概述及其組織概況

在1947年以前的「內人黨」，基本上是資產階級民族主義政黨。這個黨建於1925年8月，當時正處在大革命時期，蒙族中一部分資產階級知識分子受到大革命的影響，在軍閥馮玉祥的支持下搞起來的，曾提出過反帝、反封的革命

口號，並與第三國際掛鉤。

1927年蔣匪叛變革命，「內人黨」發生了激烈分化，以白雲梯為首的一部分民族上層投靠了蔣介石，以郭道甫為首的一部分資產階級知識分子外流到烏蘭巴托，後回國投靠日本帝國主義。實際上當時「內人黨」已經瓦解。

1945年日本投降後，原已投降日本當了蒙奸的哈豐阿、博彥滿都等人打起了「高度民族自治」、「內外蒙合併」的旗幟，網羅了大批蒙奸、日特、偽官吏，蒙蔽了一部分知識青年，重新組織「內人黨」，並建政、建軍，對抗中國共產黨的領導，以保護民族上層和大牧主、大地主的利益。

1947年4月20日，我黨中央明令「不組織『內人黨』」，這群民族反動派，懾於對我黨我軍在蒙族人民中的影響日益深遠，被迫表面宣佈「停止活動」，實則轉入地下，成為內蒙古的一個極大隱患。

1947年5月1日到1960年，這一段「內人黨」是潛伏階段。1960年以後，乘國內外階級鬥爭的形勢變化，為了配合帝、修、反的反華大合唱，為了實現其叛國投修的目的，又猖狂活動起來，在組織上有了很大發展。據群眾揭發和「內人黨」徒交待，1961年和1963年「內人黨」先後開了兩次代表大會，並建立了「內人黨」的中央機構（其骨幹成員見附表）、地方機構、基層機構，形成了一個有完整組織機構的反革命集團，其黨徒已擴展到了別的生產大隊，到了1965年約發展到三萬人左右。

第二，烏蘭夫就是「內人黨」的總頭目

1、烏蘭夫早在1925年就參加了「內人黨」，並出席了在張家口召開的「內人黨」第一次代表大會。現在「內人黨」的綱領就是烏蘭夫反黨叛國的一貫的指導思想。他在1947年4月20日的內蒙自治運動聯合會執行委擴大會議上說過：「施政綱領有民族自決的性質（指內蒙自治政府），但不是完全自決的性質」，「我們今天奮鬥的目標是內蒙古人民徹底解放，自治政府不是最後的奮鬥目標」，「我們最後的目標是內蒙古人民共和國，到了那時候內蒙古人民才能徹底解放」，「目前的策略是不公開的。將來我們廣播到全世界，爭取進步人士。如今天獨立時國際上不承認，但是我們將來爭取國際上的同意。」搞

「蒙古共和國」這就是烏蘭夫的反動思想和「內人黨」綱領的精髓。

2、烏蘭夫積極謀求「蒙古人民共和國」是不遺餘力的，早在1946年11月曾去蒙古向喬巴山彙報工作。據國民黨蒙藏委員會駐北平辦事處主任何兆麟在1947年7月份給陳立夫的報告中說喬巴山曾批評烏蘭夫過去與中共合作既犯錯誤，今後將依然錯誤。烏蘭夫還受領喬巴山的旨意，與蒙特烏力吉敖其爾聯繫。從1947年開始到1951年烏蘭夫夥同王再天公開架設無線電向蒙修報情報。在烏蘭夫的講話中，多次講「內蒙古在中國共產黨的協助下」或「支持下」，不提中國共產黨的領導。許多「內人黨」骨幹分子的交待中談到：「我黨要舉烏蘭夫的旗，因我們的綱領就是烏蘭夫的綱領。」

因為烏蘭夫一貫的奮鬥目標是「蒙古共和國」，所以他就在他認為有利的時機，網羅一幫子的人，結成死黨，並拼命發展黨徒，形成了1961年以後的大發展，而且長期以來在烏蘭夫這個龐然大物的保護下，而未被發現。

3、烏蘭夫的死黨分子奎璧、吉雅泰是老「內人黨」黨魁，是烏蘭夫的左右手。有人揭發另一個死黨分子畢力格巴圖爾，曾在1961年後親自到西新巴旗組織「內人黨」。烏蘭夫利用他竊取的權力，曾把「內人黨」原封未動的接收過來，把「內人黨」頭子哈豐阿等幾乎全部拉進共產黨內，實在不能拉進來的，像博彥滿都之流，也都委以重任。烏蘭夫曾把「內人黨」骨幹分子特古斯、巴圖、木倫、鮑蔭扎布封為「東部蒙族四大優秀青年」，加以重用。

總之，大量事實證明，烏蘭夫確實是「內人黨」的總頭目，「內人黨」就是烏蘭夫大搞民族分裂、反黨叛國的御用工具。目前，廣大革命群眾正進一步深入地揭發其反黨叛國的罪惡活動。

第三，對「內人黨」得以發展的初步分析

烏蘭夫就是「內人黨」黨魁，夢想當「成吉思汗第二」，幾十年來，他從思想上、政治上、組織上推行了一整套反革命民族分裂主義的路線和政策，犯下了滔天罪行，使大量的蒙族同胞受了毒害，這就是「內人黨」能在社會主義革命時期發展起來的重要因素。烏蘭夫在這方面的主要罪惡是：

一、大造民族分裂主義輿論，為發展「內人黨」做思想上的準備。

1、大肆宣傳成吉思汗，提出「成吉思汗的子孫們團結起來」的反動口號。烏蘭夫為了宣傳成吉思汗，曾派王再天去青海搞來了成吉思汗的骨骸，在伊盟的伊金霍洛旗大興土木，建設「成陵」，每年朝拜。烏蘭夫宣傳成吉思汗的用心是極其明顯的。他經常自己放毒、他的死黨也竭力緊跟，大肆宣揚：（1）成吉思汗是「民族英雄」，統一了全蒙古，蒙族人應有民族自豪感。（2）成吉思汗的子孫不爭氣，丟掉了祖先的「英雄事業」，使一個完整的蒙族統一的國家，分成了布里亞特蒙族，哈拉哈蒙族，內蒙蒙族，一個民族劃界而居，分成了三個國家，有志者應把他統一起來。（3）內蒙的蒙族與漢族即非同族，又非一國，是漢族長期欺壓蒙族，使蒙古人「拿著金碗討飯吃」。內蒙與外蒙才是同族一國，應當「合併」、「統一」。到1951年內蒙人民出版社出版的蒙語字典中還有「烏蘭巴托是蒙族的首都」，小學課本中還有「我們的首都在烏蘭巴托」等詞句。（4）在宣傳「成吉思汗子孫們團結起來」的同時，極力宣揚烏蘭夫，如編唱「雲澤進行曲」，欺騙蒙族群眾喊「烏蘭夫萬歲」，印製「烏蘭夫言論集」，報紙上刊登「烏蘭夫語錄」，使蒙族群眾把烏蘭夫看做「當代成吉思汗」，實行偶像崇拜。

2、大肆宣傳「三五宣言」。反革命修正主義分子張聞天盜用毛主席的名義，在1935年發了「三五宣言」，烏蘭夫奉為至寶，長期宣傳說「這才是毛主席的主張」。到1964年借社會主義教育之機，廣為印發，在一些地區四清工作隊員幾乎人手一份。「三五宣言」的流毒，從機關擴散到城鄉、軍隊、工礦企業；極大地蒙蔽了蒙族群眾，惡毒地挑撥了地方和中央、蒙族和其他民族的關係，在蒙族群眾中造成了一種「民族革命事業還沒有完成」的錯誤，為發展「內人黨」鋪平了道路。

3、打著馬列主義的招牌，推行民族分裂主義。烏蘭夫及其死黨分子，在宣傳成吉思汗和「三五宣言」的同時，別有用心地極力歪曲馬列主義，說「真正的馬列主義是民族自決」，「我們不能滿足民族自治」。被「內人黨」所操縱的一切宣傳工具都喋喋不休地講什麼，「我們的目標是社會主義、共產主義，只是比中國共產黨多了一個『民族統一』」，並胡說這是「符合馬列主義的」。

烏蘭夫及其死黨分子在內蒙的十二年中，公開地或祕密地廣泛地製造這

種民族分裂主義的輿論，給蒙族人民群眾灌輸了大量的毒素，吸引了相當一批有嚴重地方民族主義思想的人，把他們吸收到「內人黨」裡，成為他們搞投修、叛國的勢力。這是「內人黨」能發展到今天這樣一個相當規模的重要原因之一。

二、極力擴大民族矛盾，為發展「內人黨」做政治上的準備。

烏蘭夫打著「承認歷史，照顧現實」的幌子，極力擴大民族差別，人為地製造民族糾紛。

1、在民族革命時期，烏蘭夫就以「少數民族聚居」，要「爭取上層，才能團結下層」為藉口，在牧區大搞階級投降主義的「三不兩利」政策，對牧主不分、不劃、不鬥，以此來壓制蒙族人民的革命熱情，保護牧主利益；以牧工牧主兩利作幌子，鼓勵牧主剝削，不僅保護了民族反動派的利益，而且在群眾中造成一種蒙族特殊感。在農區（特別綏遠地區），烏蘭夫則以蒙古人不會種地為藉口，在劃階級時把蒙族地主、富農「降一格」，使大批地、富逃脫人民的鬥爭，公開地包庇了蒙族上層人物。

2、在社會主義革命時期，烏蘭夫在牧區繼續推行「三不兩利」政策，對牧主的生產資料實行「贖買」，把95%的牧主和大批宗教上層人物安排到國營牧場當了場長。在農區則規定蒙族人不但可以比漢人多留自留地一倍到兩倍，而且還可以分到從漢族勞動人民身上榨取的所謂「草場費」、「土地報酬費」。因此使蒙族群眾產生一種狹隘的「民族優越感」，造成蒙漢族之間的嚴重隔閡。

3、長期以來，烏蘭夫以「蒙族為主題」，「真正體現少數民族當家做主」為藉口，給蒙族幹部，職工以特殊照顧，長期執行「反漢排外」的反動路線，極大地破壞了蒙漢之間的團結。

4、拼命推行新蒙文改革，不但大量引用外蒙詞彙，而且不遺餘力地搞文字斯拉夫化，為內外蒙合併在語言文化上做準備，並用物質刺激的辦法大搞蒙文蒙語的學習。

上述罪惡政策，從政治上孤立了蒙族人民，激發了蒙族群眾的地方民族主義情緒，烏蘭夫利用了這種情緒，發展「內人黨」黨徒，為其反黨叛國的罪惡目的服務。這是「內人黨」大作組織上的準備。

三、積極招降納叛，為他發展「內人黨」大作組織上的準備。烏蘭夫在組織上的準備工作從「內蒙古自治政府」成立之時就開始了。其做法大體上有以下五種：

1、把「內人黨」骨幹分子成批地拉入共產黨內。現已查明被烏蘭夫及其同夥拉到我黨內部的有哈豐阿、特木爾巴根、特古斯、巴圖、木倫、義達嘎蘇隆、高萬寶扎布、鮑蔭扎布、戈更夫等等（以上都是「內人黨」中央執行委員或地區負責人），並竊據了要職。烏蘭夫就是通過這些人拉了一批民族分裂分子混入共產黨。那些名聲太臭，罪惡累累的宗教上層、戰犯和其他反革命分子，實在無法拉入黨內的，就以搞好統戰工作為名，加以庇護，分別委任要職，給予優厚待遇。如博彥滿都、郭文通等。正如「內人黨」執行委員特古斯、木倫的交代中所說：「『內人黨』並未解散，我們有計劃地鑽到共產黨內，形成了新的核心。」

2、極力控制公檢法，大批包庇民族反動派，如：內蒙公檢法前身是東蒙自治政府內防部（後改為公安廳）。第一任部長張尼瑪，日本特務（現在押）；第二任部長朋斯克「內人黨」執行委員，後任內蒙古自治區副主席，是個蘇特，也是日特；第三任改公安廳長王再天，蘇蒙修特務，張學良的忠實走狗；第四任畢力格巴圖爾，蒙修特務，「內人黨」中央執委，烏蘭夫死黨分子。再如公安廳的處長除四個人外，全是「內人黨」黨徒，民族分裂主義分子，其中有許多是特務或蘇蒙修情報員。烏蘭夫就是用這些人，極力包庇叛國案。叛國案一發生，烏蘭夫就親自去抓，一抓就如石沉大海。僅經內蒙古自治區處理的280多起叛國案，如著名的「陶那松案件」、「206案件」等都是這些人夥同一起包庇下來的，沒有一件真正破案，從而造成了在內蒙叛國無罪的局面。

3、以少數民族自治區和「綏遠方式」為藉口，在肅反中大量包庇壞人。內蒙黨委「肅反」小組曾明文規定「五不究」、「三從寬」、「五不搞」。「五不究」是：（1）解放軍到達前或到達之處，在日偽、國民黨黨、政、警、憲機關中任職人員，參加和平解放者，不管集體或個人，其歷史罪惡一律不追究；有重大罪惡、有人指控，應教育解釋。（2）參加工作的舊軍政人員，罪惡不大，民憤不大的不追究。（3）雖有嚴重罪惡和民憤，但做過交待

和處理的不追究。（4）對所有特務、間諜分子，過去做過交待和處理的不追究。（5）在敵我拉鋸形勢下，曾多次叛變後回歸者不追究。「三從寬」是：（1）做過交待或處理的有嚴重罪惡和民憤的少數人，「肅反」中弄清是非，從寬處理。（2）涉及民族人員的案件（包括重大案件）一般均應全案從寬。（3）對有反革命罪行的民族幹部、職工，只要主動坦白，更要從寬。「五不搞」是：（1）自治旗、牧區不搞「肅反」；（2）半農、半牧區的民族幹部、職工多的不搞「肅反」；（3）有的地區民族幹部雖不占多數，但領導力量弱的不搞「肅反」；（4）巴盟民族幹部、職工中不搞「肅反」；（5）民族上層中不搞「肅反」。這樣一來就大量地包庇了壞人。據不完全統計，烏蘭夫僅用這些辦法包庇了三十多個民族分裂主義的黨派，五百多名反動派的骨幹，二千五百多名反動喇嘛，這些都是烏蘭夫投修叛國的重要力量。

4、用「建立特情」的方式，把一批蒙修、蘇修特務保護起來，利用他們與蒙修通風報信，互相勾結。在內蒙公安廳建立的1700多名所謂特情中，僅安插在邊境從蒙修回來的蒙修特務分子就有197名。

5、烏蘭夫曾祕密指示特古斯和額爾敦陶克陶，利用額出席「蒙古語言文字科學研究會」的機會，與蒙修共同祕密組織43人參加的（蒙修20名，內蒙23名）「語言文字統一委員會」，實際上是「內人黨」與蒙修共同策劃內外蒙合併的一個反革命辦事機構。

此外，據群眾揭發，這批民族分裂主義分子為了叛國投修，還隱藏了大批通訊器材和武器彈藥。

上述各種方式，就是在組織上使「內人黨」徒，蘇、蒙修特務，民族分裂主義分子，烏蘭夫死黨相互勾結起來，成為他們的反動的基本勢力。

四、烏蘭夫還利用帝修反大肆反華的客觀條件，迎合帝修反的反華需要，在1961年以後拼命發展「內人黨」，準備在「內蒙自治二十周年」大慶時叛國。

1961年前後，帝、修、反利用我國三年自然災害，搞起了反華大合唱。在這個時期，國內一小撮地、富、壞、右分子向黨瘋狂進攻；蔣介石叫囂竄犯大陸；布加勒斯特會議後，蘇、蒙修叛徒集團反革命修正主義面目進一步暴露，中蘇、中蒙關係惡化；印度反動派配合蘇、美武裝入侵；中蒙劃界；西藏、新

疆民族分裂主義分子大搞叛國活動等等。烏蘭夫從他反動階級的本能出發，誤認為時機已經成熟，於是就迫不及待地跳了出來，大搞叛國活動，拼命發展「內人黨」黨徒。據最近揭發和登記的「內人黨」徒，大多數就是這個時間發展的。

烏蘭夫為了實現他「將來我們廣播到全世界，爭取進步人士」，「爭取國際上承認」，成立「蒙古人民共和國」的狼子野心，在大力發展「內人黨」徒的時候，還犯了如下罪惡：

1、利用「四清」大搞反漢排外，公開提出「反大漢族主義」。揚言「民族問題不解決，『四清』運動就是實現了毛主席的六條標準也只算完成一半。」這一時期，烏蘭夫反漢排外達到了登峰造極的程度，許多地區，許多部門形成反漢高潮。在軍隊中，政府中，機關中，甚至在農村大搞白色恐怖，妄圖把忠於毛主席的廣大各族人民壓下去，不敢揭露他的叛國罪惡。

2、大搞宮廷政變，以「代常委」的形式，奪了原自治區黨委會的權。烏蘭夫指定的所謂「代常委」，有十三人組成。在這十三人中除點綴幾個漢族幹部外，用了九個蒙古人，其中有六個是土旗蒙古人，並且全部都是「內人黨」骨幹分子。如：潮洛蒙（土旗蒙族人）、雲世英（烏蘭夫的侄子、土旗蒙族人）、浩帆（土旗蒙族人）、厚和（蒙族人）、布赫（烏蘭夫長子、土旗蒙族人）、陳炳宇（土旗蒙族人）、和興革（蒙族）、突克（蒙族）、雲北峰（土旗蒙族人）。還以他的心腹至親組成了「地下書記處」作為決策機關。參加這個「地下書記處」的有：他的侄子雲世英、兒子布赫、老婆雲麗文，親信潮洛蒙、陳炳宇。在奪黨委的權的同時，又派去他的親信爪牙組成「五大委」奪了人委的權。把他的兒子布赫安排在文教口，親信潮洛蒙安排在計劃口，死黨分子和興革安排在財貿口，死黨分子李永年（土旗蒙族人）安排在工交口，親信雲北峰安排在農牧口。在自治區奪權的同時，又在呼市派去親信李貴、陳炳宇奪權。

3、一九六五年十一月份，拋出了民族分裂主義的「三基論」。接著，以五個半天的時間，在文藝工作會議上，又大肆鼓吹什麼民族政治基礎，民族經濟基礎，民族文化基礎，實際上就是鼓吹以民族分裂主義做基礎。這個反革命民族分裂主義的綱領拋出後，就大搞了「機關民族化」，「幹部民族化」，

「真正體現少數民族當家做主」等等，形成對民族分裂主義分子的大提拔，極力排擠非蒙族的幹部。在這個期間，許多漢族老幹部被烏蘭夫踢開，而代之以他的親信、爪牙，甚至連那些原來跟他很緊的一些漢族幹部也不能倖免。

4、同時，派出王再天大力籌備「自治區20周年大慶」，大搞烏蘭夫的塑像、畫像、什麼歌頌烏蘭夫的文學作品、文藝展覽紛紛出籠。為什麼烏蘭夫這樣賣力搞「20年大慶」？「20年大慶」要幹什麼？現在已揭發出來的事實說明，他們就是要公開叛國，「向全世界廣播」，變無產階級專政為資產階級專政。

第四，對深挖「內人黨」的打算

從目前揭發出來的情況看，「內人黨」涉及的面很廣，不但在我黨內混進了一批，在幹部中、軍隊中、群眾中都有一大批人參加了「內人黨」，基本上是「三裡、五界」到處都有，特別在軍隊、公檢法、文化系統最多。同時發現，不僅在蒙族中有，在漢族中也已出現，個別地方為數還不少。

根據偉大領袖毛主席關於「**對反革命分子和犯錯誤的人，必須注意政策，打擊面要小，教育面要寬，要重證據，重調查研究，嚴禁逼、供、信**」的教導，在對待「內人黨」的問題上，我們打算：

一、根據已掌握的材料看，各地都還有相當一批「內人黨」徒沒有挖出來，同時，「內人黨」的組織機構及其罪惡活動都還沒有搞清，一些重大叛國案和蒙修顛覆案都未突破。因此，我們決心，繼續發揚「**宜將乘勇追窮寇**」的革命精神，放手發動群眾，把這個反黨叛國組織徹底挖出來，特別是它的中央機構，叛國罪惡及特務活動一定要搞清楚。

二、嚴格貫徹執行偉大領袖毛主席「**要重證據，要調查研究，嚴禁逼、供、信**」的教導，防止和糾正體罰和變相體罰，反對「車輪戰」和武鬥。實行領導與群眾相結合的辦法，各單位的主要負責同志要親自指揮，親自分析口供，不斷總結經驗，提高廣大革命群眾對敵鬥爭的政策和策略水平。

三、不折不扣地貫徹執行偉大領袖毛主席關於「**必須注意政策，打擊面要小，教育面要寬**」的指示。實行「打擊首要，爭取脅從，感化失足」的政策。

對於首要分子，包括「內人黨」支部書記以上的成員，或雖非支部書記，但是特務、叛徒、反革命分子，或重大罪惡和民憤的，要狠狠打擊，對這種人決不能仁慈。對於支部書記以下（不含支部書記）的協從分子，要爭取他們徹底坦白交代，在弄清問題以後，應從寬處理，不一定都戴上反革命分子的帽子。對於出身好、成分好、受蒙蔽而失足的分子，只要他們坦白交代，就一律不戴反革命的帽子。特別在農村、牧區，對那些因受蒙蔽而參加「內人黨」的貧下中農、貧下中牧，應採取正面教育的方針，提高他們的政治覺悟，感發他們交待問題，劃清界線。只要劃清界限就不再追究。

四、堅決執行**「坦白從寬，抗拒從嚴」**的政策。對於「內人黨」的骨幹分子，要區別他們的態度，主動坦白交待，有悔改表現，並能揭發別人的，應當從寬處理。經過群眾鬥爭能坦白交待並能揭發同夥的，視情況可按主動坦白分子處理。對於證據確鑿、死不坦白，頑固抗拒的分子，必須嚴加懲處。

五、把「內人黨」的反黨叛國罪行搜集起來，彙編成冊，向廣大群眾進行教育，發動群眾在大批判中進一步展開對「內人黨」的大揭發、大控訴、大批判，以提高廣大群眾的政治覺悟。

〔附件〕新「內人黨」主要骨幹分子一覽表說明

根據群眾揭發及一些「內人黨」徒很不系統、很不準確的交待材料，我們把已經知道的新「內人黨」的核心領導成員及骨幹分子68名，列表呈閱。其中：「內人黨」中央執委34名，中央委員11名。從群眾揭發和一些「內人黨」骨幹的交待材料初步分析，現有的68名「內人黨」中，大體可分三種類型：一種是老「內人黨」的主要成員也是新「內人黨」的核心；一種是少壯派，是其黨內上層實權操縱者，是實力派，一種是新「內人黨」中的骨幹分子，擔任其黨內的中層領導。這68名「內人黨」中，叛、特（有些既是日特和國特，又是蘇蒙修特務）18名；蘇蒙修特嫌11名；蘇蒙修情報員11名。因為尚未核實，僅供研究參考用。

一、老「內人黨」黨魁、新「內人黨」的核心成員

姓名	原任職務	群眾揭發、本人或他人交待的發動政治歷史	備考
烏蘭夫	人委主席 內蒙黨委第一書記	一九四七年「五一」大會時，烏填表承認在一九二五年參加過「內人黨」。據錫盟揭發及和興革等交待：烏是新「內人黨」的主席。假共產黨員，真國民黨員。國特，叛徒、內奸，最大的民族分裂主義分子。	
奎璧	內蒙黨委書記	有人交待是新「內人黨」副主席。假共產黨員，真國民黨員。國特、叛徒、內奸、烏蘭夫死黨分子，老民族分裂主義分子。	
吉雅泰	內蒙人委副主席	有人交待是新「內人黨」中央委員，蘇修特務，老蒙修情報員，老民族分裂主義分子。	已死
哈豐阿	內蒙人委副主席	老「內人黨」的祕書長。有人交待是新「內人黨」的副主席、中央執委、書記。大蒙奸，日特，蘇蒙修特務。烏蘭夫死黨分子，老民族分裂主義分子。	
畢力格巴圖爾	內蒙黨委書記	老「內人黨」骨幹。有人交待是新「內人黨」中央執委，是烏蘭夫封的「共產黨員」，烏的死黨。老蒙修情報員，老民族分裂主義分子。	
王再天	內蒙黨委書記人委副主席	錫盟揭發是新「內人黨」副主席，中央執委。日特，蘇蒙修特務，張學良的忠實走狗，內奸，老民族分裂主義分子。	
特木爾巴根	內蒙高級法院院長	有人交待是新「內人黨」副主席。老蒙修情報員，老民族分裂主義分子。	
朋斯克	內蒙人委副主席	有人交待是新「內人黨」的中央委員。蒙奸，日特，蘇蒙修特務，老民族分裂主義分子。	
烏力吉敖其爾	內蒙建設廳廳長	有人交待是新「內人黨」中央委員。蒙修特務，日特。日本投降後曾率部投蒙，後被遣派回國，用電臺向蒙修送情報。老民族分裂主義分子。	
烏力圖	內蒙民政廳長	老「內人黨」中央執委。老民族分裂主義分子，蒙修情報員。	
郭文通	內蒙語委副主任	偽滿少將軍官，日特，蘇蒙修特嫌，老「內人黨」中央執委，郭道甫的弟弟。	
博彥滿都	內蒙參事室主任	大蒙奸，偽興安總省省長，老民族分裂主義分子。	

二、新「內人黨」的少壯派、掌權派

姓名	原任職務	群眾揭發、本人或他人交待的發動政治歷史	備考
特古斯	內蒙黨委宣傳部副部長	老「內人黨」的中央執委。有人交待是新「內人黨」的中央書記（或副書記）、中央執委，有的還交待兼組織部長。蘇修特務，民族分裂主義分子。	
巴圖	內蒙大學黨委書記	老「內人黨」的中央執委。有人交待是新「內人黨」的中央執委兼宣傳部長（或軍事部長）。蘇修特務，民族分裂主義分子。	
額爾敦陶克陶	內蒙語委副主任	老「內人黨」中央執委。有人交待是新「內人黨」的中央執委兼組織部長（或聯絡部負責人之一）。蒙修情報員，民族分裂主義分子。	
義達嘎蘇隆	內蒙衛生廳副廳長	老「內人黨」的中央執委。有人交待是新「內人黨」的中央執委兼宣傳副部長（或軍事部長）。蒙修情報員、階級復仇分子，民族分裂主義分子。	
嘎儒布僧格	內蒙人委副祕書長、外辦主任	老「內人黨」的中央執委。有人交待是新「內人黨」的中央執委兼祕書長（或聯絡部長）。日特，蒙修情報員，民族分裂主義分子。	
木倫	內蒙醫學院院長	有人交待新「內人黨」的中央執委兼組織部長。蒙修情報員，民族分裂主義分子。	
李洪範	中央民族出版社副社長	老「內人黨」骨幹。有人交待是新「內人黨」的中央執委，並兼過宣傳部長	
金墨言	內蒙財政廳廳長	老「內人黨」骨幹。有人交待是新「內人黨」的中央執委兼經濟部負責人。	
特木爾巴根	內蒙師範學院黨委書記	老「內人黨」中央執委。有人交待是新「內人黨」中央執委。蒙修情報員，民族分裂主義分子。	
貢嘎丹儒布	內蒙農牧學院院長	老「內人黨」骨幹。	

姓名	原任職務	群眾揭發、本人或他人交待的發動政治歷史	備考
高萬寶扎布	錫盟盟委書記、錫盟軍分區第一政委	老「內人黨」骨幹。有人交待是新「內人黨」中央執委，錫盟地區「內人黨」、「內外蒙合併委員會」的總頭子。郭前旗「大同會」的創始人之一。蒙修特嫌，民族分裂主義分子。	一度混進錫盟革委會當主任。
色音巴雅爾	哲盟盟委副書記	老「內人黨」骨幹。有人交待是新「內人黨」中央執委，哲盟地區負責人。蒙修情報員，民族分裂主義分子。	
巴圖巴根	巴盟盟委書記	有人交待是新「內人黨」中央執委，巴盟地區負責人。蒙修特兼，民族分裂主義分子。	
暴彥巴圖	伊盟盟委書記	有人交待是新「內人黨」中央執委，伊盟地區負責人。蒙修特兼，民族分裂主義分子。	
傑爾格勒	呼盟盟委副書記	有人交待是新「內人黨」中央執委，呼盟地區負責人，「統一黨」的頭子。日特，蒙修特務，民族分裂主義分子。	
烏力更	昭盟盟委副書記	有人交待是新「內人黨」中央執委，昭盟地區負責人，蒙修特嫌，民族分裂主義分子。	
旺丹	烏盟盟委副書記	老「內人黨」骨幹。有人交待是新「內人黨」中央執委，烏盟地區負責人。蒙修特務，民族分裂主義分子。	
石光華	哲盟盟委書記	民族分裂主義分子。群眾揭發是新「內人黨」的骨幹分子，哲盟地區主要負責人之一。	
鮑蔭扎布	內蒙古軍區政治部副主任	老「內人黨」中央執委。本人交待是新「內人黨」中央執委兼軍事部副部長。民族分裂主義分子。	一度混入自治區革委會委員
墨志清	包頭市委書記	有人交待是「內人黨」中央執委。	
烏蘭	內蒙輕化廳副廳長	有人交待是新「內人黨」中央執委。老蘇修情報員，蘇修特務，烏蘭夫死黨分子，克力更老婆。	
德力格爾	內蒙外辦副主任	老「內人黨」骨幹。有人交待是新「內人黨」中央執委兼聯絡部負責人之一。蒙修情報員，民族分裂主義分子。	
戈更夫	在中央外交部工作	老「內人黨」中央執委，蒙修特嫌。	

姓名	原任職務	群眾揭發、本人或他人交待的發動政治歷史	備考
騰和	內蒙公安廳一處處長、黨組成員	本人承認是新「內人黨」聯絡部副部長。日特，蒙修特務。	
趙真北	內蒙畜牧廳副廳長	有人交待是新「內人黨」的主骨幹。王再天、特古斯等揪出後，趙是主要負責人。叛徒，「成吉思汗黨」骨幹分子。	一度鑽進內蒙革委員會常委
都固爾扎布	內蒙畜牧廳廳長	有人交待是新「內人黨」中央執委，蒙奸，日特，老蒙修情報員。老民族分裂主義分子。	
戈瓦	內蒙語委黨組書記	老「內人黨」骨幹。有人交待是新「內人黨」中央執委。	
沙梯	內蒙團委副書記	有人交待是新「內人黨」中央執委兼祕書長。	自殺
博力克	內蒙農牧學院黨委副書記	有人交待是「內人黨」中央執委兼組織部負責人之一。「成吉思汗黨」骨幹分子。	
克力更	內蒙統戰部部長	老「內人黨」骨幹。有人交待是新「內人黨」中央執委，民族分裂主義分子。	
厚和	內蒙實踐雜誌社總編輯	有人交待是新「內人黨」中央執委兼宣傳部負責人。本人承認是「內人黨」內蒙直屬機關黨委書記。烏蘭夫的黑代常委之一。	
和興革	內蒙財辦副主任	本人承認是新「內人黨」中央執委兼經濟部長。烏蘭夫的黑代常委之一。	

三、新「內人黨」骨幹分子，中層負責人

姓名	原任職務	群眾揭發、本人或他人交待的發動政治歷史	備考
雲世英	內蒙公安廳副廳長	烏蘭夫的黑代常委之一。	
潮洛蒙	內蒙黨委宣傳部副部長	蒙修特嫌，烏蘭夫死黨分子。	
烏力吉那仁	包鋼黨委副書記	有人交待是新「內人黨」中央委員兼青年部副部長。	
官布	呼市賓館經理	日本特務，蒙修情報員。有人交待是新「內人黨」中央委員。	
高布澤博	內蒙農業廳廳長	有人交待是「內人黨」中央委員。	自殺
布特格其	呼盟盟委副書記	有人交待是新「內人黨」中央委員兼保衛部負責人之一。	
高興賽	內蒙民委副主任	有人揭發是「內人黨」骨幹分子之一。	
關保	巴盟副盟長	有人揭發是「內人黨」巴盟負責人之一。	
色音鄂力布	錫盟盟委副書記	有人揭發是「內人黨」錫盟負責人之一，民族分裂主義分子。	
旺欽	錫盟盟長	有人揭發是「內人黨」錫盟負責人之一，蒙特嫌，民族分裂主義分子。	
孟和特木爾	錫盟副盟長兼公安處長	有人揭發是「內人黨」錫盟負責人之一，蒙特嫌，民族分裂主義分子，被王再天說成是「紅色公安幹部」。	曾混入錫盟革委會當了常委
達瓦	烏盟副盟長	有人揭發是新「內人黨」烏盟負責人之一，民族分裂主義分子。	曾混入烏盟革委會當了常委
穆林	昭盟盟委副書記	有人揭發是「內人黨」昭盟負責人之一。	
楊達賴	伊盟盟委副書記	有人揭發是「內人黨」伊盟負責人之一。	
包正	內蒙衛生廳副廳長	有人揭發是「內人黨」骨幹分子，蒙修特嫌，民族分裂主義分子。	
高茂	內蒙衛生廳副廳長	有人揭發是「內人黨」骨幹分子，民族分裂主義分子。	
昂如布	內蒙電臺台長	有人揭發是「內人黨」電臺負責人，民族分裂主義分子，蒙修情報員。	
德力格爾	內蒙日報社總編	有人揭發他是「內人黨」中央委員，民族分裂主義分子，蒙修特嫌。	

姓名	原任職務	群眾揭發、本人或他人交待的發動政治歷史	備考
瑪尼扎布	內蒙日報社編輯	老「內人黨」徒。新「內人黨」骨幹分子，蒙修情報員，民族分裂主義分子。	
特布新	內蒙古大學教員	有人揭發他是「內人黨」骨幹分子，民族分裂主義分子，蒙修特嫌，是新「內人黨」第二次代表大會給外蒙的信是起草人。	
阿木古郎	內蒙計委副主任	老「內人黨」骨幹。	
沙駝	內蒙實踐雜誌社副主編	有人揭發他是「內人黨」中央宣傳負責人之一。	
博彥	內蒙總工會副主任	有人交待是新「內人黨」中央委員。	
葛瓦	錫盟副盟長	有人揭發是新「內人黨」錫盟地區的頭子之一。叛徒，蒙修特嫌，蒙修情報員。	

22.關於當前清理階級隊伍中應注意的幾個問題的通知（1969.01.17）

內蒙古自治區革命委員會文件　　內蒙革發〔69〕5號

在黨的八屆擴大的十二中全會精神的鼓舞和推動下，全區廣大革命群眾緊跟毛主席的偉大戰略部署，認真貫徹執行了偉大領袖毛主席關於**清理階級隊伍，一是要抓緊，二是要注意政策**的指示，狠反了右傾機會主義路線，全區清理階級隊伍的工作迅猛發展，形勢大好，越來越好。兩個多月以來，對敵鬥爭取得了巨大勝利，運動發展是健康的，主流是好的，這是運動的主流和本質。運動中出現某些問題，這是難免的，只要我們堅決按著毛主席的指示辦事是不難解決的。為了進一步落實毛主席對敵鬥爭的最新指示，更加穩、準、狠地打擊一小撮階級敵人，特作如下通知：

第一，必須進一步放手發動群眾，把清理階級隊伍的工作抓緊再抓緊。要繼續發揚**「宣將剩勇追窮寇」**的無產階級革命精神，狠反右傾，乘勝前進，堅決把隱藏在各個陰暗角落的叛徒、特務、死不改悔的走資派、沒有改造好的地、富、反、壞、右分子現行反革命分子統統挖出來，並把他們批倒、鬥臭、奪取挖肅鬥爭的徹底勝利。不獲全勝，決不收兵。

第二，認真學習、廣泛宣傳、堅決貫徹執行毛主席關於對敵鬥爭的一系列最新指示和黨的各項策略。各級革委會、軍管會和工人、貧下中農毛澤東思想宣傳隊，都應認真學習毛主席對北京新華印刷廠在對敵鬥爭中堅決執行黨的**「給出路」**政策的報告的及其重要的批示和注語，學習經毛主席親自修改的《中共中央、中央文革關於對敵鬥爭中應注意掌握政策的通知》，以及毛主席歷來對敵鬥爭的政策、策略的偉大論述，學習《人民日報》、《紅旗》雜誌、《解放軍報》一九六九年元旦社論。各單位還可以開辦運動中的積極分子的學習班學習上述文件，總結檢查本單位落實政策的情況。上述及其重要的文件，都應由革命委員會、軍管會和工人、貧下中農毛澤東思想宣傳的負責同志，向廣大群眾原原本本地宣講，把政策交給群眾。工人毛澤東思想宣傳隊，貧下中

農毛澤東思想宣傳隊，解放軍毛澤東思想宣傳隊都應成為學習、宣傳、執行黨的政策的模範。

第三，各單位在清理階級隊伍中，必須嚴格區分和正確處理兩類不同性質的矛盾，爭取團結一切可以團結的力量，共同對敵。要不折不扣地貫徹執行偉大領袖毛主席關於：「**對反革命分子和犯錯誤的人，必須注意政策，打擊面要小，教育面要寬，要重證據，重調查研究，嚴禁逼、供、信。對犯錯誤的好人，要多做教育工作，在他們有了覺悟的時候，及時解放他們。**」和「**要文鬥，不要武鬥**」，「**坦白從寬，抗拒從嚴**」等各項指示，包括「**給出路**」的這個無產階級政策。還必須認真執行毛主席關於「**利用矛盾，爭取多數，反對少數，各個擊破**」這個馬克思主義的策略。凡是違背上述政策和策略的錯誤做法，必須改正。

第四，關於深挖「內人黨」及其變種組織（如「統一黨」、「興蒙黨」等民族分裂主義集團）問題。「內人黨」是烏蘭夫反黨叛國的工具，是我區最大的反革命民族分裂主義集團，必須堅持深揭深挖，從組織上徹底摧毀，堅決打擊首要分子，爭取教育脅從分子和蒙蔽的群眾的方針。

1、重點是搞旗縣以上單位。堅決打擊證據確鑿的首要分子和骨幹分子（指「內人黨」上層領導機構中的成員和支部書記以上的骨幹分子），以及雖系「內人黨」一般黨徒，但有重大罪惡的分子，並要根據其罪惡大小和交代好壞區別對待，貫徹「給出路」的政策。

2、一般「內人黨」徒，要通過辦學習班搞清問題，只要他們徹底交代，一律不戴反革命分子帽子。

3、工人、貧下中農、貧下中牧（包括農村、牧區的基層幹部）、青年學生和幹部、職工家屬中，如有參加「內人黨」的，應堅持正面教育的方針，通過辦學習班提高他們的政治覺錯，只要他們從組織上、思想上與「內人黨」劃清界限，就不再追究。

4、各級革命委員會的成員中，如發現有混進來的「內人黨」分子，應報上一級領導機關批准，按不同情況分別處理。

5、對一般「內人黨」分子的家屬、子女，不應歧視，即使是「內人黨」首要分子和骨幹分子的子女，也要按中共中央、中央文革1968年12月26日通知

的精神執行。

　　6、在挖「內人黨」時，也必須同挖其他反革命分子一樣，**「嚴禁逼、供、信」**，堅持**「要文鬥，不要武鬥」**的原則。

　　第五，抓好對敵鬥爭中的政策落實，關鍵在於領導。各級領導一定要認真地貫徹執行黨的政策，在貫徹執行毛主席一系列最新指示，落實黨的政策過程中，要滿腔熱情地保護群眾革命的積極性，注意有人抓住運動中的某些現象去指責或壓制群眾。對於階級對人造謠中傷和破壞活動，應堅決給以嚴厲打擊。同時要認真總結檢查一下本地區、本單位在對敵鬥爭中的政策落實情況，注意總結推廣好的典型經驗，並針對存在的問題提出改進措施。

　　上述通知執行情況，請各盟是專題報告自治區革命委員會。

〔本文件發至工礦企業基層革委和農村牧區生產大隊。〕

內蒙古自治區革命委員會

一九六九年一月十七日

已發：各盟市、旗縣革命委員會（發至生產大隊，工礦企業基層革委會）。

共印5,0000份。

23.關於對「內人黨」的幾個具體政策的請示（1969.02.07）

毛主席、林副主席、中共中央、中央文革、國務院、中央軍委：

在清理階級隊伍中，我們破獲了在內蒙古地區存在著的一個很大的有組織、有綱領的反革命民族分子主義集團「內蒙古人民革命黨」。這是烏蘭夫反黨叛國的工具，其主要成分大部分是蘇、蒙修和日本的特務。長期以來，他們盜竊了我國大量的軍事、政治、經濟情報。確鑿的證據說明，這個反革命組織的總頭目就是烏蘭夫。他不但在一九二五年就參加了「內人黨」，一九四六年又去蒙古受領任務。一九四七年四月二十日，正是中央明令不組織「內人黨」的這一天，他卻在內蒙自治運動聯合會執委會議上說：「我們最後的奮鬥目標是內蒙古人民共和國，目前的策略是不公開的，將來我們廣播到全世界，爭取進步人士，如今天獨立國際上不承認，但是我們將來爭取國際上的同意。」這樣「內人黨」就有計劃地轉入地下，烏蘭夫則先後把「內人黨」的頭目哈豐阿、特木爾巴根、特古斯、鮑音扎布等拉入共產黨內，給他們披上合法的外衣。

「內人黨」從來也沒有解散，他們只是在一九四七年「五一」大會以後潛伏下來了。從一九四七年到一九六〇年，他們從組織上做了一些祕密的、個別的發展。這個期間，烏蘭夫和他的一群黨棍，明目張膽地反對毛澤東思想，反對中國共產黨，反對社會主義。同時，放肆宣傳成吉思汗，宣傳「三五宣言」，宣傳「民族自決」，及其惡毒地蒙蔽群眾，為其組織發展大作輿論準備。特別是在一九六〇年以後，正當帝、修、反聯合反華，西藏、新疆伊犁民族反動派搞叛亂，蔣介石叫囂「反攻大陸」，印度發動派武裝入侵，加上我國三年自然災害，他們認為時機成熟了，立即跳出來，極力擴大組織，形成了「新內人黨」的大發展。這個時期烏蘭夫夥同他的死黨分子，利用合法身分，大搞反革命「宮廷政變」和民族分裂活動，公開地反漢排外，使大量的群眾受了蒙蔽，失足加入這個反革命組織。

這個反革命民族分裂主義組織，是我們偉大祖國北部邊疆的一大隱患，必須堅決徹底從組織上摧毀，從政治上搞臭。為此，必須認真貫徹執行「利用矛

盾，爭取多數，反對少數，各個擊破」的策略，打擊首要，爭取脅從，挽救失足；就是對首要分子也要分化瓦解，做政治思想工作，爭取起義，不能看成鐵板一塊。在具體政策上應執行以下幾條：

1、挖「內人黨」的活動，主要在旗縣以上城鎮進行。公社以下農村、牧區也要把「內人黨」挖出來，但主要應採用正面教育、辦學習班的方法進行。

2、堅決打擊證據確鑿的首要分子和骨幹分子（上層機構中的領導成員和支部書記以上），或雖系一般黨徒，但有重大罪惡的。對於這些分子也應當貫徹執行「給出路」政策，實行「坦白從寬，抗拒從嚴」的原則。

3、一般黨徒，要通過辦學習班搞清問題，只要他們徹底交代，一律不戴反革命分子的帽子。

4、工人、貧下中農（牧）、農村牧區的基層幹部、青年學生、幹部和職工的家屬，堅持正面教育，開展對「內人黨」反黨叛國罪行的革命大批判，啟發教育他們，使受蒙蔽參加了「內人黨」的人主動交代，並給他們開辦學習班，提高他們的政治覺悟，只要他們從組織上、思想上與「內人黨」劃清界限，就不再追究。

5、各級革命委員會的成員中，如發現有混進來的「內人黨」分子，應報上一級領導機關批准，按不同情況分別處理。

6、對一般「內人黨」分子的家屬、子女不應歧視，即使是「內人黨」首要分子和骨幹分子的子女，也要按中共中央、中央文革一九六八年十二月二十六日通知的精神執行。

7、在挖「內人黨」時，必須堅決貫徹執行偉大領袖毛主席關於「要重證據，要調查研究，嚴禁逼、供、信」的指示，堅持「要文鬥，不要武鬥」的原則。

這樣做是否妥當，請中央指示。

內蒙古自治區革命委員會

一九六九年二月七日

（呼和浩特工代會翻印 10000 份 1969 年 2 月 10 日）

24.呼和浩特市革命委員會政治工作會議紀要（1969.02.14）

〔69〕呼革字第25號　呼和浩特市革命委員會文件

最高指示：

政治工作是一切經濟工作的生命線。在社會經濟制度根本變革的時期，尤其是這樣。

（一九六九年二月十四日）

呼和浩特市革命委員會於一九六九年二月五日至十四日召開了政治工作會議。與會同志懷著對偉大領袖毛主席「三忠於」、「四無限」的無產階級感情，認真學習了毛主席的一系列最新指示和中央兩報一刊元旦社論，傳達了自治區革委會政治工作會議精神；總結交流了全市開展活學活用毛澤東思想群眾運動的經驗，根據自治區革委會的「決定」、「紀要」和呼市革委會「關於繼續深入開展活學活用毛澤東思想群眾運動的決定」，集中討論研究了各級領導如何突出政治，緊跟形勢，狠抓根本，用毛澤東思想統帥一切的問題。

會議進行中，還及時地傳達了中央首長接見滕海清同志對內蒙工作的重要指示和內蒙革委會北京彙報會議精神，對大家鼓舞很大，並聯繫呼市實際，分析了當前形勢，討論了一九六九年奪取全面勝利的規劃問題、領導問題以及其他問題。

與會同志一致認為，這次政治工作會議開得必要，開得及時，提高了思想，統一了認識，明確了戰鬥任務，是一次高舉毛澤東思想偉大紅旗、突出了無產階級政治、狠抓根本的會議，是一次在全市範圍內進一步掀起活學活用毛澤東思想偉大群眾運動、奪取文化大革命全面勝利的部署動員會議。

會議認為，一九六八年是偉大的、戰無不勝的毛澤東思想空前大傳播、大普及、大勝利的一年。在這一年裡，我市各族革命人民高舉毛澤東思想偉大紅

旗，緊跟毛澤東偉大戰略部署，突出無產階級政治，狠抓根本不轉向，抵制和批判了來自右的和「左」的方面干擾，「挖肅」鬥爭進一步深入，全市活學活用毛澤東思想的群眾運動，不斷深入發展，從來沒有像今天這樣廣泛、這樣深入、這樣扎實，廣大無產階級革命派和革命群眾的階級鬥爭和兩條路線鬥爭的覺悟進一步提高，精神全貌發生了深刻變化，無產階級文化大革命取得了偉大的、決定性的勝利。形勢一片大好，而且越來越好。

偉大領袖毛澤東的一系列最新指示，黨的八屆擴大的十二中全會公報和中央兩報一刊元旦社論，提出了鬥、批、改的各項戰鬥任務，指明了一九六九年奪取無產階級文化大革命全面勝利的前進方向。要勝利完成一九六九年光榮而艱巨的任務，最根本的一條，就是高舉毛澤東思想偉大紅旗，突出無產階級政治，狠抓根本，加強各級領導班子的思想革命化，把全市活學活用毛澤東思想的偉大群眾運動提高到了一個更加普及、更加深入、更加高漲的新階段，進一步用毛澤東思想統帥一切。

（一）狠抓根本，把活學活用毛澤東思想的群眾運動提要到了一個新階段。

大海航行靠舵手，幹革命靠毛澤東思想。

會議認為，革命事業千頭萬緒，最根本的一條，就是用最大的決心，最大的魄力，最大的熱情，不斷推進毛澤東思想大普及運動，這是時代的迫切要求、歷史的必然趨勢，是世界革命人民賦予我們無產階級革命派的最光榮最偉大的歷史使命。抓不抓這個根本，是紅色政權同修正主義班子的根本區別，是革命領導幹部同走資派的分水嶺，是革命不革命的重大問題。

會議強調指出：

一、首先要解決態度問題。林副主席指示我們說：「對毛澤東思想抱什麼態度，是一個很重要的問題。我們就是要抓對毛主席的態度，對毛澤東思想的態度。」解決態度問題，是抓好活學活用毛澤東思想的根本。抓態度，必須抓無產階級感情，經常進行階級教育，憶苦思甜，廣泛開展對毛主席、對毛澤東思想的大贊大頌的活動，讓我們偉大領袖毛主席的光輝思想和偉大的革命實

踐，在廣大革命群眾中廣泛傳頌，家喻戶曉，把廣大人民群眾對毛主席的大忠大愛提高到了一個新的境界。

二、必須把活學活用毛澤東思想放在一切工作的首位。林副主席指示我們說：「毛澤東思想是我們在兩條戰線（物質戰線、精神戰線）上前進的總火車頭。」「我們一切工作，要由毛澤東思想領先。」各級委員會一定要把活學活用毛澤東思想放在高於一切、大於一切、先於一切、重於一切的首要地位。要認真做到：（1）佈置、檢查、彙報、總結工作時，都要首先佈置、檢查、彙報、總結學習毛主席著作的情況，這要形成制度，上下一齊抓。（2）各級領導班子要經常分析研究活學活用毛澤東思想的現狀、問題和改進措施，至少每月一次。（3）要保證「天天讀」雷打不動，星期三、五學習時間必須堅持，不得衝擊。

三、在「用」字上狠下功夫。林副主席指示我們說：「學習毛主席著作，要帶著問題學，活學活用，學用結合，急用先學，立竿見影，在『用』字上狠下功夫。」忠不忠，看行動。活學活用毛澤東思想，必須狠抓「用」字，突出「用」字，聯繫階級鬥爭和路線鬥爭的實際，在鬥爭中學，在鬥爭中用，用毛澤東思想改造世界觀。

四、繼續深入地開展兩條路線鬥爭史的學習運動。毛主席教導我們說：**「歷史的經驗值得注意。一個路線，一種觀點，要經常講，反覆講。只給少數人講不行，要使廣大革命群眾都知道。」**林副主席指示說：「部隊工作千條萬緒，只要大力活學活用毛主席著作，抓好兩條路線教育，一切問題就可以迎刃而解。」會議認為，路線鬥爭是無產階級專政條件下階級鬥爭的集中表現。活學活用毛澤東思想，要把學習黨的兩條路線鬥爭的歷史作為中心內容，經常抓，反覆講，使廣大幹部、黨員和群眾進一步深刻領會毛主席關於無產階級專政下繼續革命的理論、路線、方針和政策，進一步提高廣大人民群眾執行和捍衛毛主席革命路線的自覺性。

學習兩條路線鬥爭史，要以毛主席《在中國共產黨第七屆中央委員會第二次全體會議上的報告》、在八屆擴大的十二中全會上的重要講話和文化大革命中一系列最新指示位主要教材，緊密結合鬥批改的實際，舉辦毛澤東思想學習班。今年內各級革命委員會的成員都要分期分批地普遍輪訓一次。市革委會負

責分批輪訓各區革委會常委及相當於旗（縣）一級的廠礦企事業單位革委會的正副主任以上領導成員，各級革委會其他領導成員由各所屬系統具體安排，組織輪訓。各基層革委會，各部門，各單位，都應分期舉辦有領導骨幹、革命群眾參加的以學習黨的兩條路線鬥爭史為中心內容的毛澤東思想學習班。繼續深入地批判右傾機會主義，肅清右傾機會主義路線的流毒。

學習兩條路線鬥爭史，要聯繫鬥批改的實際，活學活用毛澤東思想。深入持久地開展對於反革命修正主義路線的大批判。各級革委會要把革命大批改貫穿運動始終，要廣泛發動和組織革命群眾，以毛澤東思想為武器，利用開批判會、辦批判專欄等各種有效形式，著重開展四個方面的革命大批判：[1]把死不改悔的走資派（如大叛徒、大工賊、大內奸劉少奇，內蒙「當代王爺」烏蘭夫及其在呼市和各部門的代理人）批倒批臭；[2]把內蒙古最大的反革命民族分裂主義集團「內人黨」徹底批倒批臭；[3]把在各部門各行業中推行的那一套反革命修正主義路線徹底批倒批臭；[4]把右傾機會主義路線，特別是「階級鬥爭熄滅論」和資產階級反動的「多中心即無中心論」徹底批倒批臭。當前要集中兩個月的時間掀起一場徹底揭露和批判「內人黨」反革命民族分裂的滔天罪行的高潮，把「內人黨」從組織上徹底摧垮，從政治上徹底批臭。通過深入持久地革命大批判，切實把全市各族革命人民的階級鬥爭和路線鬥爭覺悟大大提高一步，從根本上牢固樹立毛主席的無產階級革命路線，鞏固民族團結。

會議號召全市無產階級革命派和廣大革命群眾，今後每次發表毛主席的最新指示和以毛主席為首、林副主席為副的無產階級司令部的戰鬥號令，都要以最高的革命自覺和雷厲風行的戰鬥作風，聞風而動，傳達不過夜，執行不走樣，立即掀起群眾性的學習、宣傳、貫徹的熱潮。

（二）大學解放軍，走解放軍政治建軍的道路。

「全國學人民解放軍，加強政治思想工作。」這是毛主席的偉大號召，是毛主席的偉大戰略部署。人民解放軍在狠抓根本，突出無產階級政治方面給我們做出了好榜樣，為我們創造了一整套成功的政治工作經驗。會議認為，開展

大學解放軍的群眾運動，這是實現毛澤東思想統帥一切，推進活學活用毛澤東思想群眾運動不斷向前發展的根本途徑。

大學解放軍，就是要：

一、學習人民解放軍無限忠於毛主席、忠於毛澤東思想、忠於毛澤東的革命路線。人民解放軍「對毛主席的指示，學到做到，決不兩樣。對毛主席的戰鬥號令，聞風而動，一往無前」。我們應當像解放軍那樣，把學習毛主席著作真正變成我們生活的第一需要，時時、事事、處處以毛主席思想作準繩，凡符合毛主席思想的就擁護支持，凡違背毛澤東思想的就反對，立場堅定，愛憎分明。

二、學習人民解放軍高舉毛澤東思想偉大紅旗，突出無產階級政治，堅持四個第一，大興三八作風等一整套政治工作經驗真正運用到我們的實際工作中去，搞好思想革命化，不斷增強革命性、科學性和組織紀律性。以解放軍為榜樣，堅決走政治建政、政治建廠、政治建隊、政治建校、政治建家、政治建一切事業的道路。全市各級革委會、各單位、各部門，都要建立和健全政治工作制度，設置政治工作機構，配備專職政治工作幹部（指導員、教導員、政治委員等職），要求各單位、各部門在今年上半年要在試點的基礎上逐步建立、健全和配備起來，進一步加強政治思想工作。

三、學習人民解放軍抓基層，打基礎，大抓政治思想工作，開展「四好」運動，上半年進行試點，下半年再普遍展開。實行月檢查，季分析，半年初評，年終總評制度。

四、學習人民解放軍，還必須搞好「擁軍愛民」活動。各級革委會都要有專人抓；廣大人民群眾都要熱愛解放軍，幫助解放軍，支持解放軍，搞好戰備，作好「三支」「兩軍」工作；各單位要開展經常性的和節目的擁軍活動，密切軍民關係，加強軍民團結。

（三）、關鍵在於加強領導。

偉大領袖毛主席教導我們：**「如果只有廣大群眾的積極性，而無有力的領導骨幹去恰當地組織群眾的積極性，則群眾積極性既不可能持久，也不可能走**

向正確的方向和提到樣板的程度」。

會議一致認為，把活學活用毛澤東思想群眾運動提高到新階段，關鍵在於加強各級革命委員會的領導。

一、首先要抓好領導班子的革命化。

領導班子革命化，就是要用毛澤東的思想，毛澤東的無產階級革命路線和各項具體政策，統一領導者的思想和行動，自覺用毛澤東思想統帥一切，不斷加強思想革命化，組織革命化，作風革命化。領導成員的思想革命化，是實現領導班子革命化的基礎。每個領導成員都要以身作則，帶頭堅持活學活用毛澤東著作，要經常用毛澤東的指示對照檢查自己的思想和工作。反對學用脫節，陽奉陰違等錯誤傾向，帶頭鬥私批修，改造思想，搞好自身思想革命化。

各級領導班子，都要成為「三忠於」的表率，學習、宣傳、執行、捍衛毛澤東一系列指示的模範。工宣隊、軍宣隊和貧宣隊是宣傳、貫徹毛澤東思想的骨幹，要充分發揮突擊隊作用。同時，也要在實際鬥爭中堅持活學活用毛澤東思想，搞好自身的革命化。

會議認為，要實現領導班子革命化，就必須突出抓好兩條路線的鬥爭，自覺用毛澤東的革命路線去反對資產階級的反動路線。在路線鬥爭中活學活用毛澤東思想，不斷提高領導成員的階級鬥爭和路線鬥爭覺悟。**「不是東風壓倒西風，就是西風壓倒東風，在路線問題上沒有調和的餘地」**。對於犯了路線錯誤的同志，要遵照毛主席**「既要弄清思想，又要團結同志」**的教導，對他們的錯誤必須進行嚴肅鬥爭，對他們本人還要採取**「懲前毖後，治病救人」**的方針，幫助他們認識錯誤，改正錯誤。當前，各級領導班子，還要繼續反對右傾，徹底肅清高錦明、高增貴推行的右傾機會主義路線的流毒。

實現領導班子革命化，還必須在領導班子內部，經常開展積極的思想鬥爭，定期召開領導成員的談心通氣會，生活檢討會（每季一至兩次），用整風精神帶著路線鬥爭中的問題，選學有關的毛澤東著作，認真開展批評和自我批評。用毛澤東思想克服各種錯誤思想。當前，要繼續批判反動的資產階級的「多中心即無中心論」，批判山頭主義、宗派主義、無政府主義。革命委員會的成員，都要為無產階級掌權，要不斷加強在毛澤東思想原則基礎上的團結。

新老幹部要互相尊重，互相幫助。保持謙遜、謹慎、不驕、不躁的作風，保持艱苦奮鬥的作風，密切聯繫群眾，警惕資產階級糖衣炮彈的襲擊。

各級領導成員要永遠保持深入群眾，密切聯繫群眾的革命本色，虛心聽取群眾的批評，遇事要同群眾商量，永遠做群眾的小學生，千萬注意，任何時候都不要脫離群眾。只有深入群眾，聯繫群眾，才能代表群眾。

二、抓好活學活用毛澤東思想的偉大群眾運動。

林副主席指示我們：「以毛澤東思想掛帥，搞好人民的思想革命化，這是關係到國家的存亡，黨的存亡，政權的存亡，是人民得到一切或喪失一切的頭等重大問題。這是政治中的政治，靈魂中的靈魂，核心中的核心」。抓好這個根本，就是最大的忠，不抓這個根本，就是最大復舊，最大的失職。

會議認為，各級領導，必須緊跟飛速發展的革命形勢，不斷提高對毛澤東思想的偉大意義的認識。各級領導班子必須經常通過開會、辦學習班不斷抓態度，提高認識，錘鍊「忠」心，進一步正確處理政治與業務的關係，任何時候，都要狠抓根本不轉向。

各級革委會的第一、二把手一定要親自抓，抓住不放。核心小組和常委會要每月研究一次活學活用毛澤東思想的情況，認真總結經驗，及時解決存在的問題。

會議研究，今年在「九大」、全市二屆學代會、國慶前後和年終總結時掀起四次大的活學活用毛澤東思想群眾運動的高潮，各級革委會要作好具體安排，在經常抓的基礎上，配合四大高潮要大抓幾次。

各級革委會，在領導活學活用毛澤東思想群眾運動中，要正確處理好轟轟烈烈和扎扎實實的關係，既要充分利用報紙、廣播等宣傳工具，舉辦展覽、畫廊，大搞環境革命化以及舉行大型集會等形式，對偉大領袖毛主席進行大贊大頌，宣傳活學活用毛澤東思想的好典型，好經驗，還必須進行艱苦細緻的思想發動和組織領導工作，切實抓好活的思想教育。

三、抓骨幹，普遍建立毛澤東思想紅色宣傳網。

會議認為：為了把活學活用毛澤東思想群眾運動提高到新階段，還必須建立一支政治上純潔的、思想上過硬的、組織上健全的，富有戰鬥力的宣傳毛澤東思想的骨幹隊伍。在工廠、商店、機關、學習、農村生產隊、街道辦事處居

委會等所有城鄉各基層單位，都要以工人，貧下中農、學習毛主席著作積極分子為主體，建立毛澤東思想宣傳員、宣傳組及輔導站，形成一個有組織、有領導的毛澤東思想紅色宣傳網。各單位力爭在今年上半年普遍建立起來。

宣傳網的主要任務是：積極配合革命委員會組織好活學活用毛澤東思想的群眾運動，及時地、準確地向上反映情況，發現培養並及時總結推廣活學活用毛澤東思想的先進典型；以最大熱情，最快速度，迅速、準確地把毛主席的最新指示和無產階級司令部的戰鬥號令傳達到城鄉廣大革命群眾中去，帶動廣大革命群眾反覆學習對照，經常檢查落實。

四、進一步抓好典型，充分發揮榜樣作用。

毛主席教導說：**「任何領導人員，凡不從下級個別單位的個別人員、個別事件取得具體經驗者，必不能向一切單位作普遍的指導。這一方法必須普遍地提倡，使各級領導幹部都能學會使用」。**

抓典型，樹樣板，以點帶面，這是推動活學活用毛澤東思想群眾運動之有效的成功經驗。各級領導要親自培養典型，總結經驗。主要領導成員，今年內每人要進行一至幾次典型調查，專門總結活學活用毛澤東思想的經驗。要求層層有典型，行行有標兵。各級革委會都要有自己親自培養的先進樣板。樣板要選得準，抓得狠，推得廣，樹得牢。要幫助已經樹立的先進典型不斷創造新經驗，同時還要不斷發現和培養新典型，以老帶新，以新促老，不斷前進。

為了總結和交流全市活學活用毛澤東思想的先進經驗，推動全市毛澤東思想大普及運動深入發展，市委會擬於今年第二季度召開全市第二屆活學活用毛澤東思想先進集體和積極分子代表大會，各級革委會務必要抓緊做好準備工作，特別要抓好總結典型經驗，這是保證開好先代會的重要關鍵。

為了切實做好這次會上確定的幾項工作，市革委會擬於今年五月或六月份召開第二次政工會議，著重總結和交流大學解放軍開展「四好」運動和建立毛澤東思想宣傳網的情況。今年底各區、各口分別召開「四好」單位，「五好」職工代表會議。以便總結經驗，不斷提高。

經過幾天的學習和討論，與會同志思想有了很大提高，一致表示：對會議確定的各項任務和措施，要堅決貫徹，逐項落實，迅速變為各族革命群眾的實際行動，把全市活學活用毛澤東思想的偉大群眾運動，提高到更加普及、更加

深入、更加高漲的新階段。以優異的成績，迎接即將召開的黨的第九次全國代表大會的勝利召開！迎接偉大的中華人民共和國成立二十周年！

已發：各級革命委員會，各代表，工宣隊，呼市軍分區，支左辦公室，
市「五七」幹校，市政工會議全體代表，市革委會各常委、各部、室，
內蒙革委會政治部，存。

（共印2000份）

呼和浩特市革命委員會辦公室
一九六九年二月二十日

25.關於對待「新內蒙古人民革命黨」的 若干規定（草案）（1969.02.26）

　　「新內蒙古人民革命黨」（以下簡稱「新內人黨」）是一個進行民族分裂、背叛祖國的反革命集團。

　　「新內人黨」是在1946年春由哈豐阿、博彥滿都、特木爾巴根等一小撮民族反動派為首，籠絡了一些民族上層分子和蒙族中的資產階級知識分子組織起來的。內蒙黨內最大的走資派，反革命修正主義、民族分裂分子烏蘭夫，利用內蒙古自治運動的機會和他竊取的權力，大耍反革命兩面手法，極力網羅民族分裂主義勢力，把「內人黨」的頭目哈豐阿等人陸續拉入共產黨內。從此，他自己成為「新內人黨」的總頭目，「新內人黨」則成為烏蘭夫反黨叛國的工具，成為一個暗藏在革命陣營的反革命集團，一個地下的獨立王國。它的首要分子都是地、富、王公、貴族、蒙奸、反動軍官，其中絕大部分又是特務、叛徒。一九四七年四月二十日，我黨中央明令在內蒙古不組織「內人黨」、「新內人黨」暫時有計劃地轉入地下。一九六〇年後，「新內人黨」進入了組織大發展時期。當時，帝、修、反聯合反華，西藏、新疆民族反動派搞叛亂，蔣介石叫囂「反攻大陸」。印度反動派武裝入侵，加上我國三年自然災害，他們便認為「中國共產黨已經進入一個嚴重的危機」，於是大搞反革命活動，並極力擴大組織。經過這個時期的大發展，在黨裡、政府裡、軍隊裡和一些農村、牧區建立起「新內人黨」的組織。

　　「新內人黨」是一個有組織、有綱領的反革命集團。它的綱領就是「新內人黨」黨章所規定的「為實現內蒙古的統一和民族統一與獨立……第一步統一內蒙古，繼而逢相當的時機在合理的條件下實現我們全蒙古民族的獨立統一。」其步驟是，先自治後自決，先獨立後統一。就是在我黨中央明令在內蒙古不組織「內人黨」的這一天，「新內人黨」總頭目烏蘭夫在內蒙古自治運動聯合會執委會上公開宣稱：「我們最後的目標是內蒙人民共和國」，「目前的策略是不公開的，將來我們廣播到全世界，爭取進步人士，如今天獨立時國際上不承認，但是我們將來爭取國際上的同意。」這是「新內人黨」二十多年來

進行民族分裂，背叛祖國的反革命活動的指導思想和行動綱領。

　　二十多年來，「新內人黨」猖狂地進行了民族分裂，背叛祖國的罪惡活動。他們利用已經竊取的權力，大肆宣揚反動的地方民族主義，公開叫嚷「成吉思汗的子孫團結起來」，大量散發《三五宣言》，提倡「民族自決」，煽動地方民族主義情緒，大反所謂「大漢族主義」，製造民族分裂。他們打著「民族特點」和「地區特點」的幌子，叫囂要「踏出自己的路」，拼命推行「三不兩利」，「穩、寬、長」等反動的資產階級的路線和政策，極力宣揚反動的「三基論」。他們還大搞所謂「少數民族當家作主」，實行「機關民族化」、「幹部民族化」、搞「民族軍隊」等等。所有這一切，都是他們為了分裂祖國、實現「內外蒙合併」、復辟資本主義做政治、思想和組織準備。

　　「新內人黨」還是一個龐大的蘇、蒙修的間諜特務組織。長期以來，他們組織特務機構，採取各種手段，通過各種渠道，盜竊我國、我區大量的政治、軍事、經濟、文化等方面的重要情報，大搞裡通外國的特務活動。

　　烏蘭夫等「新內人黨」的首要分子為了實現分裂祖國、復辟資本主義的罪惡目的，利用合法身法，大搞「宮廷政變」，組織地下黑書記處，「代常委」、「五大委」，並在呼市等地區搞反革命奪權。大搞反漢排外。把「新內人黨」的頭目、主要骨幹統統安插到要害部門掌權，陰謀實現篡黨、篡政、篡軍的罪惡目的。

　　總之，「新內人黨」反動透頂，罪惡累累。是我們偉大祖國北部邊疆的一大隱患。我們必須更加充分、更加深入地發動群眾，把這個反革命集團從組織上徹底摧毀，從政治上徹底搞臭，從思想上徹底肅清它的流毒，不達目的，決不休兵。「新內人黨」有首要分子，有骨幹分子，同時也蒙蔽了一部分群眾，使他們失足加入「新內人黨」。因此，我們必須認真分析，區別對待，一定要認真貫徹執行偉大領袖毛主席關於**「對反革命分子和犯錯誤的人必須注意政策，打擊面要小，教育面要寬，要重證據，重調查研究。嚴禁逼、供、信。對犯錯誤的好人，要做教育工作，在他們有了覺悟的時候，及時解放他們」**的指示，貫徹執行**「利用矛盾，爭取多數，反對少數，各個擊破」**的策略，打擊首要，爭取脅從，挽救失足。就是對首要分子也要分化瓦解，作政治思想工作，爭取起義。不能把他們看成鐵板一塊。在具體的政策上要執行以下幾條：

1、堅決打擊證據確鑿的首要分子（上層領導機構成員）和支部書記以上有重大罪惡的分子。對於這些分子也應區別對待，實行坦白從寬、抗拒從嚴的原則。對坦白交待好的並有立功表現的應從寬處理，貫徹執行**「給出路」**的政策。

2、一般黨徒要通過辦學習班搞清問題。只要他們徹底交待，就不以反革命分子論處。對於雖系一般黨徒，但有重大罪惡，民憤很大，而態度惡劣、拒不交代的分子則應嚴懲。

3、對工人、貧下中農（牧）、農村牧區的大、小隊幹部、青年學生、幹部家屬和職工家屬中受蒙蔽參加了「新內人黨」的人，堅持正面教育，開展對「新內人黨」反黨叛國罪惡的革命大批判，啟發教育他們主動交代，並給他們開辦學習班，提高他們的政治覺悟，只要他們從組織上、思想上與「新內人黨」劃清界限，就不再追究。

4、各級革命委員會的成員中，如發現有混進來的「新內人黨」分子，應上報材料，經領導機關批准，按不同情況分別處理。

5、對「新內人黨」分子的子女應堅決按中共中央、中央文革一九六八年十二月二十六日的通知的精神執行。對「新內人黨」分子的家屬也不應歧視。

6、挖「新內人黨」的活動，主要在公社以上機關和企、事業單位進行。農村、牧區也要把「新內人黨」挖出來，但主要應採用正面教育、辦學習班的方法進行。

7、凡是由「新內人黨」骨幹分子操縱的，它的綱領與「新內人黨」基本一致的組織，如「統一黨」、「興蒙黨」等均為「新內人黨」的變種組織，一律按「新內人黨」對待。

偉大領袖毛主席教導我們：**「清理階級隊伍，一是要抓緊，二是要注意政策。」**毛主席最近又指出：**「無產階級文化大革命的鬥、批、改階段，要認真注意政策。」**是否認真貫徹執行毛主席的無產階級政策，是對偉大領袖毛主席、毛澤東思想和毛主席無產階級革命路線忠不忠的大問題。在前一段我區運動的大好形勢下，也曾出現過一些問題。有些同志缺乏對敵鬥爭經驗，有急躁情緒，掌握政策不夠穩，只要講清道理，幫助他們認真學習黨的政策，就會很快改正。也有過去犯過右傾錯誤的人，抱著抵觸情緒，搞形「左」實右，只要

嚴肅地批評、教育他們，也是能夠克服的。要特別警惕的是一小撮階級敵人挑撥民族關係，混淆階級陣線，實行階級報復，甚至殺人滅口，妄圖破壞對敵鬥爭，對他們必須堅決打擊，剎住妖風。一切革命同志都應認真貫徹執行黨的政策，積極維護黨的政策，嚴禁武鬥，嚴禁逼、供、信，向違反政策的各種不良現象作堅決的鬥爭，把偉大的鬥、批、改群眾運動進行到底。

關於對待「新內人黨」的問題，過去自治區所做的有關規定凡與本規定有不符之處，按本規定執行。

內蒙古自治區革命委員會
一九六九年二月二十六日

26.批轉《烏蘭察布盟革命委員會關於農村清理階級成分中遇到幾個具體問題的處理意見》（1969.03.07）

內蒙古自治區革命委員會文件　內蒙革發〔69〕65號

各盟市、旗縣革命委員會：

　　烏盟革命委員會在清理階級成分中，參照一九五〇年中央人民政府政務院《關於劃分農村階級成分的決定》、一九四八年中央《關於土地改革中各社會階層的劃分及其待遇的規定（革案）》和內蒙革命委員會的一些具體規定，根據盟的實際情況，提出《關於農村清理階級層粉中遇到的幾個具體問題的處理意見》是可行的，先轉發各地，供參考。

內蒙古自治區革命委員會

一九六九年三月七日

一、清理階級成分的範圍：

　　清理階級成分的範圍，主要按毛主席指示的「誰是我們的敵人？誰是我們的朋友？這個問題是革命的首要問題，也是文化大革命的首要問題」的教導主要清好兩頭、即把漏劃的地主、富農劃出來，把下中農劃出來。

　　根據內蒙革委會、內蒙軍區關於今冬明春在農村、牧區開展無產階級文化大革命的意見；在農村，凡是沒有進行過土改的地區，要按中央有關規定劃定階級；那些和平土改的地區和進行了「蒙族地、富降一格」，「牧人不計標剝削量」的反動政策的地區，都要進行階級複查，把漏劃的地、富劃出來。對那些「外來」不明戶和人員也要審查清楚。

　　那些沒有劃過下中農的地方，要把下中農劃出來，以擴大依靠面，樹立貧下中農的絕對優勢，壯大貧下中農階級隊伍。其他成分一般的不再重劃，對個別有爭議的戶，依由群眾討論重新議定。

二、清理階級成分的政策依據：

農村清理階級成分，必須以毛主席關於中國社會各階級分析的一系列理論、政策和最新最高指示為綱，認真貫徹落實黨的八屆十二中全會公報和元旦社論精神。在具體政策的掌握上，要統一按照一九五零年中央人民政府政務院《關於劃分農村階級成分的決定》和一九四八年中共中央《關於土地改革中各社會階級的劃分及其待遇的規定（草案）》執行。

在半農半牧區，農區以牧為主，和接近牧區的蒙族戶的成分審定，除按上述中央一九五零年、一九四八年的兩個規定執行外，還要參照內蒙古自治區革委會《關於牧區劃分和清理階級成分的有關規定》以及烏盟《牧區劃階級當中遇到的土地問題處理意見》辦理，要注意少數民族成分上升面不要過大。

三、清理階級成分的計標時間：

構成階級成分的時間標準、應當以當地解放（包括解放）時起，向上推三年計標。鑒於我盟大部分都是和平土改地區，因此一般都應從一九四九年標起。個別在土改時已按其他年限計標的，仍應按土改時的計標時間執行。

四、關於幾種成分的劃定問題：

（1）貧、下中農過去被錯劃為其他成分的，要一律改正過來。土改時只劃過中農，而未劃過下中農的地區，對那些土改前出賣一部分勞力，或者受小部分地租、債利等剝削的；土改時生產資料佔有少於一般中農，生活水平比較低的；土改時的中農，合作以前，因受剝削或自然災害的影響，生產資料長期不能完全佔有和使用，經濟生活顯著下降的，一般都應劃為下中農。

中農中，過去被劃為下中農或貧農的，如果十幾年一貫表現好，積極走社會主義道路，經貧下中農討論同意，其充定成分不變。上中農被錯劃為貧下中農者，一般應當改正過來。

（2）漏劃地主、富農；土改時漏劃租「外來」不明戶中的地、富分子必須查出來，一般地應取消社員資格，戴上地、富分子帽子，有破壞活動的應交群眾批鬥直至依法懲辦。如果十幾年來，一貫老老實實，接受改造，不做壞

事，是否保留社員資格？或不戴帽子，由貧下中農和廣大革命群眾討論決定。

（3）新富農：土改後合作化前，上升為新富農的，只要入標後放棄剝削，積極參加群體勞動，政治表現好，走社會主義道路，其原定成分可不變；個別在合作化時抗拒改造，合作化後仍然進行剝削，有破壞活動，民憤很大的，可劃為新富農。

（4）其他成分錯劃為地、富成分的，證據確鑿，經貧下中農討論同意，報公社委員會審查，旗縣委員會批准可進行糾正。

（5）其他階級出身的知識青年、復轉軍人、回鄉工人，表現好，經貧下中農討論同意，可按貧下農待遇，作為依靠力量。

（6）凡因抱養、過繼、同居、寄居、嫁娶、招贅等情況，在解放前從剝削階級家庭轉入勞動家庭，從事主要勞動滿一年的，政治表現好，經貧下中農討論同意，本人成分可劃為勞動者家庭成分；解放後，從剝削階級家庭子女轉入勞動者家庭的，參加主要勞動滿一年，亦可隨勞動者家庭成分。解放前，勞動者家庭轉入剝削者家庭的，如與剝削者過同等生活滿三年的，劃剝削者成分，不滿三年或實際上處於被剝削、壓迫地位的應以原成分不變。解放後，中農、上農子女轉入貧下中農家庭的，可取的貧下中農成分。

五、對漏劃地富財產的處理：

對於戴帽子的漏劃地主分子，超出當地貧下中農佔有水平部分的生產資料、自留畜、房屋及金銀、大量現款、銀行存款、固積的大量生活用品、貴重物品等，一律沒收；對於戴帽子富農的上述財產進行徵收。對於不戴帽子的地、富分子的財產，一般可不懂，多餘部分可沒收和徵收。對新生富農的財產一般不動。

解放後地、富分子，特別是其子女勞動所得，應該注意保留。

對於漏劃地、富的底財、浮財，一般不提倡挖，個別有破壞活動，民憤極大，須要挖時，應報於專政機關批准。

總之，對漏劃地、富要注重從政治上獨立和打擊，不要因為只注意經濟問題而擴大打擊面。

以上沒收和徵收的財產，全部歸公社和生產大隊集體所有，作為公積金租

公益金。

六、劃定階級成分的審批權限：

劃定階級成分要在生產隊和生產大隊的貧宣隊、軍宣隊、貧協、領導班子的領導下，經過貧下中農和廣大革命群眾充分討論，建立起階級檔案、報經公社革委會審查，由旗縣革委會批准。

一九六九年元月三十日

已發：各盟市、旗縣革委會，抄報中央文單、北京軍區。

共印二，五〇〇份

內蒙古自治區革委會辦公室祕書組

一九六九年三月九日發出

27.內蒙古自治區革命委員會常委李樹德同志 在華建革委會第二屆學代會開幕式上的講話 （1969.03.18）

親愛的代表同志們：

首先讓我們共同敬祝我們偉大領袖、世界革命人民心中的紅太陽毛主席萬壽無疆！萬壽無疆！萬壽無疆！

敬祝毛主席的親密戰友，我們的林付統帥身體健康！永遠健康！永遠健康！

大海航行靠舵手，幹革命靠毛主席思想。在全區大好形勢下，在各族革命人民以實際行動迎接我們黨的第九次代表大會即將勝利召開、在全國億萬軍民聲討蘇修社會帝國主義入侵我國神聖領土——珍寶島的怒吼聲中，華建學代會勝利開幕了。我代表全自治區革命委員會和前來參加祝賀這次大會的革命委員會常委全體同志表示熱烈地祝賀！祝賀會議圓滿成功！

我們堅信華建學代會的召開，必將大大促進活學活用毛澤東思想的群眾運動深入發展，提高到一個新的水平。把鬥、批、改的群眾運動推向一個新的高潮。

同志們，當前自治區同全國一樣，無產階級文化大革命已經取得了偉大的、決定性的勝利，改革一切不適應社會主義經濟基礎的上層建築的革命群眾運動，正在各個戰線上蓬蓬勃勃的發展起來，已經取得了偉大的勝利。正在以實際的革命行動迎接黨的第九次代表大會的召開。全區已經掀起了大學習、大宣傳、大普及毛澤東思想群眾運動的新高潮；掀起了規模巨大的革命大批判、更深入地清理階級隊伍的新高潮；掀起了抓革命、促生產的新高潮；人人爭先恐後地向毛主席獻忠心，向黨的第九次代表大會獻厚禮。全區各族革命人民精神煥發，鬥志昂揚，用旺盛的革命精神、衝天的革命幹勁，革命和生產的捷報頻傳，到處呈現出一片欣欣向榮的新氣象。總之，我們自治區形勢空前大好。這是毛主席思想的偉大勝利；是毛主席革命路線的偉大勝利；是人民解放軍三支兩軍工作的偉大勝利；是全區各族革命人民高舉毛澤東思想偉大紅旗，緊跟毛主席的偉大戰略部署，狠抓根本，狠抓階級鬥爭和路線鬥爭的戰鬥結果。

　　同志們：華建的無產階級革命派經過近三年的無產階級文化大革命的鍛鍊，在暴風驟雨中成長壯大，已經成為全區階級鬥爭、生產鬥爭的一支勁旅。始終站在鬥爭最前線，對全區的無產階級文化大革命做出了巨大的貢獻。我們回顧在無產階級文化大革命運動中，你們和呼市地區的無產階級革命派團結在一起，向資產階級反動路線猛衝猛殺，勝利地保衛了毛主席的革命路線。在「二月逆流」中，頂黑風，戰惡狼，堅持戰鬥在最前線，取得了反復辟的徹底勝利。你們遵照毛主席的偉大教導，緊跟毛主席的偉大戰略部署，最早實現了革命大聯合和革命的「三結合」，在毛主席認真搞好鬥、批、改的偉大號召下，你們團結全公司革命群眾，投入了鬥、批、改的熱火朝天的鬥爭中，並積累了一套好的經驗。毛主席發出了「工人階級必須領導一切」這個二十世紀六十年代的偉大的創舉號召以後，你們派出了大批優秀的工人，進駐了許多「老大難」的單位，從此登上了上層建築鬥、批、改的政治舞臺，並且已經取得了顯著的成績。

　　現在華建出現了一片欣欣向榮的新氣象，革命和生產正出現大躍進的局面。所有這一切都是毛主席思想、毛主席的革命路線的偉大勝利。也是你們應用戰鬥的豐碩成果。當然按照毛主席一系列最新指示來衡量，還是有差距的。特別是當你們取得成績的時候，應該特別注意發現工作中存在的缺點和所發生的問題，應該自覺地及時地克服它、解決它，遵照毛主席的指示，認真總結經驗。我們希望華建的全體革命職工要繼續鼓足幹勁，力爭上游，戒驕戒躁奮勇前進。在奪取無產階級文化大革命全面勝利的鬥爭中，做出更大的貢獻。

　　同志們，我們要發展我們自治區的大好形勢，使運動更加健康地發展，以便奪取更大的勝利。當前的運動應該特別注意這樣幾個問題：

　　第一個問題：源於清理階級隊伍和深挖內人黨的問題。自從黨的十二中全會以來，我們自治區清理階級隊伍的鬥爭取得了偉大的勝利。特別是從組織上基本上摧垮了反革命組織內人黨。清除了我們祖國北部邊疆最大的隱患。現在正在開展大批判，從政治上把它批倒批臭。但是在搞的過程中，要注意縮小打擊面，擴大教育面，集中力量打擊一小撮極反動的首要分子和骨幹分子。我們總的要求：

　　第一、狠抓政策落實。政策和策略是黨的生命。毛主席的各項無產階級

政策是毛主席無產階級革命路線的具體體現。執行不執行毛主席的無產階級政策，是對毛主席的態度問題，是對毛主席忠不忠的問題，只有提到這樣的高度來認識，才能保證毛主席的無產階級各項政策的執行和落實。各部門應當狠抓宣傳政策、貫徹、落實政策，要把政策落實當作一項中的政治任務，並且要採取有力的措施，使之深入人心，家喻戶曉，人人皆知。要達到這個要求，首先要解決領導思想問題，那種不敢講政策，怕講政策就戴右傾帽子。把講政策與深挖敵人對立起來的思想是錯誤的。另一方面，要表揚忠實執行毛主席的各項無產階級政策的好的個人和單位，要樹立牢固地執行政策的觀念。

第二、不執行政策就沒有終點。政策是向階級敵人進攻的銳利武器。執行政策的立足點，是團結自己，分化瓦解敵人，狠狠地打擊一小撮最反動的階級敵人。要進攻，就要有重點，沒有重點，就不能打擊最反動的敵人。當前在挖內人黨中，一是要注意突出重點，集中力量打擊最反動的首要分子和骨幹分子。凡是工人、貧下中農、貧下中牧、青年學生、農牧民的隊幹部、農牧區的隊幹部、幹部和職工的家屬參加了內人黨，要向革命群眾講清楚，他們是受了騙，他們受了蒙蔽，只要交代清楚，劃清界限、斷絕關係，一律解放他們，並且不予追究。經過甄別，確實搞錯了的一律要給予平反。今後在工人、貧下中農、貧下中牧、青年學生中不再搞挖內人黨的活動，不再進行登記。在一般的黨徒中，過去表現好的，特別是在文化大革命中表現好的，應盡快解放出來，分配給他們一般的工作，在工作中考驗他們。有的只參與了一些反動的活動，但是罪惡不大，只要他們從組織上劃清界限，斷絕了聯繫，悔過自新，也可以解放。這樣才能真正重點地打擊首要和骨幹分子。而在骨幹分子當中，主要是狠狠打擊極少數的最反動的分子，這些反動分子，過去反黨反社會主義反毛主席思想的分子、民族分裂分子、裡通外國的分子、蒙修蘇修特務、還有現行反革命活動的分子。在內人黨徒中，雖係一般黨徒，但是還有其他嚴重反革命行為的應當按其罪惡的大小分別論處。如係反黨反社會主義反毛主席思想的分子、民族分裂主義分子、裡通外國的分子、蒙修蘇修特務，應列為重點打擊對象。要繼續深入地開展革命大批判，把烏蘭夫及其內人黨的首要和骨幹分子的罪惡揭深，把它批透、批臭。

第三、嚴禁逼、供、信，要文鬥，不要武鬥。逼出來的東西肯定是不可靠

的。迷信武鬥是對無產階級政策的嚴重破壞，實際上是不執行。實際上是不相信毛澤東思想戰爭一切敵人的表現。自治區革命委員會遵照毛主席的教導，雖然三令五申，不准武鬥，不准逼、供、信，但是現在，在某些單位、在某些地區仍然有武鬥和逼、供、信的現象。各級和各單位的領導必須注意狠抓好、壞典型。對執行政策不好的單位要採取堅決的措施，進行糾正。對少數嚴重破壞政策的人要給予紀律處分。打死人的要嚴肅追究和處理。革命群眾由於缺乏經驗搞些武鬥，經過教育改了就好了。不予追究。對於敵人趁機破壞，攪混水，陷害好人進行階級報復應予堅決地打擊。並且對他們要實行無產階級專政。同時，要提高階級警惕，防止階級敵人趁著我們進行進一步落實黨的政策這個機會進行翻案，把矛頭指向革命群眾，動搖和顛覆革命委員會。

第四、不准隨意關、押、隔離、停職。凡是未經上級正式批准的一律無效。今後，除現行反革命分子，極危險分子，現行特務分子、反革命集團的首要分子以外，能不關的就不關，必須關押的要經過上級批准。如叛徒、歷史反革命，一般的這是屬歷史上的問題，這個可以不關押，由群眾監督，令其交待問題。凡是屬人民內部矛盾問題，已經關起來的一律要放，一律要放出來。屬敵我矛盾，而沒有定案的要抓緊落實定案。外調的人員要適當地控制。現在北京外調人員有兩萬人，已經嚴重影響到中央各機關正常工作的進行。屬人民內部矛盾的可以不外調的就不要再進行外調。

第五、經過近三年的無產階級文化大革命，廣大革命群眾煥發出來的那種革命精神和創造性，必須充分地估計。新的東西層出不窮，要十分重視進行研究和總結。因此，各級領導要親自到鬥爭複雜、矛盾尖銳、問題較多的單位和地方去蹲點。進行調查研究。解剖麻雀，總結經驗，推動全盤的工作，發現問題準時解決。因此，各單位都要對貫徹執行政策的情況進行一次大檢查、大總結，以便更好地把毛主席的無產階級各項政策落實，更有利地打擊敵人。

第二個問題：關於解放幹部的問題。

幹部，凡是應當解放的，就是屬人民內部矛盾的，應該很快地解放他們。要向工人宣傳隊和革命群眾講清楚，我們應當堅決執行毛主席、黨中央、中央文革關於解放幹部的政策，不要怕解放錯了。要解放思想，領導要做出解放幹部的計劃。要開展革命大批判，批判幹部是為了解放幹部。解放幹部問題，中

央抓得很緊，我們一定要貫徹落實。幹部解放以後，還要參加「三結合」的鬥私批修學習班，並且要調一批造反派頭頭作為幹部幫助他們，在對待幹部問題上，也可以定成人民內部矛盾，也可以定成敵我矛盾，這樣的盡可能定成人民內部矛盾。有些推一推就推成敵我矛盾，有的拉一拉就拉到人民內部矛盾來的，儘量地把他們拉過來。這樣就實現了毛主席縮小打擊面，擴大教育面的這個方針。

第三個問題：關於狠抓革命猛促生產的問題。

經過近三年的史無前例的無產階級文化大革命，廣大革命群眾政治覺悟空前提高，精神面貌煥然一新。巨大的精神力量變成了巨大的物質力量，革命的幹勁衝天。目前全區已經出現了空前未有的生產大好形勢，工業生產要超額完成任務。我們提議華建今年能不能比去年加一翻。煤炭生產、交通運輸、國防工業生產和財貿工作也要超額完成任務。要強調提高質量，要創造出新的產品。加強研究工作，掀起技術革命的群眾運動，大力推廣二冶的先進經驗。要逐步改變我們自治區經濟落後的這個情況。積極抓好農牧業生產、春耕、春播、接羔保畜的工作，立即掀起農牧業生產的新高潮，奪取今年農業牧業生產的大豐收。爭取在短期內解決東糧西調的問題。我們要以優異的成績向黨的「九大」獻禮，向毛主席獻忠心，迎接偉大的中華人民共和國建國二十周年大慶。

第四個問題：關於認真總結經驗的問題。

毛主席教導我們說：「要認真總結經驗。」「到一個單位去瞭解情況，要瞭解運動的全過程，開始怎樣，後來怎樣，群眾是怎麼搞的，領導是怎麼搞的，發生過一些什麼矛盾和鬥爭，這些矛盾後來發生了什麼變化，人們的認識有什麼發展，從中找出規律性的東西。」我們要堅決執行毛主席的這一偉大的指示，各級領導要抓緊這一項嚴重的政治任務。旗縣以上的革命委員會主要領導同志，都要深入工廠、農村、牧區、學校、商店等基層單位，總結出過硬的兩個到三個活的典型經驗，上報毛主席。並指導本地區的、本單位的全面工作，這是一項嚴重的政治任務，必須抓緊、抓狠、抓出產品來。這個問題，中央反覆強調，自治區革命委員會也多次做了具體佈置。但是，在多數革命委員會中還沒有足夠地重視它，抓得不緊，抓得不狠，沒有抓出產品來，這是一個

很大的缺點，應當堅決地克服它。認真地貫徹毛主席「要認真總結經驗」的指示，為了貫徹毛主席的這一偉大的指示，自治區革命委員會即將發出關於認真總結經驗的決定，我在這裡就不再多具體講了。

　　同志們，林副主席指示我們：「毛澤東思想是全黨、全軍和全國一切工作的指導方針。」我們一定要把活學活用毛澤東思想的群眾運動提高到一個新的階段，學出新水平，用出新水平，用毛澤東思想支配我們的每一根神經，統帥我們的一切行動。因此，希望你們這一次學代會，要根據毛主席最近關於「要認真總結經驗」的最新指示，認真總結你們的經驗，用實際行動迎接黨的「九大」勝利召開。我們要提高警惕，隨時準備粉碎打擊膽敢來犯的蘇修社會帝國主義。我們遵照毛主席的領導，敵人來多少，我們就消滅多少，敵人從哪裡來，我們就把他消滅在那裡。

　　同志們！讓我們高舉毛澤東思想偉大紅旗，緊跟毛主席的偉大戰略部署，在以毛主席為首、林副主席為副的無產階級司令部的英明指導下，緊密地團結起來奮勇前進。

　　（口號省略）

　　　　　　　　　　　　　　　　　（根據錄音整理，未經本人審閱）

　　　　　　建工部八局──公司革命委員會第二屆學代會祕書組
　　　　　　　　　　　　　　　　　一九六九年三月十八日

28.內蒙古自治區革命委員會對當前運動中幾個問題的通知（1969.03）

內蒙革發〔69〕75號

在黨的八屆十二中全會精神的鼓舞下，特別是深入貫徹偉大領袖毛主席在黨的八屆十二中全會上的極為重要的指示、林副主席的重要講話以來，我區革命形勢一片大好，出現了大躍進的局面，在革命和生產方面都取得了一個又一個的偉大勝利。為了發展大好形勢，現對當前運動中應注意的幾個問題通知如下：

一、關於清理階級隊伍和挖「內人黨」問題。黨的八屆十二中全會以來，我區清理階級隊伍工作成績巨大，特別是從組織上基本上摧垮了反革命組織「內人黨」，消除了祖國北部邊疆的一大隱患，現在應當在政治上把「內人黨」搞臭。在搞的過程中，要注意縮小打擊面，擴大教育面，要集中力量打擊一小撮極反動的首要分子和骨幹分子。

1、「政策和策略是黨的生命」。毛主席的各項無產階級政策，是毛主席無產階級革命路線的具體體現，執行不執行無產階級政策，是對毛主席的態度問題，是對毛主席忠不忠的問題，只有使廣大革命群眾把執行政策提高到這樣高度來認識，才能保證各項政策的落實。各級領導要狠抓政策的宣傳教育，狠抓政策的貫徹落實，要把內蒙古自治區革命委員會關於清理階級隊伍中所規定的各項具體政策堅決落到實處，要採取有力措施，使之家喻戶曉，深入人心。落實政策的關鍵問題，是首先解決各級領導的思想問題，要批判那種不講政策，或怕戴右傾帽子不敢講政策，或把講政策與挖敵人隊裡起來的錯誤觀點，要表揚執行政策好的單位和個人，樹立堅決執行政策的觀念。

2、落實無產階級的政策，就必須狠抓重點，沒有重點，就沒有政策。無產階級的政策是向敵人進攻的有力武器，講政策的立足點是要團結廣大群眾。分化瓦解敵人，向一小撮階級敵人發動更猛烈的進攻。進攻就要有重點，沒有重點就不能摧垮敵人。當前，在挖「內人黨」中，一定要突出重點，集中力量

打擊首要分子和主要骨幹分子，爭取脅從分子，挽救失足分子。凡是工人、貧下中農、貧下中牧、青年學生中參加「內人黨」的，要向他們講清楚，他們是受蒙蔽的，只要劃清界限，斷絕關係，一律解放，不予追究，經甄別搞錯了的，要平反，今後，在工人、貧下中農、貧下中牧、青年學生中，不再搞挖「內人黨」活動，不再進行登記追查。一般「內人黨」徒中，過去表現好的，特別是在文化大革命中表現好的，應當解放出來，分配一般工作，在工作中考驗他們；有的雖參與了少量的反革命活動，但罪惡不大的，只要他們從組織上劃清界限，斷絕關係，悔過自新，也可以解放。

重點要打擊首要分子和骨幹分子，裡通外國分子，蘇蒙特務和有現行活動的反革命分子等，有的雖係一般黨徒，但有其他嚴重的反革命活動者，應按其罪惡大小，分別論處。要繼續狠抓深入地開展革命大批判，把烏蘭夫及「內人黨」首要分子的罪惡徹底揭露出來，要從政治上把他們批倒批臭。

3、「嚴禁逼、供、信」，「要文鬥不要武鬥」。逼出來的東西肯定不可靠，迷信武鬥，是對無產階級政策的嚴重破壞，實質上也是不相信毛澤東思想能戰勝一切敵人的表現。目前，武鬥和逼供信的現象，在某些單位並沒有完全停止，各級領導必須注意狠抓好壞典型，對執行政策不好的單位，一定要採取堅決措施進行糾正；對少數嚴重破壞政策的，要給予紀律處分，對打死人者，要嚴肅追究，對缺乏經驗，搞了一些武鬥和逼供信者，經過教育改了就行了。對階級敵人乘機破壞，攪混水，進行階級報復、誣陷好人者，要堅決打擊，實行專政。一定要提高警惕，防止階級敵人把矛頭指向革命群眾，打擊積極分子，動搖和顛覆革命委員會。

4、目前關押的人比較多，有些也沒有履行批准手續，為了有效的控制關人現象，今後除了現行反革命分子、極危險分子、現行特務、反革命集團案件的首要分子等以外。能不關的一律不關。叛徒、歷史反革命是歷史問題，可以不關，讓群眾監督就行了。凡屬人民內部矛盾已經關了的，一律要放。屬敵我矛盾沒有定案的，要抓緊落實定案。外調人員要適當控制，凡屬人民內部矛盾可以不外調的，就不要再去外調。

5、「運動在發展中，又有新的東西在前頭，新的東西是層出不窮的。研究這個運動的全面及其發展，使我們要時刻注意的大課題。」各級領導要親自

到鬥爭複雜、矛盾尖銳、問題較多的地方和單位，搞調查研究，發現和解決問題，總結經驗，推動全盤。各單位都要對貫徹執行政策的情況，進行一次大檢查、大總結，以促進政策的更好落實。並要在三月底以前，將情況報自治區革命委員會。

　　二、關於解放幹部問題。解放幹部問題中央抓得很緊，我們一定要很好落實。凡屬人民內部矛盾應該解放的，要很快解放。在這個問題上要做好廣大革命群眾的思想工作，說明不要怕放錯了而不敢解放，要不折不扣地貫徹執行毛主席、黨中央、中央文革關於解放幹部的政策。各級領導都要做出解放幹部的規劃，並抓緊落實。解放幹部要和大批判結合起來，要認識到對犯有錯誤的幹部進行批判，正是為了幫助和解放他們。幹部解放後，還要參加「三結合」的「鬥私批修」學習班，要調一些解放軍和造反派的頭頭作為骨幹幫助他們。

　　三、經過兩年多的無產階級文化大革命，廣大革命群眾的政治覺悟空前提高，巨大的精神力量必然會變成巨大的物質力量，這已被全區大好的生產形勢所證明。各級領導必須進一步抓緊，繼續發展這個大好形勢。工業生產要力爭超額完成生產計劃，煤炭、交通運輸和國防工業、財貿工作，要大力抓好，要改變某些地方的落後狀態。要積極做好農牧業生產、春耕、接羔保畜工作，立即掀起生產高潮，以優異生產成績，迎接即將召開的黨的第九大代表大會和建國二十周年。

　　四、要堅決執行毛主席關於「要認真總結經驗」的最新指示，各級領導都要狠抓這項工作。旗縣以上革委會的主要領導同志，都要深入農村、工廠、學校等基層單位，總結出一至三個典型經驗，指導全盤。這是一項極其重要的政治任務，中央多次強調，自治區革委會多次佈置，但各級革委會中大多數重視不夠，抓的不緊，群眾創造的一些好的經驗，沒有及時總結起來。各級革委會要認真學習毛主席關於總結經驗的最新指示和《紅旗》雜誌重要社論，提高認識，克服缺點，堅決遵照偉大領袖毛主席的指導，深入基層認真總結經驗，以加速鬥、批、改的進程，奪取無產階級文化大革命全面勝利。

29.內蒙古自治區革命委員會關於進一步認真學習《堅決貫徹執行對知識分子「再教育」「給出路」的政策》的通知（1969.03.26）

內蒙革發〔69〕78號

各盟市旗縣革命委員會：

毛主席親自批發的駐清華大學工人、解放軍毛澤東思想宣傳隊關於《堅決貫徹執行對知識分子「再教育」「給出路」的政策》的報告十分重要，這是落實毛主席無產階級政策的一篇好文章，對知道我們當前運動的發展作用極大。文件中，關於如何看待知識分子，如何對待可以教育好的子女，如何對待犯了走資派錯誤的人，如何對待資產階級學術權威，對反革命分子如何區別對待等方面的經驗，都給我們樹立了活的樣板，對我們完全適用。一月份文件來後，自治區革委會已發出通知，要認真學習貫徹，為了確實貫徹執行文件精神，特再作如下通知：

一、盟市旗縣各級革命委員會、工人、解放軍毛澤東思想宣傳隊，要迅速認真地採取辦學習班等方式，組織學習毛主席有關政策方面的一系列最新指示和毛主席親自批發的駐清華大學工人、解放軍毛澤東思想宣傳隊關於《堅決貫徹執行對知識分子「再教育」「給出路」的政策》的報告，進一步提高落實政策的自覺性，要以毛主席的重要指示和「報告」為鏡子，對照檢查我們的執行情況，訂出落實無產階級政策的具體方案，並切實貫徹執行，以便團結一切可以團結的人，集中力量穩、準、狠地打擊一小撮階級敵人。

二、要認真做好解放幹部的工作。各級對幹部都要排一排隊，狠抓一下解放幹部問題，要嚴格區分兩類不同性質的矛盾，充分調動一切積極因素，化消極因素為積極因素。在這個問題上，領導要解放思想，必要時出來說話。解放幹部這項工作，要在「五一」前做出顯著成績。

三、要深入調查研究，認真總結經驗，特別是要總結落實政策的經驗，要抓出自己落實政策的好典型，及時推廣落實政策的好經驗。

　　四、要做好深入細緻的政治思想工作。告訴無產階級革命派，在落實無產階級政策問題上，相信他們是最積極的，任何資產階級小資產階級的派性和山頭主義、宗派主義的觀點，都是不符合毛澤東思想的，必須克服。誰在落實毛主席無產階級政策問題上搖擺、消極，都是對毛主席的不忠，對毛主席革命路線的不忠。

　　目前，我區在落實毛主席各項無產階級政策方面，已有進展，不少單位做出了成績，但差距很大，我們要切實努力，迎頭趕上，要保護和調動廣大革命群眾的革命積極性。要警惕階級敵人乘機反撲和破壞黨的政策和陰謀。進一步發展大好形勢，加速鬥、批、改的進程，為奪取無產階級文化大革命的全面勝利而奮鬥。

內蒙古自治區革命委員會

一九六九年三月二十六日

30.單大江同志在呼盟四月十四日晚 電話會議上的講話（1969.04.14）

　　同志們！滕海清、吳濤同志到北京以後，我們已經幾次印發並傳達了滕、吳二位領導同志的來信，他們每次來信的精神，都是針對內蒙的實際情況，要求各級領導解放思想，認真落實毛主席提出各項無產階級政策，大家知道，滕、吳等領導同志是在北京參加黨的第九次全國代表大會過程中寫來的信，毫無疑問，每次的來信都是傳達了毛主席的聲音，是以毛主席為首，林副主席為副的無產階級司令部的指示。盟革委會在家的同志今天上午開會學習了滕、吳首長四月十二日的來信，分析研究了我盟落實政策的情況，滕、吳首長的這封信和以前的幾次來信都是對我們及時的重要的指示，必須認真學習，領會精神，堅決照辦。滕、吳首長在北京開會那麼忙，還左一次右一次的來信指示我們狠抓落實政策，這就告訴我們無產階級文化大革命的每一個階段應該幹什麼，這是毛主席的偉大戰略部署，現在無產階級文化大革命已經進入了爭取更大勝利，奪取全面勝利的偉大的新階段，這個階段的根本任務和鬥爭的大方向，就是要認真總結經驗，狠抓落實政策。各級領導同志，和廣大的無產階級革命派要緊跟毛主席的偉大戰略部署，繼續前進，就應該無理由的成為落實毛主席各項無產階級政策的積極分子。全面落實毛主席的無產階級政策，就是無產階級文化大革命的全面勝利。今天，我們狠抓落實政策，這是無產階級文化大革命全面勝利的需要，是對毛主席忠不忠的大問題。我們的同志務必要明確運動發展到這個階段應該幹什麼？否則，我們就會背離毛主席偉大戰略部署，就要犯錯誤。

　　同志們！我們盟落實毛主席無產階級政策，總的來說還是好的，特別是盟裡三月下旬開過各旗縣革委會主任彙報會議以後，一些領導同志回去都按照滕、吳首長的指示，各自治區革委會75號文件，深入基層，宣講政策，各地舉辦了落實政策的學習班。像布旗、內蒙林管局、喜桂圖鎮等地對落實毛主席的政策都抓的很好、很緊，革委會的負責同志深入基層抓了典。總的說來，現在大多數地方和單位，已經把政策交給了群眾，違反政策的地方基本上制止了，

調查研究比過去加強了，對烏蘭夫反黨叛國最大的反革命集團「內人黨」抓首要，抓骨幹比過去突出了，各地都按照毛主席：「利用矛盾，爭取多數，反對少數，各個擊破」的政策原則，開始同意了打擊首要，爭取一般，挽救失足（挽救失足就是腳的意思），都是落實政策就是當前鬥爭的大方向，這一點，正為越來越多的人所瞭解，我們團結的人越來越多，正在化消極因素為積極因素，各地為落實毛主席的無產階級政策做了大量工作，取得了一定成績。但是，我們也要看到，在落實政策方面我們的工作還有差距，落實政策是一場尖銳的兩條路線的鬥爭，必然會遇到「左」的或右的干擾。對這一點，我們理解的還不深。因此，有的地方和單位抓得還不夠得力，還有的地方和單位，怕否定大方向，怕否定成績，怕放跑了敵人，怕翻案。怕這怕那的「怕」字還存在，有些領導同志和骨幹的思想還沒有解放。因此，有的單位對挖「內人黨」把問題弄清楚為藉口，還在那繼續往上面搞，而不是集中力量抓首要分子和骨幹分子，現在有的地方對什麼是首要分子和骨幹分子還弄不清楚。內蒙革委會對當前運動中幾個問題的通知，通知裡講得很清楚；重點要打擊首要分子和骨幹分子中的極少數反動分子，這些反黨反社會主義反毛主席思想的分子，民族分裂分子，裡通外國分子，蘇蒙特務，和有現行活動的反革命分子等。這些人就是我們要打擊的對象。希望同志們要特別注意。我們還發現有的人過去被群眾認為是「內人黨徒」進行了揪鬥，甚至搞了武鬥和逼供信。這些人現在要求甄別，要求澄清問題。有的人就說他是翻案，但這些同志就不看看他是否確有證據，只要說個不字，就是翻案，這事不對的。滕、吳首長指示：要允許申辯，允許推翻，允許補充交待。真的假不了，假的真不了。關鍵看我們是否掌握了可靠地證據，單憑口供不行，信口供不能定案，有的單位把原來關著的人，放出來，還給他規定了幾條，說什麼：不許你翻案，不許你們說我們搞了武鬥和逼、供、信，如果不然，我們還要把你揪回來批鬥。

另一個問題是，現在落實政策有的人思想不同，在那搞兩面派至今還把一般「內人黨」徒放在那裡隔離反省，閉門思過，美其名曰：沒有弄清問題不能放。也有的單位雖然把人放啦，沒有做政治思想工作，沒有化消極因素為積極因素。也有少數單位至今還沒有把內蒙的通知滕、吳首長的幾次來信原原本本的傳達給群眾。各旗縣市的領導要深入下去，檢查一下，要抓落實政策的好壞

典型。（這個問題各個單位要特別注意，據瞭解還有的單位還沒落實下去，好好查一下）下一步怎麼辦？提幾點看法：

第一、滕、吳首長的來信，傳達了以毛主席為首的無產階級司令部的聲音，我們必須原原本本的迅速向群眾傳達。必須用最快的速度做到家喻戶曉，決不准扣壓，決不准加以推遲。盟革委會今天上午已經向全體工作人員盟直（屬）各單位負責人駐盟市單位工宣隊，軍宣隊負責人，原原本本的做了傳達，我們希望各地，也要立即傳達到群眾中去，對滕、吳首長四月十二日來信傳達的怎樣，而有多大，各地負責同志十七日以前要向盟革委會核心小組做一次彙報。

第二、落實政策的關鍵，在於領導，在於各級領導同志解放思想，丟掉怕字，換上敢字，各地的同志們聽了傳達後要立即開革委會進行研究，分析一下當地落實毛主席無產階級政策的情況，旗一級的領導，首先要領會滕、吳首長的精神，解放思想，相信群眾，丟掉怕字，要找出落實政策的差距，根據滕、吳首長幾次來信的基本精神，提出落實毛主席無產階級的有力措施。

第三、毛主席教導我們：「掌握思想教育，是團結全黨進行偉大政治鬥爭的中心環節。」落實政策是非常嚴肅的政治任務，必須認真做好政治思想工作，落實政策靠骨幹靠積極分子。首先一定要做好骨幹和積極分子的工作，他們在過去的鬥爭中積極，有很大的功勞，在幾根毛主席偉大戰略部署，落實政策的鬥爭中也一定要使他們繼續發揮骨幹作用，成為積極分子，這還不夠，還有做好廣大群眾或那些原來被關，現在準備放出來的人的思想工作，讓他們正確的對待群眾運動，正確的對待自己和廣大群眾團結一起，共同對敵。注意做好被批判錯了的好人的思想工作，要認真落實政策，化消極因素為積極因素，對原來隔離反省的多數是「內人黨」一般黨徒的人，在放的時候，也要做好政治思想工作。對指示懷疑，沒有確鑿證據的人，要求澄清問題的，要允許申辯，不要一說話就說是翻案，大量的政治思想工作怎麼做，毛主席指出：「辦學習班是個好辦法」，我們要層層舉辦各種不同類型的學習班，專門學習研究，討論落實毛主席的無產階級政策。

第四、旗縣市革委會的領導同志，盟革委會下去的調查組，都要深入到落實政策好的先進單位和問題多政策落實不下去的「老大難」單位去，解剖麻

雀，認真抓好典型，總結經驗。各旗縣各單位都要有自己落實毛主席無產階級政策的先進樣板，及時推廣他們發動群眾落實政策的經驗，推動全盟，推動全盤。四月們內每個旗縣都要向盟報一份落實政策的先進經驗。

第五、各地都要集中一段時間，狠抓一下對「內人黨」的反動本質的群眾性的大揭露，大批判。應當親上戰場，廣大群眾個個出證，也要發動那些失足參加了「內人黨」的一般黨徒，積極投入對「內人黨」的控訴、揭發，和對其首要分子和骨幹分子的大批判，一定要打一場徹底批判「內人黨」的人民戰爭，把「內人黨」從政治上徹底批倒批臭，通過大批判，提高廣大群眾的覺悟，進一步分化瓦解敵人，促進運動大踏步的向前發展。

請各地抓緊討論，你們貫徹落實政策有什麼打算，有什麼好措施，好經驗，請及時告訴我們，以便在全盟推廣。就講這麼一些。

據呼盟四月十四日晚電話會議錄音整理

科右前旗革命委員會

一九六九年四月十四日

31.康生同志在「九大」內蒙小組會上的講話（1969.04.07）

《鄂爾多斯戰報》（一九六九年四月七日）

開會喊口號，你們那裡不知有這個習慣沒有，朝氣蓬勃不在這裡，是看思想生活活潑不活潑，內容活潑不活潑。要敢說敢提，敢於辯解，敢提意見。不在於形式。敢提意見，提錯了也不要緊。

吳濤：同志們對第四部分意見不多。

第四部分意見不多？恐怕修改最多的是第四部分。第四部分要加上外交政策。一個黨的代表大會，不講我們黨的外交政策是不行的。第四部分回答一個邊界問題，我們大會對邊界問題要回答。還要加上反對大國沙文主義，你們那個地方邊境「前線」，要結合你們那裡的實際情況，實際鬥爭，看一看蘇修是不是紙老虎，蒙修是不是紙老虎，而是紙小狗（康老笑了，大家也笑了）。

我去東北組，聽一個朝鮮同志講得很好，他住在張鼓峰，這是在圖門江那兒一個小島，三面有兩面對著蘇修，一面是朝鮮，共二十八戶人家。蘇修對這二十八戶人家可怕得不得了，修二十四個碉堡對付著二十八戶人家。他們挖了一個排水溝，蘇修也怕得不得了，以為是挖戰壕（吳濤：對他們實行針鋒相對，寸土必爭）對他們恐怕不能實行「五不」政策吧！

在廉美仁發言時，康老講：特別是年輕人，少開口，動用腦子（當廉美仁說到世界革命時）你這真說得很好。我們黨從來是這樣一條政策。不管是大國、小國、大黨、小黨，就看他是不是馬列主義，是真馬列主義，假馬列主義。真馬列主義的都是平等的，我們反對大國沙文主義，這是毛主席的一貫思想。

當額爾敦朝克吐講到鬥牧主，劃階級時，康老問：「三不兩利」是什麼意思？滕海清和吳濤同志作了回答，康老說，這完全是劉少奇的剝削有功論嘛！

下面康老講了一段話：

內蒙劃階級、清理階級隊伍，作出很大成績，這是主要的，是好的。但要

注意到，毛主席教導我們，要念念不忘階級鬥爭。要搞好階級鬥爭，就要注意政策，政策是黨的生命。政策掌握不好，就會不是搞不徹底，就是搞亂了套。內蒙的蒙族人民絕大多數是好的，特務、蒙奸、地、富、反、壞事極少數。對這一條要堅信不疑。你們要有這個信心，絕大部分的蒙族幹部是好的或是比較好的，像暴彥巴圖那樣的人是個別的，走資派是一小撮。這一條也要有信心。不要看到有蒙族幹部犯錯誤，就認為是「內人黨」是烏蘭夫死黨。不會的，不會的。烏蘭夫是搞了反革命的一套，但是毛主席的威望，在內蒙人民中、幹部中是絕對的。對這一條要有信心，一定要掌握政策不要敵我矛盾和人民內部矛盾混在一起，要分清性質，分情況，幹部犯錯誤，要看是什麼情況。烏蘭夫搞了二十年，他又是司令，又是主席，又是書記，又是中央委員。過去沒有文化大革命，誰敢反他，反他不成了反黨分子了嗎？有人受他蒙蔽，就犯了錯誤，有人幫他做了壞事，除了個別的是他的反革命死黨以外，都不是死黨。比如中央組織部，頭頭是安子文，安子文是個叛徒，他統治中央組織都二十一年，他又是部長，又是中央委員，你能不聽他的？他下命令，叫你做事，你不做不成了壞分子了嗎？有些做了壞事，是受了蒙蔽的。不能把組織部的幹部都看成是安子文的人。他們受蒙蔽，受欺騙，在他底下二十多年，能不和他沒有關係。

又如中央黨校的楊獻珍，也搞了二十年，他還是個叛徒，那些幹部許多是他的學生，可是，他又是校長，又是中央委員，又是黨委書記，過去幹部是受他的教育，思想上受他的影響，幹壞事，這完全可以理解的。不能說黨校的幹部看成是小楊獻珍嘛！

你們也不要把蒙族的幹部都看成是小烏蘭夫嘛！

還有個地方，中央聯絡部，是王稼祥、劉寧一在那裡，他們兩個有的是叛徒，有的是所謂二十八個裡頭的「三和一少」、「三降一滅」，是他們和劉、鄧一起搞的。他們在聯絡部也搞了十幾年了，當然下面和他們很密切了。但不能把他們看成是王稼祥的死黨，不能，不能。你們一定要分清哪個是真正的烏蘭夫死黨，是死心塌地地跟烏蘭夫幹壞事的，哪個是好人做了壞事的，哪些是受了蒙蔽的，是屬不覺悟，說了烏蘭夫的好話。

那時是擁護烏蘭夫的嘛，如果不擁護烏蘭夫，怎麼能選他作中央委員、作副總理？既然如此，幹部就可以說：你可以叫他中央委員、當副總理，我

說了幾句好話就不行了嗎？你們要幫助那些犯錯的幹部都覺悟，幫助他們改正錯誤。這樣才能把階級陣線劃清楚。不然階級敵人就會出來，把階級陣線攪亂了。我們就上了敵人的當。

林副主席報告的第二部分就講了政策嘛，政策很重要。

內蒙劃階級、清理階級隊伍，反對烏蘭夫有成績，但不要被成績掩蓋了別的問題，我似乎有個感覺，你們那裡政策掌握的不穩，有擴大化。

要堅決執行階級路線，又要時刻教育幹部，時刻注意政策。這一點在內蒙要很好的教育。光給領導講不行，要教育廣大幹部都知道。要認真地分析研究。我長期有個感覺，我似乎感到內蒙區的成績中間有擴大化的現象。當然，我看的對不對呢，我有快兩年沒有接觸你們了。只和滕海清同志、吳濤同志有接觸，談過幾次，這兩年的情況不太清楚。

毛主席講要善於總結經驗，要研究問題的全過程，解剖麻雀。我是和同志們交換一下意見。提這麼一個意見，結合你們的實際工作，不要把這些登到簡報上去了。

古時候中國有句話：「旁觀者清」。你們搞得熱火朝天，腦子熱著不清楚。要相信蒙族人民和幹部，烏蘭夫是反革命，但說他那麼厲害，不見得吧！

孫淑琴你是個農民嗎？你和毛主席握了手，不要翹尾巴。外國人說看了電視，一個漂亮姑娘和毛主席握了手，你自己要謙虛，要謹慎。和毛主席握了手，手是做工作的。感動了。有時感動地落幾點淚，可以理解。但還要提，像我這樣受壓迫的成千上萬，全世界有那麼多像我一樣受壓迫。就把這種感情化為力量。

《鄂爾多斯戰報》，第十七期
東勝地區工代會
鄂爾多斯紅代會
一九六九年七月十七日〔星期四〕

32.關於認真傳達貫徹「九大」精神、堅決落實 毛主席各項無產階級政策的幾個問題的通知 （1969.05.14）

內蒙革發〔69〕141號

各級革命委員會，工人、解放軍毛澤東思想宣傳隊，各革命群眾組織：

在毛主席無產階級革命路線的指引下，我區同全國各地一樣，形勢大好。為了廣泛宣傳、深入學習、認真貫徹黨的第九次全國代表大會精神，堅決落實毛主席的各項無產階級政策，奪取社會主義事業的更大勝利，特作如下通知：

一、我們當前的中心任務，就是要認真傳達、學習、宣傳、貫徹、落實黨的第九次全國代表大會精神。我區出席「九大」的代表，要在革委會的統一組織下，迅速把偉大領袖毛主席的聲音和「九大」精神迅速傳達到廣大黨員、幹部和各族人民群眾中去（我區「九大」代表分九個組正向各盟市進行傳達）。

貫徹「九大」精神，要強調進一步開展活學活用毛澤東思想的群眾運動，認真學習毛主席在大會期間所作的多次極其重要的講話，認真學習林副主席的政治報告，認真學習中國共產黨黨章，學習四十八年來特別是進入社會主義革命時期以來黨內兩條路線鬥爭的歷史經驗，進一步批判劉少奇、烏蘭夫反革命修正主義路線，肅清其餘毒，使全區各族人民在毛澤東思想的偉大紅旗下「統一認識，統一政策，統一計劃，統一指揮，統一行動」，反對資產階級的「多中心即無中心論」。這是實現「九大」提出的各項戰鬥任務、奪取更大勝利的根本保證。

各地都要認真辦好以學習「九大」精神為中心內容的毛澤東思想學習班，通過學習，進一步明確形勢、任務和政策，深刻領會並堅決貫徹執行「九大」提出的各項戰鬥任務，迅速掀起鬥、批、改群眾運動的新高潮。

各地都要用革命統帥生產，促進生產，帶動生產，充分發揮各族人民群眾的積極性和創造性，完成和超額完成發展國民經濟的計劃，在「九大」精神的鼓舞下，迅速掀起「抓革命，促生產」的新高潮。

　　貫徹「九大」精神，必須強調在毛澤東思想基礎上的團結。不懂得團結就不懂得革命，沒有團結就沒有革命，不團結就等於取消革命，不團結就只有對敵人有利，不團結就不可能取得更大的勝利。內蒙古地處祖國北部邊疆，反修前線，更要強調團結起來，共同對敵。我們要在毛澤東思想基礎上，加強軍民團結，加強軍政團結，加強各族人民的團結，加強各級革委會領導班子的團結，絕不允許製造裂痕，擴大裂痕，製造矛盾，擴大矛盾。各級領導班子要認真執行民主集中制，發生矛盾，要按照「團結──批評和自我批評──團結」的公式加以解決。

　　二、要堅決貫徹落實毛主席的各項無產階級政策，這是貫徹落實「九大」精神的一個十分重要的內容。我區在清理階級隊伍、牧區劃階級和反對烏蘭夫反黨叛國集團的鬥爭中取得了很大成績，主流是好的。但在清理階級隊伍中，特別是在挖「新內人黨」的過程中，發生了嚴重的逼、供、信和擴大化的錯誤，傷害了一些基本群眾，干擾了鬥爭的大方向，影響了鬥、批、改的順利發展，這些錯誤的產生主要是由於自治區革委會領導上對敵情估計得過分嚴重，在反對錯誤傾向方面，沒有注意一種主要傾向掩蓋著另一種傾向，只顧反右，沒注意防「左」，產生了形「左」實右的錯誤傾向和寧「左」勿右的錯誤思想。我們一定要虛心聽取群眾的意見，接受群眾的批評，認真地、深刻地檢查錯誤，並繼續採取有效措施，迅速地、堅決地糾正錯誤，落實政策。

　　落實政策，是為了調動一切積極因素，團結一切可以團結的力量，孤立和打擊一小撮階級敵人。各級革委會、工人解放軍毛澤東思想宣傳隊，在狠抓政策落實方面，雖然取得了一定的效果，但差距很大，仍有不少阻力。落實政策，充滿著兩個階級、兩條路線和兩種世界觀的鬥爭，這就要堅決同一小撮破壞毛主席無產階級政策的階級敵人作鬥爭，同我們隊伍內部某些同志寧「左」勿右的錯誤思想和形「左」實右等錯誤傾向作鬥爭，同資產階級派性作鬥爭，同自己頭腦中的「私」字和「怕」字作鬥爭。落實政策，關鍵在於領導，在於思想落實。各級領導必須帶領廣大革命群眾認真學習毛主席的各項無產階級政策，學習「六廠一校」的先進經驗，提高認識，解放思想，排除干擾，克服阻力，以最大的決心，最快的速度，積極主動地宣傳政策，落實政策。要認真做好平反工作並解決好由於逼、供、信和擴大化而產生的其他問題。在平反工作

中，要警惕階級敵人乘機翻案，堅決做到不冤枉一個好人，不漏掉一個壞人，防止「一風吹」。（平反問題詳見附件）。

落實政策，要嚴格區分兩類不同性質的矛盾。積極做好解放幹部工作，正確對待犯錯誤的幹部，凡是應該解放的幹部都要盡快解放，正確對待知識分子，正確對待「可以教育好的子女」，要團結百分之九十五以上的群眾和幹部。要「擴大教育面，縮小打擊面」。對敵人也要區別對待，執行「坦白從寬、抗拒從嚴」和「給出路」的政策。在清理階級隊伍中，查出的壞人或可疑分子，除確有證據的殺人、放火、放毒等現行反革命分子，應依法處理外，都應當執行「一個不殺，大部不抓」的政策。

為了落實毛主席的各項無產階級政策，各級革委會領導同志（特別是主要領導同志）和工作人員，一定要深入基層，進行認真細緻的調查研究，放手發動群眾，一個工廠一個工廠，一個學校一個學校，一個公社一個公社，一個單位一個單位地認真做好政策落實和定案工作。

三、各級革委會和工人、解放軍毛澤東思想宣傳隊，都要正確對待群眾，都要以毛澤東思想為指針，像八三四一部隊那樣，在對待群眾組織和群眾問題上，做到「三條原則，九個一樣」，堅決反對親一派疏一派、支一派壓一派的錯誤做法。「三條原則」就是：凡是擁護毛主席的，就堅決支持；凡是不符合毛澤東思想的，就同他一起學習毛主席著作，幫助他認識和改正錯誤；凡是反對毛主席的，就同廣大革命群眾一起，堅決把他揪出來，鬥倒，鬥臭。「九個一樣」就是：對軍管會熱情和冷淡的都一樣去談心；對順耳和逆耳的話都一樣去聽；對兩派組織的群眾都一樣去依靠；對兩派組織的積極分子都一樣信任、使用；對兩派組織反映的情況都一樣重視；對兩派組織的優點都一樣去表揚；對兩派組織的缺點都一樣去幫助；對兩派組織的家屬都一樣去走訪；對混進兩派組織的壞人都一樣去清理。總之，要相信群眾，依靠群眾，尊重群眾的首創精神，要虛心聽取群眾意見，接受群眾的批評和監督。群眾中出現分歧，有不同觀點，一定要以毛澤東思想為準則，積極而又耐心地做好思想政治工作，使大家都能顧全大局，正確對待，通過擺事實、講道理、研究協商的辦法，深入細緻地、踏踏實實地、合理地加以解決，進一步促進、鞏固和發展革命的大聯合和革命的三結合，團結一切可以團結的力量，共同對敵。要維護紅色政權的

權威。「要文鬥，不要武鬥」，堅決反對打、砸、搶，不要做親者痛、仇者快的事。

「工人階級必須領導一切」。根據毛主席的這一偉大號召，進駐上層建築各個領域，領導鬥、批、改群眾運動的工宣隊、軍宣隊，擔負著勝利完成「九大」提出的各項戰鬥任務的重大歷史使命。全區各地的工宣隊、軍宣隊必須帶領廣大人民群眾積極貫徹「九大」精神，努力做落實政策的模範。

四、各級革委會、工宣隊、軍宣隊，都要教育和帶領幹部和群眾就地鬧革命，扎扎實實地落實黨的政策，搞好本地區、本單位的鬥、批、改，認真就地解決問題，不要把矛盾上交，要耐心說服群眾不要到外單位、外地串連。工人、貧下中農、貧下中牧、青年學生和機關幹部，都要堅決響應毛主席關於「抓革命、促生產、促工作、促戰備」和「備戰，備荒、為人民」的偉大號召，堅守崗位，加強戰備，狠抓革命，猛促生產，奪取革命和生產的新勝利。

偉大領袖毛主席最近發出偉大號召：「我們希望這一次代表大會，能夠開成一個團結的大會，勝利的大會，大會以後，在全國取得更大的勝利。」我們一定要高舉毛澤東思想偉大紅旗，緊跟毛主席偉大戰略部署，集中精力學習、貫徹「九大」精神，認真總結經驗，堅決落實政策，「認真搞好、鬥、批、改」，奪取無產階級階級文化大革命的更大勝利。

（本通知下達後請各地廣泛宣傳，認真執行。）

內蒙古自治區革命委員會
一九六九年五月十四日

附件：關於被誤打成「新內人黨」分子平反及其有關問題的幾點意見（草案）

遵照偉大領袖毛主席關於「無產階級文化大革命的鬥、批、改階段，要認真注意政策」和「有反必肅，有錯必糾」的教導，對於在挖「新內人黨」過程中被搞錯了的好人，應徹底予以平反。對平反工作中有關的一些問題，提出如下意見，供各地區、各單位參照執行：

1、在挖「新內人黨」過程中，凡查無確鑿證據，而被當作「新內人黨」分子搞了的工人、貧下中農、貧下中牧、青年學生和一般幹部，一律予以徹底平反，並向他們陪禮道歉。雖有「新內人黨」嫌疑，但沒有當作「新內人黨」分子揪鬥，查無確鑿證據者，一律宣佈解除懷疑。

2、有「新內人黨」骨幹分子重大嫌疑者，要繼續審查待查清後再處理。

3、老「內人黨」分子（指一九四七年「五一」大會前的內人黨分子），在挖「新內人黨」過程中，群眾對其進行審查是應該的，經查實與「新內人黨」沒有組織聯繫，沒有進行「新內人黨」的活動，可按內蒙古自治區革命委員會《關於「內蒙古人民革命黨」的處理意見》處理。

4、凡屬叛徒、特務、死不改悔的走資派和其它反革命分子，經查實不是「新內人黨」分子，就按叛徒、特務、死不改悔的走資派和其它反革命分子處理，不在平反之列。

5、充分發動群眾，採取群眾討論和領導審查相結合的方法，實事求是地確定平反對象。

6、給被平反者平反時，應在原來搞的範圍內，召開平反會議，當眾平反，並可將平反情況通知其受牽累的家屬親友所在單位。

7、被平反者自己寫的材料，全部退還本人；揭發材料、外調材料和專案組整理的材料，在被平反者參加下，當眾銷毀。

8、對被平反的同志要做好思想工作，消除隔閡，加強團結，和過去一樣地信任和使用他們，共同搞好鬥、批、改。

9、各級革委會或領導班子成員，凡沒有其他嚴重政治問題，只因錯搞成「新內人黨」而被停止或撤銷工作者，平反後，應恢復其原來工作。

10、在挖「新內人黨」過程中，對故意踐踏黨的政策，私設公堂，實行階級報復，打死打傷人的階級敵人，查有實據者，依法嚴肅處理，實行無產階級專政。但要防止亂揪亂鬥，對必須懲處者要嚴格履行審批手續。

11、凡有確鑿證據證明是「新內人黨」分子而畏罪自殺者，應教育其家屬在政治上與其劃清界線，同時，按照黨的「給出路」和對待「可以教育好的子女」的政策，做好善後工作。

12、凡被誤打成「新內人黨」分子，因逼供而被迫自殺者，應予以平

反。對其家屬要在做好思想工作的基礎上，根據實際情況幫助其解決生活困難問題。

13、在挖「新內人黨」過程中，因刑訊逼供致死的好人，必須堅決平反。對其家屬應予以撫恤，解決其生活出路問題。

14、在挖「新內人黨」過程中，因刑訊逼供致傷的好人，應由其所在單位負責予以治療。如已造成殘廢失去勞動和工作能力者，應分別情況妥善解決其生活問題。

15、在挖「新內人黨」過程中，自殺和被打死者，在問題性質沒有確定之前，工資照發；無工資收入的貧下中農、貧下中牧，由所在社隊公益金中給予適當補助。待落實定案後，再按規定分別處理。

16、對於被誤打成「新內人黨」變種組織成員，如「統一黨」及其它反動組織成員的平反問題，適用上述原則。

內蒙古自治區革命委員會
一九六九年五月十四日

33.內蒙建築公司蒙革命工人，革命造反派《指滕聯絡站》關於查封有關「內人黨」專案材料的第一號通告（1969.05.24）

　　自去年二月分以來，郭茂豪、張樹潤、張春生等人，利用資派，製造假材料，大搞逼、供、殘酷武鬥，把廣大革命工人，造反派和革命群眾打成「內人黨」，把中共黨組織成「內人黨」組織。滕海清同志左傾嚴重錯誤在內建公司所造成的嚴重的惡果，從根本上踐踏了毛主席革命路線，但是郭、張、吳等人利用職權，繼續抵制對他們的批判，繼續壓制受害者、挑動群眾鬥群眾，製造分裂。一方面公然指使革委會委員、駐30油田隊工宣隊隊長梁立民，造了搶劫我《批滕聯絡站》的「5，22」事件；另一方面，他們四處滅火，軟硬兼施，玩弄兩面派，草草推行假平反。企圖緊捂階級鬥爭蓋子。分化瓦解革命隊伍，阻撓批滕的群眾運動。是可忍，熟不可忍。

　　我《批滕聯絡站》，五月十五日發表了《關於平反問題的嚴正聲明》，五月二十日發表了《揭開「圍剿內人黨」內幕的嚴正聲明》，中共中央對內蒙當前工作指示的傳達也已兩天了，他們還置若罔聞，變本加利，一意孤行。

　　為此，我《批滕聯絡站》鄭重宣佈，從一九六九年五月二十四日下午四時起，查封有關「內人黨」專案，在此期間任何人未得我《批滕聯絡站》同意均不得私自啟封，否則一切後果由肇事者負責。

1969年5月24

34.內蒙建築公司革命工人，革命造反派 《批滕聯絡站》關於查封有關「內人黨」 專案材料的第二號通告（1969.05.24）

最高指示

我們的責任，是向人民負責。每句話，每個行動，每項政策，都要適合人民的利益，如果有了錯誤，定要改正，這就叫向人民負責。

關於查封有關「內人黨」專案材料的第二號通告

我《批滕聯絡站》已1969年5月24日下午四時，查封了公司有關「內人黨」的專案材料，這是革命行動，好得很。特此第二號通告如下：

一、任何人不得私自保管有關「內人黨」專案材料（包括文字，照片，錄音帶等），如私自保管者，限期在二天內將有關「內人黨」專案材料送交我《批滕聯絡站》，統一處理，否則按照窩藏黑材料處理。

二、私自窩藏材料者，我們將採取從動，引起的一切後果由窩藏材料者負責。

內建築公司革命工人革命造反派《批滕聯絡站》

1969年5月24日

35.批判不批判滕海清同志的錯誤是個大是大非問題
——王志有同志五月二十七日在呼鐵局的講話

　　同志們今天在這裡開會，批判滕海清同志的嚴重錯誤，我個人表示堅決支持同志們這個革命行動。廣大的工農兵發動起來，批判滕海清同志的錯誤，那是為了更好地糾正錯誤，更好地落實毛主席的一系列最新指示，落實中央對內蒙的指示，把內蒙的文化大革命搞得更好。

　　滕海清同志的錯誤不是一般的錯誤，是十分嚴重的錯誤。他的錯誤，在我們自治區各個單位，自治區各盟市、旗（縣）、各個公社造成的惡果是很大的。因此非得起來積極揭發滕海清同志的錯誤，批判滕海清同志的錯誤，才能夠把文化大革命，把鬥、批、改向前推進一步。

　　頭一個方面，滕海清同志犯了「左」傾機會主義的錯誤。滕海清同志把內蒙估計得一塌糊塗，一團漆黑，這個黑線又黑又粗又長，一股股，一條條。這文化大革命，一套套暗班子，反對一套套明班子；一套套明班子，鬥一套套暗班子。總之是一團糊塗蛋。最後滕海清給下了一個結論，叫做「歷史的誤會」。這個「歷史的誤會」也不是滕海清本人的發明，是瞿秋白早講過的。瞿秋白在《多餘的話》裡序言以後第一段裡，小標題就是「歷史的誤會」，那裡頭提了十幾處都是「歷史的誤會」，他參加共產黨也是誤會，總之都是誤會。把叛徒的語言搬到報紙上來評價內蒙的文化大革命，充分地反映出了滕海清的靈魂深處是如何看待內蒙地區的群眾、內蒙地區的幹部和內蒙地區文化大革命鬥爭的。在他並沒有掌握充分確鑿證據的情況下就大抓特抓「新內人黨」，簡直抓得相當可觀。有個理論，內蒙啊，共產黨就是「內人黨」，「內人黨」就是共產黨，明班子暗班子反正就是一回事。這個理論，全部是滕海清自己造的，此外沒有人。他認為，內蒙的文化大革命，「八條」下達以後，以及後來成立自治區革命委員會，並沒有取得了決定性勝利。這一估計，實際上也就把內蒙古的文化大革命前段一筆給抹煞掉了。他還估計到烏蘭夫發展「內人黨」不會在地、富、反、壞、右裡發展，而是在貧下中農（牧）工人裡發展，因為

那最有勢力。這種估計，就使得這次抓「內人黨」的矛頭，相當大的多數對準了貧下中農（牧），特別是對準了那些在農村、牧區土改時的積極分子。從他的指導思想上、從他的行動上、從他現在造成的後果上看，完全是「左」傾機會主義，是為了某種政治目的服務的。

第二個方面，他在組織上是宗派主義和山頭主義的。林副主席在1963年3月24號講話，講的很清楚，山頭主義是落後的意識，是反馬克思主義的，是反共產主義的，是會導致叛黨的行為的。而他搞的呢？搞的是祕書專政，滕辦專政，不僅專了群眾，連革委會班子也專了。他想弄誰就弄誰，想搞誰就搞誰，「順我者昌，逆我者亡」。廣德同志給我講，師範學院有個學生叫丁克明，二十幾歲，在滕海清反高錦明的時候，他不理解，寫了一張標語，支持高錦明，還寫了一條標語，誰搞「多中心」就打倒誰！滕海清見了以後，大發雷霆。廣德同志好心腸，把這個青年學生領到這樣一個老幹部面前，做了一下檢討，滕海清冠冕堂皇地講：沒什麼嘛。這個丁克明剛走到學校，滕辦的電話過去了，立刻就抓了。什麼作風，多麼惡劣。不是宗派和山頭嗎？！還有的就是因為人家對滕海清同志有不同意見，就被打成了「反滕小集團」。我雖然是68年沒有怎麼在家，在家的幾位同志沒有接到過幾份什麼文件，但是，出乎意料之外，接到自治區的一份文件——「反滕小集團」的材料，那麼一厚本，專門給我送去看的，裡邊寫了霍道余、權星垣、郝廣德，還有我，這些人都是支持所謂「反滕小集團」的黑後臺。暗點明冒，早點謠言，這也是給人眼色看，給點厲害看，無非是，你反滕，就是抓你這個小集團，你再有不同意見，就是反滕小集團的後臺。高錦明大概就是最慘的一個例子，這就不用說了，中央都有指示了。不僅高錦明，大大小小一群高錦明，都是一類的，不符合滕辦這個山頭，按照毛主席指示辦事嘛，結果就抓。可是馬伯岩是什麼樣的人呢？馬伯岩為什麼這麼紅呢？馬伯岩十足的偽君子，兩面派，政治上實際是小丑。馬伯岩舊公檢法那一套全會，盯梢、跟蹤、埋樁子、設暗探，新城賓館門口還有兩個消防隊員在那裡擺著，你搞那個幹什麼呢？誰出誰進都加以統計向他彙報，這是什麼作風？共產黨能搞這個嗎？而且是翻手為雲，覆手為雨，前兩天和這個好，過兩天和那個好，一個基本原則，你只要堅決擁護頌揚滕海清就行。這樣馬伯岩就作了山頭和宗派的可靠對象。這不是宗派主義、山頭主義嗎？有的就更典

型了！革委會裡頭我覺著有的人說什麼：砸掉高錦明的兩塊金牌子。一個是反烏蘭夫、一個反「二月逆流」這兩個都砸爛！這是什麼，這不是宗派主義和山頭主義嗎？這是組織上的。

第三個方面，在思想意識上的，是獨斷專行和軍閥主義作風。滕海清同志是在過鄂豫皖的，鄂豫皖是張國燾領導的，後來1937年中央政治局關於張國燾錯誤的決定以及後來開除張國燾的決定，是講的清清楚楚的。鄂豫皖不僅是一般的「左傾」機會主義錯誤，而且是嚴重的軍閥主義和逃跑主義。滕海清同志並沒有吸取這個歷史的教訓。自己搞軍閥主義，獨斷專行，搞一套國民黨訓政，稍有不同意見，非吹即打，非吹即罵，罵的屬害。對待高錦明，面對面的罵，什麼話都說得出來，就像家長制。下邊表現什麼形式呢？嚴重的逼供信和武鬥，這都是學滕海清的軍閥主義作風來的，什麼壓槓子、打棍子，還有給人家手指頭插竹簽子，這一套，中央批判是舊社會來的。不然畫的漫畫，怎麼叫滕氏雜技團呢？當然這是開玩笑、諷刺，諷刺，就值得我們深思。在常委會上，大搞一言堂，嚴重的壓制別人，吳濤從北京回來要開常委會會還未開呢，就噎住了，說「現在就是有人要把我滕海清趕跑！」等了一會又一想：「又有人想把吳濤趕走」，又把吳濤掛上了。「趕不跑嘛！」，「中央是不信任高錦明的，對高錦明就是不放心嘛」，言外之意，就是滕海清十分放心。在這種氣氛下，請同志們想一想，還有多少民主啊？只能順著滕海清這麼一來，他可不順著你講嗎！開什麼常委會？先定調子，就在這種情況下，沒有多少人去。眾所周知的「3．18」指示，核心小組關於當前落實政策的抓政治思想工作的「八條指示」，人們叫「新八條」，3月21號滕海清、吳濤北京來信，說我們政策落實差得很遠，主要的就是政策落實。這封信還沒有到家，3月28號的信又來了，說一些右傾機會主義分子跳了出來，要無產階級革命派注意他們的行動，他們要翻案，是絕對不允許的！自己起來打了自己21號信的嘴巴，落款時「中共內蒙核心小組」。中共內蒙核心小組在北京有幾個人呢？3月28號吳濤，樹德同志可能回來了，吳濤同志我問了。據我知道，吳濤同志不知道這個事。高錦明在家，李質在包頭。權星垣剛接到這個電話以後，北京來電話叫迅速開電話會議，這叫中共內蒙核心小組的指示！請同志們想一想有這樣獨斷專行的嘛？你在北京一坐，就瞭解情況，毛主席講「人的正確思想是從那裡來

的？」滕海清的思想是天上掉下來的。有的人看到3月21號信很高興，寫出大字報說，我對毛主席不忠，前兩天我承認是內人黨，我不是，我犯了一次罪。好，結果到了3月28號一看，又嚇壞了，有一張大字報：我又對毛主席不忠，又犯罪了，我還是內人黨。啼笑皆非，神魂顛倒。老百姓沒有辦法嘛，愚弄百姓，運動群眾！

第四個方面，在政治上兩面派和嚴重的多中心錯誤。大家都聽了吳濤同志傳達中央對內蒙的指示，中央由一九六八年二月一直到這次接見，六次指出他的問題，從來沒向我們傳達過。我老實說受蒙蔽無罪，我是受蒙蔽的。我想吳濤同志跟我差不多，我看也是受蒙蔽的。你對中央什麼態度？中央指出來你的錯誤，你不傳達，你要幹什麼，搞什麼名堂！你不是要搞滕海清獨霸的一統天下嗎？你對中央耍兩面派，而且還造謠，這個是謝富治說的，那個是康生說的，經過落實全不是那麼回事，都是滕海清自己造出來的。有不少人原來對滕海清還不太認識的，聽了這個以後火冒三丈，感到這個人真是膽太大。反高錦明，他造謠說是康生同志同意的，現在證明康生同志根本就沒講那個話。原來說高錦明有三條，什麼第一高錦明搞反覆，第二有三反言行，第三還有什麼嚴重歷史不清，全是滕海清自己編造出來的。兩面派要到這個程度，這就不是一般問題，這就值得我們警惕啊。毛主席說，找人談話找一個人不行，看來，得多找幾個。滕海清說中央對高錦明不信任。這話就是對他不信任嘛，對他不放心嘛，得多找幾個嘛，很清楚嘛，你淨要兩面派，搞資產階級政客那一套還行啊！你有多少錯誤，中央怎麼批判的，你回來傳達啊，你不理解當時頂啊，你不頂，理解執行不理解也執行，你執行啊，怎麼能連傳達都不傳達呢，嚴重的多中心。政治上，那簡直把他自己吹捧成偉大的挖肅鬥爭的發動者和領導者，請同志們想一想把自己擺在什麼位置上，街上淨是這樣的標語「滕海清的什麼什麼講話好得很，好極了」，從來沒見滕海清說過，制止過。嚴重的是滕海清有句名言，什麼那個偉大的挖肅鬥爭搞了三大戰役，遼瀋戰役，平津戰役，淮海戰役，現在我們就要百萬雄師過大江，活捉蔣介石。由北京回來，活捉了一個高錦明！這個話是多中心論的典型代表。三大戰役誰指揮的，他把自己比在什麼位置上？把高錦明比什麼位置上？把內蒙文化大革命比在什麼位置上？內蒙文化革命決定性的勝利是八條下達和成立革委會嘛，是毛主席領導的，林副

主席領導的，以毛主席為首、林副主席為副的無產階級司令部領導的，並不是滕海清領導的。自己如果反省起來，就應該感到臉發燒啊，說句挖苦話，你算老幾啊。另外，你這一比也顛倒了歷史，本來高錦明同志的正確意見，比成蔣介石了，你自己呢？作為自治區革命委員會的主任這樣一個身分講話，講的這樣絕，充分反映了自己頭腦裡多中心已經嚴重到什麼程度！

第五個方面，從「左」的方面分裂各族人民的團結的錯誤。烏蘭夫是從右的方面製造民族分裂，他從「左」的方面分裂民族團結。莫力達瓦旗達幹爾族幹部全給抓起來了，有這種抓法嗎！滕海清親自有個指示嘛，烏蘭察布盟抓那麼多漢族是內人黨怕成問題了嘛，抓那麼多蒙族就不成問題了嘛！什麼指導思想？請同志們調查一下，這次抓內人黨當中，怎麼抓的？滕海清同志本人到現在手裡能夠拿出多少證據來給咱們看一看。我們廣泛地發動了群眾，徹底地從組織上摧垮了新內人黨。既然從組織上摧垮了新內人黨，新內人黨中央委員會書記、副書記、組織部長、宣傳部長，雖然沒有那麼全吧，也得差不多，你得給我拿出人證、物證、旁證、在哪呢？我是小小百姓，就問問那些當權派，也都沒有見過一份物證材料嘛？他就製造一種謠言，內人黨不需要物證，三個人以上交代就是。我說打你滕海清，我能有三百人說你是內人黨，而且口徑一致，時間一致。逼、供、信嘛！順杆爬嘛！那還不好辦?!你打他就交代嘛！結果就大規模地抓，使得蒙族幹部搞得很緊張嘛，專抓那些土改積極分子。呼倫貝爾盟烏蘭浩特有幾個公社來講，老牧民，老蒙民，土改時有的四七年就入共產黨，也有四八、四九年入共產黨，土改積極，結果專抓，說那時候積極肯定是內人黨。主觀主義到這種程度是少有的。滕海清講打擊誰、依靠誰、團結誰是路線問題，他就拿這個質問高錦明是右傾機會主義路線，現在就要問問滕海清，你把很多貧下中農（牧）工人階級打成那樣，你把少數民族幹部弄成那樣，把少數民族弄成那樣你是什麼路線啊？阿巴嘎旗是萬馬奔騰，一夜之間（阿巴嘎旗有多大，相當於阿爾巴尼亞國家那麼大）就把毛主席最新指示傳到各個蒙古包，廣大農牧民熱愛毛主席嘛。《人民日報》記者問那順巴雅爾，世界上什麼最先進？那順巴雅爾開始還沒有回答得很確切。人家說我看這是最先進，忠於毛主席，忠於毛澤東思想，宣傳毛主席最新指示這麼快就是最先進。比美國，比哪都先進。這個記者說，來時感到牧區很落後，現在看最先

進。結果這樣的旗，由原來的旗委到現在的革委會都揪成是內人黨，你搞什麼名堂！你這是什麼主義！我們本來牧區劃階級是一個很好的成績嘛。牧主牧民涇渭分明，插旗，一個插黑旗，一個插紅旗，結果一挖內人黨，插了紅旗的貧下中牧插了內人黨旗，這不是自己打了自己的嘴巴子嘛！知識青年下鄉我們應該支持，有人講放羊老牧民還放著羊呢，小汽車開到，下來兩個知識青年給他看著羊，把老牧民裝車拉走了，製造什麼民族關係！下放知識青年大方向是什麼，應該接受貧下中農再教育，成了依靠對象，挖肅積極分子。挖肅的口號是混亂的，挖肅積極分子當然也是混亂的。必須要做階級分析。光聽過滕海清同志要對造反派做階級分析，他們開中型吉普去，牧民老遠拿著毛主席語錄，熱烈歡迎，送一個毛主席像章歡迎啊。現在再一去怎麼樣？離著汽車老遠就進蒙古包，到門口都不出來。為什麼？抓怕了，就是那種車抓人。所以說，他是從「左」的方面分裂各族人民的團結。這個東西不批判，不肅清其影響，有的人叫團結，怎麼團結啊！西蘇旗一共九百多共產黨員，抓了八百多，你還不給人家平反，還繼續抓著。一百多怎麼跟那八百多團結起來呀！你不糾正錯誤怎麼能落實政策？現在平反，一邊平反，一邊複製材料轉移，郝廣德同志親自查到的，那叫平反啊！不徹底的批判錯誤，揭露錯誤，真正的平凡是不存在的。

對滕海清同志的嚴重的錯誤批判不批判，我認為是個大是大非問題。這個問題沒有什麼好講的，沒有什麼含糊的。我們無限忠於的是毛主席為首林副主席為副的無產階級司令部，而不是忠於滕海清和滕辦。不能對他戀戀不捨，那麼深的感情，錯了就得揭露，就得揭發，就得批判。毛主席講不破不立，破字當頭，立在其中。就是要批判嘛。馬列主義的基本點就是要批判的，要革命的。對於錯誤為什麼不能批判呢？那前一段大張旗鼓自上而下的登報廣播，現在一輪到批判真正存在的錯誤，那些人軟綿綿不敢講話了。對正確的東西，發動全部輿論工具進行討伐，對錯誤的東西戀戀不捨，一對比，這些人的屁股究竟坐在哪一邊不是很清楚了嗎，不打自招嘛！這次是自下而上起來的，誰想擋也擋不住。我覺得對滕海清的錯誤，應堅決批判，積極批判，徹底批判，把他的錯誤一下批臭，才能樹立正確。只有這樣，才能落實毛主席一系列最新指示和「5‧22批示」，把內蒙文化大革命向前推進一步。

36.內蒙古自治區革命委員會核心小組關於 「中共烏蘭察布盟革命委員會核心小組 對幾個重要問題的看法和處理意見」的批覆

中共烏盟革命委員會核心小組：

我們同意你們的意見。這個意見中所提出的這些問題，特別是前一段工作中的嚴重錯誤，應由內蒙核心小組負責，我們決心改正錯誤。希望你們高舉毛澤東思想偉大紅旗，貫徹執行毛主席五月二十二日批示和中共中央對內蒙當前工作的指示，注意總結經驗，及時彙報。

中共內蒙古自治區革命委員會核心小組

一九六九年五月三十日

中共烏盟革命委員會核心小組對幾個重要問題的看法和處理意見

中共內蒙革委會核心小組：

我們偉大領袖毛主席一九六九年五月二十二日的批示和中共中央對內蒙當前工作的極為重要的指示，為我們指明了前進的方向。目前，廣大革命群眾起來批判糾正我們前段嚴重錯誤，這是對領導機關的革命監督，是對領導關心和愛護的表現，我們表示熱情的歡迎和堅決支持。我們遵循毛主席「要認真總結經驗」的教導，根據「九大」精神，對一九六九年春以來運動中的幾個重要問題的看法和處理意見如下：

一、關於挖「新內人黨」問題。

在前一段挖「新內人黨」過程中，在「左」傾錯誤思想的指導下，犯了嚴重的逼、供、信、擴大化的錯誤，造成了嚴重的後果。對於這一段的錯誤，必須按照中央對內蒙當前工作指示的精神，認真、徹底、迅速地予以糾正。

凡在挖「新內人黨」中，被錯打成「新內人黨」的，必須徹底予以平反，

並作好善後工作。

凡在挖「新內人黨」中被打、被逼而造成的非正常死亡的好人，應認真安排好其家屬生活問題；被打傷的應予以負責治療；因傷致殘者，生活應予以妥善安排。農村、牧區的社員群眾，被錯打成「新內人黨」的，在隔離、治療期間的誤工，予以補貼。對被錯打成「新內人黨」的及其家屬，在被迫害期間所遭受的損失，應合理解決。

二、關於《烏蘭察布日報》「三・二六」事件問題

《烏蘭察布日報》「三・二六」事件是一個革命的事件，是緊跟毛主席偉大戰略部署的，是反擊為「二月逆流」翻案邪風的，大方向是正確的。也存在一些缺點和錯誤，但是，把「三・二六」事件打成反革命事件是完全錯誤的。它打擊了革命幹部和廣大革命群眾，這個責任在領導。因「三・二六」事件而被隔離、被通緝、被打成反革命、被扣上各種政治帽子的革命幹部、革命造反派和革命小將，都應立即徹底平反，銷毀整它們的材料。

三、關於趙軍等通知恢復工作的問題。

在「左」傾錯誤思想的影響下，將趙軍、賈成元、許集山、孔祥瑞、張文然等同志批判為積極推行所謂高錦明右傾機會主義路線或「三・二六」事件的後臺或「新內人黨」，而被停止工作或撤銷職務，這是錯誤的。應向群眾講明情況，恢復和支持趙軍、賈成元、許集山、孔祥瑞、張文然等同志的工作。

四、關於集寧地區「聯社」問題。

在去年十月份以後的一段時間，集寧地區是一個造反派組織被當作為烏蘭夫翻案的「聯社」來揪，應當恢復名譽和徹底平反。

五、關於各級革命委員會問題。

對於因「三・二六」事件，所謂「九月暗流」和挖「新內人黨」中錯誤地吐出的各級革命委員會成員和辦事機構的工作人員，應立即恢復原職、原工作。

因上述問題進行「吐故納新」而納入到各級領導班子的新成員，由領導和群眾進行協商上報審批後決定。

六、關於集寧絨毛廠的問題。

絨毛廠革委會和無產階級革命派是好的，在工作中有這樣那樣的缺點錯誤是難免的。但是去年五月二十八日以後，把絨毛廠當成「馬蜂窩」去捅是錯誤的。這樣作的結果，嚴重打擊了絨毛廠的無產階級革命派，搞垮了革命委員會，在全盟造成惡劣影響，這一錯誤必須糾正。

七、關於解決各旗縣問題。

全盟各旗縣似上述情況，應按此件精神執行，各旗縣存在的問題，盟革委會正在逐一解決。

各旗縣革委會應勸說群眾不要上京和去呼，要堅持「抓革命，促生產」，就地鬧革命，就地解決問題。

我們希望全盟廣大工人、貧下中農（牧）、革命幹部、革命群眾和各族革命人民，一定要根據「九大」精神，遵循中央指示，高舉毛澤東思想偉大紅旗，加強團結，糾正錯誤，總結經驗，落實政策，穩定局勢，共同對敵，爭取更大的勝利。

以上意見當否，請指示。

敬祝毛主席萬壽無疆！

中共烏盟革委會核心小組

一九六九年五月二十九日

37.高錦明同志關於烏盟問題的講話

同志們，烏盟上訪團的同志們：

我現在講幾句話。大家的心情我們是很理解的。因為在前段工作中內蒙革命委員會，特別是核心小組的領導同志，主要是滕海清同志，犯了極其嚴重的錯誤，其他的同志也有不同程度上的責任。

這個錯誤，在清理階級隊伍，特別是在挖「新內人黨」這個工作中，在左傾錯誤思想指導下，產生了嚴重的擴大化，犯了極其嚴重的錯誤，違背了毛主席的各項無產階級政策，使我們在無產階級文化大革命進行了二年多的時候，發生了一次非常嚴重的曲折。

我們許多工人、貧下中農、貧下中牧、革命幹部、共產黨員、共青團員，許多革命群眾，遭受了殘酷的打擊。這個錯誤使我們很痛心。被害者的家屬有的已經來了，他們的心情是很悲痛的。

我們犯了這個錯誤，對不起我們偉大的領袖毛主席，對不起我們全區的各族人民，對不起受害者和受害者的家屬。

在這個錯誤發生以後，領導上思想覺悟的很遲，使這個錯誤又延續了一個相當長的時間，直到在黨中央、毛主席的親切關懷領導之下，特別是在革命群眾起來跟這種錯誤作鬥爭下，我們才開始逐步改正錯誤。特別是在五月十三日至十九日這七天中，黨中央把核心小組的全體成員，叫到中央，當面聽取了彙報並且對內蒙當前的工作給了極為重要的指示。

毛主席是跟我們全國各族人民、內蒙全區各族革命人民心連心的。

在毛主席的直接關懷下，中央政治局的負責同志，在這幾天中（五月十三日至五月十九日），接見了內蒙同志四次，每次都是五個小時或者比五個小時還多。這樣長的時間，大家都知道，中央領導是很忙的，管理著我們國家大事，也管理著世界上的大事。但是在這短短的七天中花費那樣多的時間聽我們的彙報，給我們作了很多重要的指示。

毛主席又在五月二十二日署名我們六人給中央寫的報告這個文件上，批了金光閃閃的二個大字「照辦」。

我們內蒙各族人民當前最重要的，就是要照毛主席的指示辦事，按毛主席的指示，按照中共中央對當前內蒙工作的指示，做好工作，實現第一個可能。

中央指示我們，要堅決貫徹「九大」精神，堅決落實最新指示，要根據「九大」精神，高舉毛澤東思想偉大紅旗，緊跟毛主席的偉大戰略部署，要加強團結，總結經驗，落實政策，穩定局勢，共同對敵。

落實這個指示，是我們內蒙一千三百萬各族人民的需要，是對敵鬥爭的需要，是革命的需要。

我們全區的無產階級革命派，全區的各族革命人民，我們大家要以無限忠於毛主席，無限忠於毛澤東思想，忠於毛主席革命路線的革命精神，堅決貫徹中央的指示，堅決落實中央的指示，讓我們偉大的領袖毛主席他老人家放心！我們一定要把局勢穩定下來，一定要改正錯誤，一定要團結起來，共同對敵！

我們落實「九大」精神，落實中共中央對內蒙當前的指示，也是一個非常艱苦的任務，也是一個非常嚴肅的鬥爭。

我們還要克服重重的阻力，才能把毛主席的指示，黨中央的指示落實得好，才能把錯誤改正過來，才能是黨的政策落實。

中央領導同志接見我們的時候，非常強調我們有利的條件。現在我們有很多有利的條件來實現第一個可能。

中央領導同志指示，首先是我們有毛主席，由毛主席為首的無產階級司令部來領導，這就是我們最大的最根本的有利條件，我們要按毛主席的指示辦事，按五月二十二日批示辦事，我們就能夠把各方面的工作做好。

中央領導同志也指示我們，內蒙的群眾是好的；內蒙的群眾工作是好的；內蒙一千三百萬各族人民是無限熱愛毛主席，熱愛黨中央，熱愛社會主義，熱愛祖國的。

中央領導同志瞭解，深刻的瞭解了我們在前一段工作中所犯的錯誤。我們犯了這樣嚴重的錯誤，我們也看到了基本的一面，我們把許多好同志打成什麼「內人黨」，但是我們沒有人向外蒙跑的。我們有人向呼和浩特跑，向北京跑，說明了什麼？說明了我們內蒙的各族人民是心向毛澤東，心向著共產黨，心向著北京城的。說明了內蒙的天是毛澤東思想的天，內蒙的地是毛澤東思想的地，不是烏蘭夫的。

　　我們過去在左傾錯誤思想指導下，過高地估計了反革命修正主義分子，民族分裂主義分子這個頭子烏蘭夫的影響。烏蘭夫他的反革命影響是有的。但是，他終究遮不住毛澤東思想的燦爛陽光。

　　內蒙的各族人民經過了一場新的考驗，更加證明了是熱愛毛主席、熱愛共產黨、熱愛社會主義、熱愛偉大祖國的。

　　我們現在要糾正錯誤，要充分的運用我們的有利條件，上邊靠毛主席，下邊靠各族革命人民，克服在前進當中，在糾正錯誤當中所有的困難，包括著階級敵人從暗中進行破壞和搗亂。他們不是需要的第一中可能，而是第二種可能。我們盡力避免，不能使敵人的陰謀得逞。

　　我們在當前言根據「九大」精神，根據毛主席的最新指示，和中共中央對內蒙當前工作的指示，去把這個指示落實到當前的工作中去。我們要正確地理解並且要堅決地緊跟中央的步子走。我們無產階級革命派，各族人民是聽毛主席的，聽以毛主席為首的黨中央話的。在糾正錯誤當中，中央的領導同志特別指出一定要加強團結，要用四個團結的力量來實現中央的指示。首先是核心小組的團結，內蒙革委會核心小組的團結。

　　這個團結不是無原則的。是革命的團結，是在毛澤東思想原則下的團結，是要共同落實中央對當前內蒙工作的指示，團結起來，團結一致，共同承擔責任，顯然，滕海清是負主要責任。

　　前段清理階級隊伍中，主要是由滕海清負責。但也不能說，事實上也不是有的同志沒有責任，包括我在內，我也是負有責任的，而且在某些方面也負了比較重的責任。因為我在很長的時間是在家裡主持日常工作的。當然在這個挖「新內人黨」中我沒有工作，但是不能說沒工作，這個錯誤就沒有犯，我還是有很多錯誤的，在這一段又有不少。

　　在目前，加強核心小組的團結，滕海清同志要認真努力檢查自己的錯誤，下決心改正自己的錯誤，上邊有毛主席，黨中央的教育批評，下邊有廣大革命群眾的監督，我們在一期工作的同志，我們核心小組的同志也要幫助滕海清同志，監督滕海清同志，我們團結一致，共同承擔責任幫助滕海清同志。因為，改正錯誤不是他一個人的事，從領導上說，我們核心小組大家都要來承擔起責任來改正錯誤，不僅是核心小組、內蒙革委會常委、內蒙革委會承擔責任，首

先是核心小組要承擔責任，在一起幫助他改正錯誤，我們也從中得到教益。因為：一、我們也有這個錯誤；二、他的錯誤對我也是個教訓；再次中央領導同志講軍隊的團結，軍隊是穩定我們局勢的重要因素。在這方面，我不多說了。我們相信，內蒙軍區黨委在黨中央、毛主席、中央軍委和北京軍區黨委的領導下，能更好地團結起來，更好地穩定部隊，更好地來完成毛主席、林副主席交給我們偉大的中國人民解放軍在無產階級文化大革命運動中擔負「三支」「兩軍」工作的光榮任務，我們在地方做工作的同志，要更好地做好擁軍工作。在這段，內蒙軍區在清理階級隊伍當中，在挖「新內人黨」工作當中，犯了嚴重的錯誤，我們戰鬥在「三支」「兩軍」工作第一線的中國人民解放軍，有些同志，當然不是全體同志，也犯了錯誤。但責任不在他們，這個責任在上邊，在內蒙革命委員會，特別是在核心小組。中國人民解放軍永遠是我們學習的榜樣。我們相信，中國人民解放軍是我們的子弟兵，是我們的親人。所以在批判這個錯誤的時候，我們革命的同志們千萬不能死揪住一些解放軍同志在「三支」「兩軍」工作中的錯誤不放。對他們來說，也需要總結經驗，進行自我批判，接受教訓。我們也相信他們會改正的，不能把矛頭對準他們。

中央領導同志還指示我們：加強團結，要加強各民族的團結。毛主席早就教導過我們：「國家的統一，人民的團結，國內各民族的團結，這是我們的事業必定要勝利的基本保證。」我們內蒙古自治區是一個少數民族的自治區。在這一段挖「新內人黨」中犯的嚴重錯誤，我們的民族團結受到了嚴重的損害。

但是，從根本上說，我們的民族關係在毛澤東思想基礎上，在毛主席民族政策照耀下，我們是空前團結的。我們大家應該在團結、勝利的旗幟下更好地執行黨的民族政策、毛主席的民族政策，各民族團結起來，共同對付階級敵人，共同對付帝修反，加強民族團結，打倒美帝，共同把無產階級文化大革命搞好。

中央領導還指示我們：要加強群眾之間的團結，各族革命人民群眾，無產階級革命派在當前，對形勢、對批判滕海清錯誤會有不同看法，但這是觀點的不同，處理得好，我們就會在中央指示，在毛主席的支持下，在毛主席的革命路線下邊，逐漸趨於一起，團結起來，幫助領導上改正錯誤。

當前來說，剛才滕海清同志也說了，歡迎同志們起來批判錯誤。批判錯

誤，就是對領導的幫助。但是由於觀點不同，不能夠造成群眾組織之間群眾鬥群眾。如果有人挑動群眾鬥群眾，我們堅決反對。這不利於穩定我們的局勢，不利於共同對敵，也不能夠糾正錯誤，落實政策。

在這當中，我想我們在前一段錯誤裡面，有的群眾，也受到了「左」傾思想的影響，在挖「新內人黨」中做了一些錯事，說過一些錯話，但是這個責任也不能由他們來負，不能去抓群眾，不能去抓小滕海清、滕海清的爪牙、滕海清的什麼的。這樣，就把一部分群眾推到了第一線了。我們不能這樣做。

當然，階級敵人，利用我們所犯錯誤，他們殘害群眾，打死人，逼死人，他們刑訊多種，那是另外一回事了。那沒有團結的問題，跟敵人講什麼團結，對這些敵人要把他們揭露出來實行無產階級專政。

也要看到我們在前一段錯誤工作中，有些工宣隊、軍宣隊、貧宣隊，也受到了「左」傾錯誤指導思想的影響，有的地方犯了些錯誤，甚至犯了嚴重錯誤。但是，責任不在他們。在糾正錯誤的時候，批判錯誤的時候，也不能把矛頭指向工宣隊、貧宣隊、軍宣隊。他們現在認識到這些錯誤，也會很痛心的，而且責任也不在他們。

所以中央領導同志告訴我們，我們在糾正錯誤的時候要注意，不要以錯誤態度對待錯誤，要以正確的態度對待錯誤。這些話是對我們領導講的，不是對廣大群眾講的。但是，廣大群眾也從這句話裡面吸取教益。

中央領導同志提到這些問題的時候，還提到，糾正錯誤，千萬不要用擴大化來反對擴大化。我們就是要注意這個問題，如果我們把矛頭向下，指向群眾，指向工宣隊、貧宣隊、軍宣隊，我們就有可能產生新的錯誤。在糾正錯誤的時候，產生新的錯誤。

我相信，我們廣大革命群眾，廣大各族革命人民會能正確的對待。當然，這不是說是主要的問題，現在還不是主要的問題。

現在的主要問題，我們還按中央指示，去克服一切阻力，糾正錯誤，落實政策。

尤其是當前，我們對挖「內人黨」的工作，按中央指示堅決執行下去。一、停止下來，不要再繼續挖了，二、要平反，把打錯了的，不是「內人黨」的好人打成「內人黨」或者搞成什麼變種組織或其他反革命組織的好人堅決徹

底平反，誰抵制平反、誰搞假平反，抵制中央的指示，就是對毛主席的不忠。三、就是要敵人，要把那些挖「新內人黨」中被關起來的好人統統的放出去，不能把好人繼續再關下去了。而且在挖「新內人黨」中對打死、逼死、打傷殘廢的同志和他們的家屬，要做好善後工作，要處理好他們的問題。

善後工作要處理好，中央的指示說的很明確，我們現在需要進一步的具體化，進一步的堅決執行。

烏盟上訪團的同志們到這裡來，同志們是對我們的一個革命的督促，促進我們更堅決更迅速地落實中央的指示，尤其是迅速堅決地做好「內人黨」的被打錯的平反工作。我們善後工作做得很不夠。烏盟革命委員會核心小組的同志寫了報告，我們和上訪團的一些代表同志們，內蒙革委會核心小組和一些常委同志研究了你們的報告，這是對我們一個很好的幫助。

我們批准了這個報告。我們希望你們根據「九大」精神，高舉毛澤東思想偉大紅旗，根據「九大」精神，堅決落實，創造出更新的經驗。

過去，烏盟搞擴大化的時候，這不怨烏盟革命委員會，怨內蒙革委會的領導，內蒙革委會核心小組的領導，問題是比較嚴重的。現在，我們應該堅決迅速地糾正錯誤，希望你們全盟三百萬各組人民迅速地行動起來，幫助我們改正錯誤，大家共同落實政策，穩定局勢，團結對敵。

局勢不穩定，我們不能落實政策，局勢不穩定，我們不能糾正錯誤，局勢不穩定，我們不能搞好備戰，局勢不穩定，就可能被階級敵人利用，被蘇蒙修利用。這是我們革命人民所不希望的。

在前段清理階級隊伍中，錯誤地把一些好的同志用「吐故納新」的名義，吐了出去，這是不應該的，錯誤的。要使這些同志迅速地照常工作，恢復他們的工作，跟我們大家在一起解決還存在的許多問題。

希望廣大的同志們起來批判我們的錯誤，支持我們，按照毛主席的指示，共同前進，及時落實黨的政策和中央的指示，來糾正錯誤缺點。在落實政策中，需要，希望廣大的革命群眾起來批判、幫助、支持我們。

我今天沒有準備，臨時想起這麼幾點，說錯了請大家批判。

38.北京軍區付政委張南生同志聽取七盟二市　無產階級革命派彙報後的講話　（1969.05.29）

　　你們的彙報，三天三夜也有說的，我清楚，你們也清楚。昨天我在那兒開會聽彙報的沒有和大家見面、同志們來反映情況。我們熱情接待你們，但做的不夠，我們北京軍區接待你們後勤部、司令部負責趙家柚。政治部負責西山。現在須持好團結團結的問題主席在「九大」已經講了，周炳高你水平高（周炳高你是老革命，我是臭知識分子）還需要改造嘛。誰說不需要，在無產階級專政條件下、是我們偉大領袖毛主席發展馬列主義的第三里程碑，毛主席的思想貫徹到底，再過50年，我就120歲了，你周炳高才75歲。你還有前途那時我就見馬克思了。在「九大」開幕式上，偉大領袖也講了，我們黨的老一輩，我現在道老，但精神不老，繼續幹革命、主席在無產階級專政下繼續革命的學說了，是偉大的發明。是對馬列主義的發展。馬克思提出無產階級聯合起來。但沒有看到今天、偉大導師列寧實現無產階級在全世界第一個取得政權的。成立了第一個社會主義國家。但沒有活到今天，主席這一學說、是對我們繼續革命的指針。

　　主席對內蒙問題的批示、不是馬馬虎虎的，北京六廠二校（不是一校，市兩校、還有北大）的回報主席天天聽，主席不僅瞭解那裡的情況，對那一個人的外體主席都知道、這六廠二校的經驗是8341部隊搞的。實際上是主席親自搞的。清華的面貌一新，立了榜樣，樹了典型過去清華什麼叫井岡山兩派打得厲害，我去看了他們武鬥的現場。通到地下道、蒯司令如何如何、今天的清華大變，是典型是榜樣、內蒙的情況、中央知道、主席清楚、這次主席批照辦的不是內蒙一個地方而是好幾個地方、周炳高你說滕海清的「左」傾惡毒比歷史上任何一次都厲害。我看王朋的左傾路線是從31年到35年共4年白區100%、蘇區90%都完了，就剩一個延安。犯左傾錯誤好像內蒙這一次厲害不是，主席說了要防止一個傾向掩蓋另一個傾向。我黨經過二十八年的艱苦奮鬥迎得勝利慶放禮炮二十八發、不放二十九發，你們知道吧，這二十八個禮炮說明我黨經過二十八年的鬥爭取得了勝利。今天的勝利是七億中國人民的勝利，祖國

不只七億人口等於歐洲所有國家人口加上美國人口。我國是強大的。如果敵人來犯、我們奉陪到底，主席對戰爭不是說了。戰爭引起革命，革命制止戰爭。我們就是要團結起來，共同對敵、主席講團結、不是現在講的從1919年就開始了《新民主主義論》的最後就是講團結的。北京現在搞整黨建黨，你們在北京貼大字報、散傳單。北京就撕、北京群眾的情緒和內蒙不一樣。保衛者都是光榮的。（周炳高說是某些人挑動小孩撕的）不是，不要這樣說，你不信就試試看，解放軍就和你辯論。（司令部、後勤部專插話說：你們在勞動宮撒傳單不是被圍嗎？）（周炳高：當我們把內蒙實況告訴他們後他們很同情、很支持）團結不團結是革命不革命的問題，你們彙報情況我們歡迎，但你們有人認為主席批「照辦」受騙了，這不對。（周炳高，我們上訪團沒有說，那是個別群眾講的）（報社記者：那是個別人）當然了、這我知道總是有人，你們不要用錯誤的態度再對待錯誤、我去內蒙今年2月6日回來的。有人說我的壞話，但我還得講話。延安宣傳毛主席12、1批示。要重證據。重調重研究、嚴禁逼、供、信，你們彙報了三個半天，還是集中到擴大化上。主席一句話全包括了。中央首長忙得很，你們知道東方紅吧，就是中央首長每天工作到東方紅時才休息。不但一個內蒙的問題，其他省也有問題，保定，上海問題也嚴重嘛。保定是北京大門、直接影響北京，你們反修前線。你們在北京貼大字報，敵人在幹什麼？他們找不到他們可以拍照，他們會花很多錢買。吳濤那一場、吳濤那一場可值錢了，敵人會高價買的、不信你們就去高價出售。有人說這是群眾情緒，這樣說不好，北京群眾情緒就受不理你們。我們每天有事，但我們聽你們的反應已經聽了好幾場我有一點病，精神激動，但有些話這是要說，敵人在磨刀。我們內部不團結，敵人在調兵，那怎麼行，我在小組座談會說過，你們的集二線很重要，要搞好包圍、他可以直接影響北京、我們要團結起來準備打仗，群眾情緒不穩定不好、你們撒傳單、敵人闖上馬上就發出去，北京鬥彭真搞噴氣式還是讓敵人鬧去登報了嗎？主席的批示要好好學習。主席在「九大」講了，我希望這次大會，開成一個勝利大會，團結的大會、大會以後，在全國取得更大的勝利。怎麼理解。我認為、埋葬帝、修、反，實現全世界一片紅。你們處在反修第一線，敵人就盼你們亂、那你們能亂嗎？我們是五保衛、保衛毛主席、保衛林付主席、保衛中央保衛中央文革、保衛北京。五一節我在天安

門執勤六個鐘頭、《6-12點》我帶了一個工作人員的手套子、謝付總理見了很奇怪、問這是幹什麼？我說值勤工作人員的證明。你們在大街貼大字報、高傳單、心情我們理解。主席批示不讓翻印、你們印了、又舉到北京、我最擔心讓敵人鬧去，我們北京軍區只有兩個。16級以上幹部才撤走。

對主席的批示要好好學習、主席批示、理解也執行、不理解也執行、你講了三個半天、我沒講我今天講就希望按照主席批示，主席批示（內蒙文革擴大化了，照辦。）

我提幾個個人意見，不是指示、要是指示我就不講了。

一，希望周志成為毛澤東思想的宣傳員模範執行者。滕海清不執行你得執行呀！我去內蒙到走包頭軋機廠，我也去集寧，我去幹什麼你們知道嗎？我到集寧首先找吳尚志叫來，要他好好學習宣傳、執行毛主席12、1批示，我也犯過錯誤，人不犯錯誤不是馬列主義者，滕海清也有一個認識過程嗎，所以我希望你們好好學習毛主席批示、好好宣傳，成為一個出色宣傳員、模範執行者。北京軍區黨委研究發一個劉、為到內蒙軍區每個團要解放軍堅決執行毛主席批示，軍隊不能亂。內蒙的情況我知道得怕比你（指周）知道的多、而且更全面一些，當然沒有你們評細，但大的方面區是知道。我們沒那麼囉嗦能幹什麼，難道不瞭解情況。我講的不對，請當面批評，不要搞小動作、（周炳高：滕海清就是搞小動作）搞陰謀的人沒有好下場，歷史就是證明。你們說中央不知道你們情況，想用傳單大字報讓中央知道。誰說中央不知道？騎五師來了20個解放軍，昨天5點周總理伯達，康生批示6、15批字要給我、讓我一個不拉的找回來，我找了兩個小時找到了，把名字送給現場，與總理掌握的一個不差的，怎麼說中央不知道你們的情況？

二，把材料趕緊整理出來，上報材料字不要超過二千字，最好一千字以內，上報材料寫的短些，寫的好些。林付主席「九大」政治報告只有二萬四千字說明那麼多問題。

三，這名多人重這個地方是否值得考慮的呀？「九大」以後，全國掀起███████████████████████████████吧？[1]你們要顧全

---

[1] 編按：此處史料辨識不清，以█代替。

大局、團結起來抓革命、促生產、準備打仗、你們給中央的信、材料我馬上如實的轉交，你們放心。（周炳高：上訪團給選擇七盟三市只來210人、現在這些都是自己來的，你們來一個收一個、我們希望你們也採取措施）。我去內蒙提出了防「左」。他們說我右傾、歷史給做了結論，我講話、他們不滿意，說我張南生如何如何，說我放毒。我說你們罵出出氣也好出完氣還得學習毛主席指示。我不愛你說你的，我照常宣傳毛澤東思想，你們裡邊有些好多同志受了委屈，但不要考慮這個，你們看了「九大」電影以後，「九大」文獻、你的心情就讀開闊了。

　　總之，按毛澤東思想辦事，照毛主席批示辦事就是勝利，誰不照毛主席批示辦事誰就註定失敗。（周炳高、滕海清不照毛主席批示辦事）那麼你們也不著急，真像那樣的話，中央會說話的。

　　　　　　　　　　　　　　　　　　　　（記錄整理、未經本人審閱）

39.北京軍區後勤部董付部長講話
（1969.05.29）

滕海清同志所以犯錯誤，就是沒聽毛主席的話，沒有按中央指示。毛主席培養我們這麼多年，我們給黨作了一些工作、但與人民給我們的信任相距還遠，這一信任我更理解。這一次使我們更理解到一個領導幹部背離毛主席革命路線戰略思想的教訓，北京軍區也開始清理階級隊伍。清理階級隊伍要誰學為基礎。但內蒙清理階級隊伍已經擴大化了、擴大的原因指導思想不對。叫內蒙日報出了「狠」字為基礎的社論、內蒙日報有很多問題，以後又出了三論、四論、越論越不清。主席非常關心內蒙的問題。滕海清同志犯了錯誤、我們一定按主席指示辦事、有人說：我們不理解你們的心情、我們按中央指示辦事、（你們接待內蒙保滕派不理解），董付部長、都是內蒙來的嘛，都應該接待。

張付政委：他們什麼時候來的、什麼觀點、在那住我都不知道，我沒有見他們。

周炳高：他們保滕的，來京為馬伯岩翻案的，來推翻主席批示的。

最後，張付政委又再三說：今天是我和大家談心、不是指示不亂翻印，不亂搞傳單、如果那樣的話，再見時我只說好，以後見，今天我很高興，很激動，大家也都很高興嗎？這很好！

彙報結束時，張付政委，董副部長與大家一一握手，熱情歡送同志們上車前往軍區招待所。

40.團結起來批判錯誤：吳濤同志在六月六日 夜接見呼市地區革命造反派的講話 （1969.06.06）

　　接受同志們的批判、幫助、教育。同志們有很多很好的建設性意見，幫助我們糾正錯誤，落實政策，穩定局勢，加強團結，共同對敵。當前最重要的是糾正錯誤，糾正錯誤最主要的是批判錯誤。錯誤不批示不能改的。閉門思過改，坐在屋子裡改是不行的，要發動群眾批判我們的錯誤。只有這樣，才能使我們深刻的認識錯誤、糾正錯誤，下最大的決心改正錯誤。當前的形勢，是批判錯誤正在向前發展的大好形勢。如果不是這些同志出來批判錯誤，那麼是不可能糾正錯誤的，也不可能落實政策。落實政策和糾正錯誤是一個問題的兩個方面，只有糾正了錯誤才能落實政策，不糾正錯誤怎麼能落實政策？糾正錯誤當前來講就是要開展批判。批判什麼錯誤，要批判嚴重逼、供、信、擴大化的錯誤。這是在左傾錯誤的思想指導下，在清理階級隊伍當中犯了嚴重的錯誤。大家起來批判就能把所有的同志團結起來。我們明確表態要到群眾裡去說、去講、去動員，讓大家都來批判，這樣群眾就一致了，團結了。如果不是這樣，群眾就會形成兩種觀點，兩派，甚至兩大派鬥起來，這是完全可能的。當前來講，是把矛頭指向我們的錯誤，批判這個錯誤，這樣群眾才能團結起來。對群眾我們應當團結起來共同批判。批判者不能受到批判！現在街上出現的現象很不好，把矛頭指向霍道余、郝廣德、王志友同志，這樣不好，他們是抵制錯誤的，他們過去抵制錯誤，現在批判錯誤。抵制錯誤、批判錯誤的同志不應受到批判。這樣搞不好，要把矛頭指向我們犯的錯誤，錯誤是我們犯的，如果把矛頭指向批判者這樣就會造成分裂，這個問題值得特別注意。

　　再一個問題，不同觀點是允許存在的，要做很長時期的工作，要做艱苦細緻的政治思想工作，這樣逐漸用毛澤東思想來統一，用毛澤東思想達到五個統一，只有這樣才能實現大聯合。所以什麼派的問題，不要強調這個東西，現在要強調對我們進行批判。先批判後批判都允許，後批判的要向先批判的學習，後批判的不應當反對先批判的！先批判的為什麼要批判後批判的呢。所以先批

判後批判都允許，都要批判，先批判後批判都是好同志，都是幫助領導糾正錯誤。所以不要講什麼保滕派，不要這樣講，這樣講不利於團結。先批判後批判都允許，不同觀點的群眾的大字報上街了，大字報應當批判擴大化的錯誤，批判我們的錯誤，不要批判郝廣德、霍道余同志，那樣就錯了嘛。（高錦明同志插話：也不要指向唐靜軒、楊萬祥）也不要這樣搞，大字報不要上街，目標要集中，批判錯誤是革命的行動，要肯定，大家都來批，允許先批，也允許後批，允許昨天批，允許今天批，也允許明天批，直到把錯誤批判了糾正了為止。

第二個問題：要堅決落實政策。下面那個地方落實政策不夠，責任都在領導，所以態度明朗，承認錯誤，這樣，下邊就沒有顧慮了，落實政策的阻力就小了。主要責任在領導，所以我們想下個落實政策的文件，141這個文件是有錯誤的，現在要它撤銷，重新發一個，接受同志們的意見。下面很多革命造反派反映這個文件不好。（群眾揭發：常委會沒通過，後來發了，是什麼人搞的鬼！）這裡最嚴重的問題是把一大項漏掉了，凡是打錯了的都應當平反，這是最重要的一句話。講平反貧下中農（牧）青年學生，一般幹部，恰恰沒有寫上搞錯了的都要平反，這句話最重要最重要。青年平反老年就不平反了？一班幹部平反了，別的幹部就不能平反？凡是錯誤的都平反。當然裡邊還有其它問題。現在我們接受同志們的意見，把這個文件撤銷（群眾：這個文件的要害是不准批判錯誤）。平反不論是個人或革命群眾組織，革委會成員，凡是搞錯了的都要平反，受傷者給予治療，由於逼、供、信而造成的非正常死亡，一律要給予撫卹。沒有新的規定之前，按著因公死亡待遇，來給予撫卹。這個問題將來全區制定一個撫卹規定，整死的堅決給予撫卹，給平反。平反的很重要的一個方面還是批判錯誤，因為組織上、政治上平反了，已經宣佈了，但是如果思想上沒有進行批判，腦子裡還存一個「內人黨」，那還沒有平反，所以要批判。不進行批判，腦子裡還是「內人黨」那就不能以同志相待，分配工作也不能很好的信任。所以只有展開批判。真正從思想裡邊認為他不是內人黨，這樣才能變成革命同志的感情來對待他，才能真正達到團結，才能真正信任他。否則腦子裡還有一個「內人黨」那就不行了。這個問題要徹底平反，各個地區要很好地落實，首先在領導，明確表態，承認錯誤，檢查錯誤。

　　第三個問題：對工宣隊、軍宣隊都要進行一個時期的整訓。這些同志在過去工作中，在「左」傾錯誤思想指導下，有些缺點錯誤這應該由領導來負責。因為擴大化是在「左」傾錯誤思想指導之下造成的，本來是「左」了，還在那裡反右，結果越反越左，這不能怨下邊嘛。有一些關係搞得不好的，經過整訓還可以調整，外地區的工宣隊逐漸準備撤離。工人階級，產業工人到工廠礦山，工人階級管工人階級這個辦法不太好，將來逐漸撤出。當然全國也有這種情況，但很少。在北京有大城市進到縣的小工廠的。產業工人到產業工人的地方現在來看不成功，要撤離，當然要逐漸這樣做。要工宣隊總指揮部商量做。他們的工作，撤也要做好工作。他們過去清理階級隊伍的材料要交給革命委員會，撤的時候要把手續辦好，各個單位要在他們走的時候進行歡送，做好團結，歡迎來的嘛，要歡送走，不要搞的很不好，對待工人階級嘛。這個問題，如果派的不合適，派錯了，這個責任在我們領導，在核心小組。工宣隊本身是沒有錯的，他們是執行者。

　　第四個問題：抓革命促生產。這個問題革命造反派卻非常關心。當前來看，這是對整個局勢關心，對整個革命委員會關心，對核心小組的工作關心。有許多同志講「看在眼裡，疼在心裡」，我想這話是肺腑之言，非常誠懇，非常關心，關心國家大事，關心整個局勢，關心內蒙當前的局勢。我們一定不辜負同志們的關心，一定按中央指示，按毛主席5・22批示辦事。中央的指示，特別中央政治局的指示，我們傳達的都是中央政治局負責同志講的，沒有一句話是我們自己的，至於那個是總理講的，那個是（陳）伯達講的，那個是康生同志講的，我們沒寫上，但是把他們講的都寫上了，那樣提的，那樣寫的，都是他們講的，那個談話是當面對我們的批判嘛，當然很嚴肅。我們認為只有對我們這樣批判才能改正錯誤。那兩個文件是我們寫的，一個是我們的檢討，一個是六個核心小組成員寫的，中央批示的，你們都看到了，精神還是一致的。當然語句兩個文件怎麼會一樣呢？語句不一樣，但精神一樣。我們保證，我們傳達的每句話都是中央政治局負責同志講的，就是這個問題，要尊重這個指示，沒有其他的說法。中央政治局負責同志的講話指示，我們還有什麼打折扣的？只有堅決執行。這個問題不能含糊。所以當前許多同志關心整個局勢，對我們進行了批判，給了我們不少批判，提了不少好的建設性意見，許多具體問

題我們還未來得及商量，具體解決。每個問題都要進行研究，研究以後才能求得解決。當然這裡降到一個單位一個單位，一個問題一個問題解決問題，還要總的發個東西，不然時間來不及。一個一個地解決是對的，但完全這樣做來不及。現在的辦法就是如此，每天接見一些人，但是安排不過來。現在已經摸了一些經驗，同志們的批判建議也指出了很多問題，要很好的研究一下，發一個全面性的文件全區執行，有的解決了，他就不來了。為什麼來，主要是沒糾正錯誤，沒落實政策。政策不落實，所以人家來嘛，政策落實了，人家就不來了。政策落實不了，所以發個全面的東西非常必要。

最後我們會場也是一個鬥爭嘛，是糾正錯誤的鬥爭，要很好的把它堅持下去，要按著中央指示的24字方針，加強團結、糾正錯誤、總結經驗、落實政策，穩定局勢，共同對敵，這是當前解決問題的指導方針，是解決一切問題的依據。實際情況也是這樣，如果不是這樣的話，內蒙的形勢就變成第二個可能，那就搞壞了。從當前情況來看，許多同志很關心，想出很多好的辦法，只要我們堅決執行就一定能爭取第一個可能。要以最大的努力這樣做！當前的局勢，國內外形勢都不允許我們走向第二個可能。第二個可能對我們的損失太大了。當前我們要共同對敵，我們反對蘇蒙修正主義，要加強戰備，防止敵人在邊境挑釁，當然他挑釁我們要堅決回擊，回擊他，打擊他，他近來就徹底消滅他。從國內外形勢看，堅強戰備，要把局勢搞好，對當前來講非常非常重要。當前最重要的要抓糾正錯誤，落實政策，只有這樣才能達到加強團結，共同對敵，不是這樣就做不到加強團結，共同對敵。

41.內蒙古自治區革命委員會關於認真貫徹執行「九大」精神和偉大領袖毛主席《五·二二》批示及中央對內蒙當前工作的指示的通知（1969.06.09）

內蒙革發〔69〕165號

各盟（市）、旗（縣）革命委員會，各軍分區、武裝部，各地駐軍，各工宣隊、軍宣隊、貧宣隊，各革命群眾組織，內蒙古自治區直屬各單位：

當前，全區各族人民群眾，在偉大的毛澤東思想的指引下，遵循黨的「九大」精神，高舉「團結、勝利」的旗幟，按照偉大領袖毛主席《五·二二》批示和中央對內蒙當前工作的指示（即吳濤同志五月二十二日晚所傳達的），掀起了一個由下而上地、波瀾壯闊地活學活用毛澤東思想、批判前一段自治區革委會領導上所犯的嚴重「左」傾錯誤、落實毛主席各項無產階級政策的群眾運動。形勢一片大好。遵照偉大領袖毛主席「團結起來，爭取更大的勝利」的偉大號召，各級領導要高舉毛澤東思想偉大紅旗，認真貫徹執行黨的「九大」精神和毛主席《五·二二》批示及中央對內蒙當前工作的指示，正確認識當前形勢，正確對待群眾，正確領導群眾，切實解決當前工作中存在的重要問題。為此，特作如下通知：

一、認真學習、宣傳、落實「九大」文獻和偉大領袖毛主席《五·二二》批示及中央對內蒙當前工作的指示。努力實現偉大領袖毛主席《五·二二》批示和中央對內蒙當前工作的指示，與貫徹「九大」精神，落實「九大」提出的各項政策和各項戰鬥任務是完全一致的。

二、各級領導同志要發動群眾，相信群眾，依靠群眾，主動到群眾中去，同群眾一起，領導群眾批判我們的嚴重錯誤，落實毛主席的各項無產階級政策。

群眾起來批判我們的錯誤，是對領導機關的革命監督，是幫助改正錯誤，

是完全必要的，這是主流。要發動廣大群眾起來，共同批判自治區革委會領導上前一時期所犯的嚴重錯誤。要滿腔熱情地歡迎、支持群眾的批評，壓制群眾的批評是錯誤的。各級領導要引導不同觀點的群眾共同批判我們的錯誤，不能引起群眾鬥群眾，不能把矛頭對準群眾。革命群眾批判我們的錯誤時，存在這樣那樣的分歧，是正常的。對這些分歧，要在偉大的毛澤東思想基礎上，在中央對內蒙當前工作的指示的精神下，統一認識，各級領導要積極作好不同觀點的群眾的政治思想工作，增強以工人階級為領導、以工農聯盟為基礎的廣泛的革命大團結，鞏固和發展革命的大聯合。對群眾在批判中所出現的支流問題，要以愛護群眾的態度，耐心做工作，正確引導。那種把來自群眾的革命批判和群眾批判中的某些支節問題，說成是「逆流」，是極其錯誤的。

糾正錯誤和穩定局勢，兩者相輔相成。藉口穩定局勢而不糾正錯誤是不對的。在糾正錯誤中必須顧全大局，防止把局勢搞亂。只有這樣，才能糾正錯誤，落實政策，增強團結，穩定局勢，共同對敵。

三、在前一段清理階級隊伍中，特別是挖「新內人黨」的過程中，在「左」傾錯誤思想的指導下，犯了嚴重的逼、供、信和擴大化錯誤，造成了嚴重的後果。對於這一段的錯誤，必須按照毛主席「五·二二」批示和中央對內蒙當前工作的指示，認真、徹底、迅速地予以糾正。一定要按照中央的指示，立即停止挖「新內人黨」及其變種組織的工作。凡被錯打成「新內人黨」成員的（包括錯打成其他反動組織成員的，下同。），必須徹底平反，並按照規定原則，銷毀整他們的材料，嚴禁轉移、複製、隱瞞和私自處理。對被打、被逼而造成的非正常死亡者，按「因公死亡」待遇，要認真安排好其家屬的生活；對被打傷者要就地負責予以治療；對因傷致殘者的生活要予以妥善安排。對被錯打成「新內人黨」者及其家屬，在被鬥爭期間所遭受的財物損失，要合理予以解決。

革命造反派組織，被打成「新內人黨」及其他反動組織的，要予以平反，並公開恢復名譽。要進一步鞏固和發展革命大聯合，反對重拉隊伍，另立山頭。

四、從自治區革委會四次全委擴大會議開始，在全區開展了對所謂高錦明右傾機會主義路線的批判，是錯誤的。凡是因為積極推行所謂高錦明右傾機會

主義路線，或因所謂「九月暗流」，或因錯打成「新內人黨」成員，被「吐」出去的各級革委會成員和辦事機構的工作人員，都要立即平反、恢復原職或另行分配工作。

各級革委會的領導班子和辦事機構，必須迅速充實、健全起來。要充分發揮各級革命委員會的作用，全體軍民，都必須堅決支持、信任、幫助、尊重和捍衛革命委員會。

各級革委會的所有人員都應當高舉毛澤東思想偉大紅旗，加強團結，顧全大局，堅守崗位，齊心協力，作好工作。

五、根據毛主席的偉大號召派到各單位的工宣隊、軍宣隊、貧宣隊，他們在組織和帶領廣大革命群眾活學活用毛澤東思想，領導鬥、批、改，抓革命、促生產等方面，做了大量的工作，取得了很大成績。他們有些人在工作中發生的缺點、錯誤，由自治區革委會領導上負責，他們主要是總結經驗，吸取教訓，落實政策的問題。革命群眾在批判我們的錯誤的時候，不能把矛頭對準他們，更不允許揪鬥他們。

各工宣隊、軍宣隊應有計劃地、分期分批地舉辦毛澤東思想學習班，認真學習「九大」文件，認真學習偉大領袖毛主席《五・二二》批示和中央對內蒙當前工作的指示，總結前一時期工作的經驗教訓，提高認識，以便更好地發揮他們的作用。對貧宣隊，應即調回本地去抓革命、促生產。工廠和旗縣以上革委會機關，今後不再派駐工宣隊。凡派到外地的工宣隊，根據情況，逐步調回本單位參加鬥、批、改，抓革命、促生產。

六、要堅決貫徹執行中央《六・六》通令、《七・三》佈告和《七・二四》佈告。堅決反對武鬥，嚴禁打、砸、搶、抄、抓等違犯政策的行為，防止反革命分子和壞分子混水摸魚，乘機搗亂。任何群眾組織和個人都不准抓人、關人，不准私設公堂和變相私設公堂，不准搶奪、竊取檔案和文件材料，不准搜查、抄家和封門，不准侵佔、搶砸國家、集體和個人財物。目前有的單位發生隨意揪人、查封和武鬥傷人，影響生產等現象必須堅決制止。

各級革委會、軍分區、武裝部和各地駐軍要認真擔負起保證中央《六・六》通令、《七・三》佈告、《七・二四》佈告貫徹執行的責任。從文到之日起，對於違反中央上述通令、佈告的，都必須嚴加處理，對於肇事者和背後挑

動者，對於肆意擾亂和破壞無產階級專政秩序的壞分子，對於打傷和打死人的兇手，要依法懲辦。

七、進一步做好「擁軍愛民」「擁政愛民」工作，加強軍政團結、軍民團結。

中國人民解放軍是無產階級專政的柱石，是保衛祖國的偉大長城。各級革委會在貫徹落實「九大」精神和偉大領袖毛主席《五·二二》批示、中央對內蒙當前工作的指示的過程中，要加強對各族人民群眾的擁軍教育和戰備教育，通過各種方式抓好擁軍工作，加強軍民團結。

各軍分區、武裝部和各地駐軍要加強擁政愛民工作。要支持和協助各級革委會做好工作。對前一段被打傷的群眾，當地軍隊醫院和醫療部門要派出醫療隊就地予以治療。

參加「三支」、「兩軍」工作的中國人民解放軍指戰員，忠實地執行了毛主席、林副主席的指示，在工作中取得了很大成績，作出了巨大貢獻。在前一段工作中，由於自治區革委會領導上犯了「左」傾錯誤，有些同志在具體工作中產生的缺點和錯誤，責任應由自治區革委會領導上承擔。在批判我們的錯誤的時候，不能把矛頭對準他們，不准到部隊揪人，不能衝擊軍事機關和軍隊駐地。

參加「三支」「兩軍」工作的中國人民解放軍指戰員，要高舉毛澤東思想偉大紅旗，突出無產階級政治，認真貫徹執行毛主席「五·二二」批示和中央對內蒙當前工作的指示，和廣大革命群眾一起，批判和糾正錯誤，總結經驗，落實政策。要像八三四一部隊那樣，堅持三個原則，九個一樣。要積極做好不同觀點群眾的思想政治工作，在「三支」「兩軍」工作中再立新功。

八、偉大領袖毛主席教導說：「國家的統一，人民的團結，國內各民族的團結，這是我們的事業必定要勝利的基本保證。」我們一定要進一步加強各民族的團結，堅決執行毛主席的民族政策。蒙族和其他少數民族的人民和幹部的絕大多數，是熱愛偉大領袖毛主席、熱愛黨，熱愛社會主義祖國的。在挖「新內人黨」中誤傷的少數民族幹部和群眾，要堅決徹底平反。要積極培養、提拔有共產主義覺悟的少數民族幹部，要充分信用他們。尊重各少數民族的語言、文字、風俗、習慣，加強各族幹部和各族人民之間的團結。

九、抓革命、促生產、促工作、促戰備。各級革委會，要狠抓革命，猛促生產，不失時機地把工農牧業生產抓好，特別要抓好糧食、煤炭、國防工業生產和鐵路運輸。

要教育和發動群眾提高警惕，反對壞人煽動鬧經濟主義和無政府主義歪風，反對任何破壞生產、破壞交通的行為。

各級革委會，要說服群眾，堅持就地鬧革命，節約鬧革命，業餘鬧革命，不要到外地串連，減少上訪，就地解決問題，矛盾不上交。

各級領導一定要更好地遵照偉大領袖毛主席的教導，正確區分和處理兩類不同性質的矛盾。凡是人民內部矛盾，都要用團結──批評和自我批評──團結這個唯一正確的公式去處理，都要從團結的願望出發，經過批評和自我批評，使矛盾得到解決，在毛澤東思想基礎上達到新的團結。要認真注意到一個時期有一種主要傾向，但它又掩蓋著另一種傾向。在反對右傾時候，就可能出「左」；在反對「左」傾時候，就可能出右。要認真貫徹執行加強團結，糾正錯誤，總結經驗，落實政策，穩定局勢，共同對敵的方針。要教育群眾，把仇恨集中到美帝、蘇修、蒙修和叛徒、內奸、工賊劉少奇及其在內蒙代理人烏蘭夫等一小撮階級敵人身上去。

各級領導，全體軍民，都要認真學習、堅決貫徹執行偉大領袖毛主席的最新指示：「我們講勝利，就要保證在無產階級領導之下，團結全國廣大人民群眾，去爭取勝利。」「團結起來，為了一個目標，就是鞏固無產階級專政，要落實到每個工廠、農村、機關、學校。」全黨團結起來，全體軍民團結起來，各族人民團結起來，高舉毛澤東思想偉大紅旗，糾正自治區革命委員會領導上在前一段工作中所犯的嚴重錯誤，落實政策，穩定局勢，共同對敵，認真搞好鬥批改，抓革命，促生產，促工作，促戰備，爭取更大的勝利！

（此件可以張貼，不登報，不要無線廣播。
原內蒙革發〔69〕141號文件作廢。）

內蒙古自治區革命委員會
中國人民解放軍內蒙古軍區
1969年6月9日

已發：各盟（市）、旗（縣）、公社革命委員會，各廠礦、企事業革命委員會，
各軍分區、武裝部，獨立營以上單位，
各工宣隊、軍宣隊、貧宣隊，各革命群眾組織，內蒙古自治區直屬各單位。
報中央。共印二〇、〇〇〇份。

內蒙古自治區革委會辦公室祕書組一九六九年六月十日發出
呼和浩特工代會一九六九年六月十日翻印

42.吳滕同志六月十一日在接近七盟二市 上訪團時的講話（摘要）

最近中央對內蒙地區工作做了指示，讓我們注意在糾正擴大化、逼供信錯誤時，要落實政策，不要用擴大化來反對擴大化，否則局勢不好收拾。我們這一時期，由於對兩種不同觀點的群眾工作做得不夠，工作比較被動。所以不同觀點的群眾來呼上訪的人越來越多，到現在有七千人。也有不同觀點的群眾去下面串連，到各盟市，這樣下去局勢將，要更被動。所以應當讓我們提出一個總的解決問題的辦法，總得解決問題的原則，向上訪的同志，向各盟市，向各旗縣公開傳達，宣傳，要求貫徹執行。我們所犯的錯誤，要根據中央「24字」方針去糾正。要使全區本著中央指示精神，毛主席「5.22」批示精神和毛主席最新指示，「團結起來，爭取更大的勝利」以及兩報一刊社論精神，上上下下貫徹「24字」方針，爭取局勢第一種可能。這樣才主動，解決問題更快一些。所以根據中央指示，最近擬了「九條」通知，這樣就不致一個一個旗縣，盟市來解決了。

中央講讓我們分別作兩種不同觀點的群眾工作，號召他們團結起來，共同對敵。內蒙問題前一個時期敵人不知道，最近莫斯科已登了消息，莫斯科六月五日修字號黑黨會很可能利用內蒙問題攻擊我們，攻擊中國，對我們很不利。中央要求我們向廣大群眾做工作，號召大家顧全大局，團結起來，共同對敵。特別注意分別做工作，發揮自治區革委會常委的作用。要常委，要核心小組同志分別找群眾做工作。

中央要求兩種不同觀點的群眾派下去串聯的人員馬上回來，上訪的回去就地鬧革命，解決問題派少數代表和革委會商量，多數同志回去就地鬧革命，就地解決問題，抓革命，促生產。

中央指出，內蒙清理階級隊伍中反嚴重的逼供信、擴大化錯誤，責任由內蒙革委會負，特別是由核心小組負責同志承擔，對下面不要自責，他們是具體執行的，對下面的同志不能揪鬥，不能讓他們承擔這個責任。中央已經分擔了責任。特別告訴我們，對於兩種不同觀點的同志和群眾在批判錯誤的問題

上，不要爭高低。要以大局為重，團結起來，爭取更大的勝利。這個意義非
常重大。

43.為落實毛主席《5‧22批示》而鬥爭到底
——郝廣德同志在內蒙革委會辦公室
全體工作人員會上的講話（摘要）

　　我們偉大領袖毛主席，林副主席非常關心內蒙。中央政治局多次接見，做了重要指示。這些指示都是英明，及時、正確的，我們每個同志都要認真學習、體會，為落實這些指示而鬥爭。

　　從四月下旬以來，內蒙的廣大革命群眾，尤其是呼市地區，掀起了一股自下而上的，勢不可擋的批判滕海清「左」傾錯誤的群眾運動。但是有人對此橫加罪名，百般誣衊，說什麼。這是階級敵人挑起來的，是高錦明、極星垣挑起來的，是高錦明右傾機會主義路線大方案，大反撲，是反軍、反工、反滕的逆流，是配合蘇修反華大合唱，批判滕海清同志就是反軍，是排外主義。後來他們變成批判是對的，青年學生批判是對的，但是要注意後面有敵人。這在中央指示裡已經明確講出，革命群眾批判滕海清的錯誤是對革命委員會的愛護，是革命監督。這些革命監督好得很！

　　這場群眾運動是誰發動的？是高錦明發動的嗎，是權星垣發動的嗎？是階級敵人挑起的嗎？不是。

　　毛主席三月份指出來，內蒙已經擴大化了，就是對內蒙廣大革命群眾的號召和動員。滕海清同志以他的言論，行動，在各個方面的嚴重錯誤，給我們充當了反面教員，他從反面發動了群眾，他給我們提供了極其豐富的批判右傾機會主義錯誤的材料。

　　中央指出，他顛倒了歷史。內蒙的文化大革命，究竟是內蒙的革命造反派和革命群眾緊跟毛主席偉大戰略部署，揪出烏蘭夫，批判資產階級反動路線，粉碎二月逆流，搞大聯合，三結合，成立革命委員會。還是滕海清同志先打了平津戰役，打了遼瀋戰役，打了淮海戰役，渡長江，抓了蔣介石，回來一開會，抓出了高錦明，內蒙的文化大革命從此取得決定性勝利？他顛倒黑白，把高錦明同志的正確意見，當做錯誤的意見，把自己錯誤的意見當作正確的東西，顛倒黑白，混淆是非。

　　內蒙的「學說」很多，打倒假洋鬼子說，狠為基礎說，革命委員會要吐故納新說，直屬機關壞人百分之四十、五十說，打死幾個人也不要緊，群眾的積極性嗎，烏蘭夫黑線一條條一股股，又黑又長，還叫作在滕海清同志親自領導和發動的以清理階級隊伍、大批判為主要內容的偉大的挖肅運動取得了輝煌的成績。

　　滕海清同志長期以來封鎖中央對內蒙的指示。四次全委會議，他就造中央的謠言，他講，這樣批判高錦明同志是康老的指示。他講內蒙的共產黨就是內人黨，是一套人馬兩套班子，表面上是共產黨，實際上是內人黨。他說，這是謝富治副總理說的。他又講，康老說，高錦明搞反覆，高錦明的歷史有問題。二月四日中央文革碰頭會接見他，直到現在，他還沒有完全傳達給群眾。可是，有幾條總是在傳達中念念不忘，一條叫高錦明有問題，一條叫中央首長向他道歉。他搞獨斷專行，《從二月逆流到九月暗流》核心小組大部分同志不同意，他就一個人說了算，而且說這篇文章把問題算說清楚了。第四次全委會以後，他根本不召開常委會。四次全委會就是不先召開常委會就來了一個全體擴大會議，我們也不知道擴大到什麼範圍，反正只要反高錦明的，千方百計地擴大進去。不開常委會議，開核心小組擴大會議，在他眼中常委會都是木偶。

　　滕海清搞祕書專政，一些重大問題不在革命委員會解決，而在新城賓館4號樓滕辦解決。革命委員會的委員，常委，滕辦祕書一個電話，就可以交給本單位審查，想抓誰就抓誰，想定誰是內人黨，誰就是內人黨，想定誰是走資派，誰就是走資派，最後沒有罪名了，就是他有特務嫌疑，審查不是特務嫌疑，就是反革命兩面派。反革命兩面派難說了吧，很麻煩。大家翻翻過去的東西，誰是反革命兩面派？誰上欺中央，下壓群眾？誰竟然擅自大造中央首長的謠言？誰不把內蒙的真實情況向中央彙報？是誰？究竟是誰？內蒙最大的兩面派就是滕海清。

　　烏蘭夫時代讓天天讀蒙語，不能天天讀毛選。紅色政權建立了，滕海清原來還可以，後來有一個時期天天得讀讀滕司令員某某日講話，今天讀了，明天不讀你就的犯錯誤，因為他今天講的，明天到哪個單位變了，所以跟不上他的戰略部署。

　　中央首長講，內蒙清理階級隊伍有成績，牧區劃階級很有成績。劃出來

貧下中農，牧主，牧主蒙古包上插白旗，牧民蒙古包上插紅旗。由於滕海清同志狠為基礎，就在牧民中挖「內人黨」，結果插上紅旗的，過不了幾天變成了「內人黨」的旗。挖「內人黨」在牧區，說是烏蘭夫不發展地富反壞，專發展貧下中牧。本來劃出來的貧下中牧都變「內人黨」，劃出來的成績哪裡去了呢？講團結，莫力達瓦旗好多幹部、黨員都被抓了，幾乎是下不多，這叫團結嗎？這叫革命嗎？是民主分裂，還是民族團結？這是從「左」的形式破壞民族團結，搞民族分裂。挖「內人黨」挖到漢族貧下中農，多了，哎呀！「內人黨」有了漢族，值得考慮，這個意思是什麼呢？如果就是蒙族還問題不大。喀拉沁旗有一個報告，抓「內人黨」有幾多：黨員多，貧下中農多，四清積極分子多……。喀拉沁旗旗一級付科局長以上七十七人，揪「新內人黨」七十二人，有重大嫌疑的五名，百分之百。錫盟西蘇旗九百多共產黨員抓了八百多。

　　現在批判滕海清「左」傾機會主義的錯誤，就是「九大」精神。落實政策關鍵問題是批判錯誤，不破不立，不批判錯誤東西，不批判毒草，不剷除毒草，正確的東西建立不起來，香草就不能開放。有人搞合二為一，有人公然違背毛主席提出的破立原則。搞只立不破。

　　要做兩派工作，要幫助群眾認清哪些是正確的哪些是錯誤的，支持正確的，批判錯誤的。對兩派群眾不要壓，讓他們在毛澤東思想基礎上團結起來，沒有團結就沒有革命，取消團結，就等於取消革命，團結是勝利的保證。團結是有基礎，有原則的有條件的，不是無條件無原則無基礎的。在毛澤東思想的基礎上團結起來，在毛主席革命路線上團結起來，在緊跟毛主席偉大戰略部署鬥爭中團結起來，在落實毛主席無產階級政策中團結起來，在落實「九大」精神，批判滕海清，「左」傾機會主義錯誤鬥爭中團結起來。

　　誰是搞團結的？誰是搞分裂的？誰是搞陰謀的，誰是搞陽謀的，革命群眾看得很清楚。誰在搞支一派壓一派。師院怎麼搞的，內大怎麼搞的，林學院怎麼搞的，農牧學院怎麼搞的，烏達怎麼搞的。誰是搞分裂的，誰是維護團結的都弄清楚，弄清是非，糾正錯誤，團結起來，共同對敵。中央指示英明，正確，及時，為落實中央指示而鬥爭。

　　中央指示有兩種可能，我們每個革命同志都應該千方百計地爭取第一個可能，就是團結一致，迅速改正錯誤，落實政策，穩定局勢而努力，而鬥爭。關

鍵問題當然是滕海清同志本人是否承認錯誤，糾正錯誤。

近幾天來出現的一些事情，不能不引起我們的同志的警惕。某些人揚言吳濤政委傳達指示和中央文件有矛盾。還有人說，吳濤同志傳達不準確，他是蒙族，他帶有極大的民族情緒傳達的。還有人說，中央片面聽取了高、權的意見，作出了錯誤的決定。還有一個單位，廣播吳政委傳達中央指示，他就帶著人把500瓦的機器打碎了。還有人在某某人的支使下大量複製，轉移，翻印，整理革命群眾的材料，轉移到市公安局二樓和監獄的號子裡。被革命委員會查封了幾十箱內人黨的材料，有呼市機關的，有內蒙機關的，還有軍隊的。這樣上上下下我們連起來想一想這究竟是怎麼回事。

我們革命群眾要堅決照毛主席司令部指示辦事，按中央指示辦事，服從毛澤東思想，搞陰謀，不要搞陰謀，在狠揭狠批的基礎上團結起來，爭取第一個可能，這是完全可能的。革命委員會應該注意哪些材料，請大家放心。呼市公安局和監獄的材料，內蒙軍區和革命委員會滕海清和吳濤下達命令，立即封存了，請同志們相信這一點，不要亂封材料、抓人。這很容易上當，很容易給階級敵人搞亂，破壞造成機會。

我看群眾運動天然合理，再加上領導帶頭，真正他領導群眾批判，不是虛情假意的，也不要那麼多條條框框，抓革命促生產，把工作安排好，革命、工作都不要誤。我們的革命群眾，中央一再表揚，內蒙革命造反派，廣大革命群眾是聽毛主席話的，這方面不要以己律人，不要以為你自己不聽毛主席的話，其他人都不聽，毛主席的話。

44.關於做好在挖「新內人黨」中誤傷的人員疾病治療問題的通知（1969.06.13）

內蒙革發〔69〕186號

各盟（市）、旗（縣）革命委員會、各醫院、《六・二六》衛生工作隊：

根據偉大領袖毛主席親自批准的中共中央《五・二二》文件精神，迅速糾正自治區革委會領導上前一時期在清理階級隊伍中所犯的擴大化錯誤，對挖「新內人黨」中誤傷的人員的疾病治療問題通知如下：

一、各級革命委員會、各醫療衛生部門，必須把積極解決誤傷人員的治病問題，當做落實偉大領袖毛主席《五・二二》批示的一項重要工作。對凡因挖「新內人黨」逼、供、信而致病、致傷的工人、貧下中農（牧）、青年學生、幹部和職工家屬等，一定要積極組織人員予以治療，能夠當地解決的就當地解決，不要矛盾上交。

即使是已經定性的叛徒、特務、死不改悔的走資派等患病的，也要遵照毛主席「給出路」和「醫治敵方傷兵，效力也很大」的教導，給予治療，以便分化瓦解敵人，爭取教育團結其家屬和子女。

二、對於因逼、供、信致病、致傷嚴重的工人、貧下中農（牧）、青年學生、幹部和職工家屬等的轉院問題，必須堅持轉院制度，辦理轉院手續。各級衛生部門要認真負責、積極就地治療，嚴格掌握，需轉院的要根據病情確定，不要矛盾上交；各有關單位革委會、工宣隊、軍宣隊，要大力協助做好致病、致傷人員和家屬的思想工作，要尊重醫療單位的意見。

三、致病、致傷人員治療或轉院，除特殊情況外，都應持各級革委會的介紹信，以防止階級敵人乘機搗亂。

四、關於醫療費、轉院費問題：

1、廠礦企業職工及其家屬、大專院校學生教工、機關幹部的醫藥費和轉院費，由所在單位或地區，從勞保費、師生醫藥費和幹部公費醫療等項開支。

2、農村牧區貧下中農（牧）、學生、下鄉知識青年或機關幹部家屬的醫

藥費和轉院費，由各級革委會統一解決，可從社會救濟費或代撫事業費內開支。

3、凡各地轉來內蒙或上訪來內蒙各醫院治療的人員，一切開支，由介紹單位解決。如確有困難的，由生建部從社會救濟費內統一開支。

內蒙古自治區革命委員會

一九六九年六月十三日

45.駐一毛紡廠工宣平反公告（1969.06.24）

最高指示：「有反必肅，有錯必糾」

無產階級革命派的戰友們！革命派的同志們！

偉大領袖毛主席教導我們說：「無產階級文化大革命的鬥、批、改階級，要認真注意政策。」

在清理階級隊伍中，特別是在挖「新內人黨」過程中，我們駐一毛工宣隊，由於毛澤東思想偉大紅旗舉得不高。在滕海清同志左傾嚴重錯誤思想的指導下。沒有按照毛主席關於重證據，重調查研究，嚴禁逼、供、信的指示辦事，而犯了嚴重的逼、供、信和擴大化的錯誤，誤傷了自己的階級兄弟，使這些好同志在精神上、肉體上受到了很大的折磨，在政治上受到了迫害。並使其家庭親友受到了牽連。混淆了兩類不同性質的矛盾，干擾了毛主席的偉大戰略佈置，影響了清理階級隊伍的順利進行。嚴重地損害了領導之間，群眾之間尤其是民族之間的團結。這是對毛主席最大的不忠，我們感到非常遺憾和痛心。錯誤和挫折教訓了我們，根據毛主席有反必肅，有錯必糾的教導，認真地落實黨的各項政策，經過我們工宣隊甄別，審查，根據黨的政策和上級規定在挖新內人黨過程中，被誤傷的革命同志，堅決給予徹底平反。賠禮道歉，恢復名譽。並做好善後工作，特寫此平反公告，內容如下：

一、平反對象：

1、被無辜打成內人黨，實行扣押，隔離給予徹底平反，賠禮道歉，恢復名譽的20名。

烏力吉、過富國、李剛悅、娜蘭、王兆章、李蘭屏、雲文義、龔巴圖、哈斯朝魯、初一、梁振東、石慶雲、李靜海、雲林寬、劉旭明、金永壽、陶特格、王五奎、馬存秀、李發（也不存在統一黨）

因被懷疑內人黨而進入隔離學習班的九名。

朱志光、王世昌、王國賢、趙振國、楊萬里、李順祥、希仁布和、白寶林、包成林。

3、除上述以外。雖未隔離未參加學習班，但被列入內人黨名冊的有六十名。

于文貴、王惠文、胡述嗔、巴牙爾、張建民、菊花、雲燕、吳登雲、趙新應、開形、陳培康、曾六均、侯讓、楊明軒、籍玉明、劉景雲、嘎達、吳治■[1]、劉世德、邢旺、馬燿岑、雲秀芳、巴特爾、任志強、徐祖川、董傑、娜仁、張洪恩、槐孟周、王秀春、齊燿武、呂恒宇、葡忠、海鳳蓮、王秀清、王鳳鳳、哈斯、雲秀秀（大）雲秀秀（小）白八月、吉力布和、郭玉德、李成蔭、雲占威、楊孝禎、金鳳蓮、雲國清、趙文清、雲智、吳世元、雲楨、張家靄、趙林壁、帕格木、高鳳祥、曹蘭、菖葭、劉傳江、朱兆霞、耿示印、陳寶山、郝志、尚寶瑞、李地生、劉永珍、鄭秀美、修元德、嶽傳峰、李擇（也不存在統一黨）

4、由於逼供信所至，被懷疑內人黨一律消除懷疑。不存在叛黨問題。

5、關於星火燎原問題：

原工宣隊第二號公告第三條提到：「星火燎原」這個組織是烏蘭夫反黨叛國集團。現行翻案的反革命組織，是內人黨的外國組織，這種提法是錯誤的。「星火燎原」不是反革命組織，不存在內黨外國組織。經工宣隊研究，將其收回，宣佈作廢，有關星火燎原的組織問題，按內蒙革委會草發（六八）二九四號二三七文件執行。至於在公告發佈後，來工宣隊登記的同志均不存在內人黨問題特此給予平反，原登記表交給本人處理。附名單如下：

李順祥、白八月、金粉連、王秀清、雲秀珍（大）雲秀珍（小）雲秀芳、王鳳鳳、包成林、帕格木、金永春、白寶林、皇悅珍、高月金、吉刀布和、吳鳳亭、劉光明、楊孝禎、李生明、希仁布和、六智、雲連喜、蘇和巴特、雲佔威。

有關一毛新內人黨組織機構問題：

就目前為止，我們認為在一毛沒有領到任何證據，也就是說連一份確鑿

1　編按：此處史料辨識不清，以■代替。

證據材料也沒有。這就說明一毛不存在新人黨問題。新內人黨組織機構也不存在，因為組織是由一般黨徒組成的。第一沒有黨徒，第二沒有證據，哪來的組織機構呢？帕格達根據我們目前掌握的情況不存在新內人黨問題。

平反事項

1、上述平反對象：沒有參加過內人黨，系受害的好人，當眾宣底平反，清除懷疑，賠禮道歉，恢復名譽，給予信任。

2、平反對象在隔離期間或隔離學習班期間，自己寫的原則上退還本人。（缺少這由工宣隊負責追查）揭發。外調專案組整套材料，當眾銷毀，被平反者有關內人黨方面材料，如至今還保存在私人手中，應迅速交給工宣隊，如轉交窩藏，一律無效按窩藏黑材料處理。

3、被平反者，凡因內人黨而被停職、撤銷的，一律恢復原職務，原工種，每個革命同志都應支持他們的工作。維護我們的革命權威，不得借機諷刺，歧視或刁難。

4、凡已平反者，每人由工宣隊簽名「平反證」一份，特此證明對其無辜牽連的家屬親友至函通知。賠禮道歉。

5、為了給受害者徹底平反，必須和批判滕海清同志左傾錯誤結合起來，並肅清其嚴重的政治影響。批判滕海清同志的左傾錯誤，（此處有很多字看不清）這是當前的大方向。

善後工作：

1.在挖新內人黨過程中，因刑訊，逼供誤傷的好人，給予治療。比如：殘廢，喪失勞動和工作能力，憑醫院證明和國家有關規定妥善解決生活問題。對逼供信被迫自殺的好人，除給予徹底平反外，對其家屬，親友做好思想工作，向他們賠禮道歉。生活待遇問題按照規定執行。在被打成新內人黨過程中個人在物資方面受損按內蒙革委會文件執行。

2.被平反者在隔離期間的發的工資或扣發的附加工資，一律補發，法定假

日和節日按國家規定處理。

3.此公告可在廠區、家屬區、廣泛張貼、廣泛宣傳，以便糾正錯誤，落實政策，在毛澤東思想的基礎上團結一致，共同對敵。

無產階級革命派的戰友們！革命的同志們！

被誤傷的階級兄弟（姐妹們）：讓我們在毛澤東思想的光輝照耀下。乘九大的浩蕩東風，按照毛主席5.22指示徹底批判滕海清左傾錯誤，總結經驗，落實政策，糾正錯誤，穩定局勢，團結一致，共同對敵，抓革命，促生產、促工作、促戰備、認真搞好本單位的鬥、批、改、奪取無產階級文化大革命的全面徹底勝利！

徹底批判滕海清同志左傾嚴重錯誤！團結致，共同對敵！

抓革命、促生產、促工作、促戰備！

偉大的中國人民解放軍萬歲！

偉大的中國共產黨萬歲！

偉大的領袖毛主席萬歲！萬歲！萬萬歲！

駐一毛工宣隊
六九年六月二十日
（印）

46.周總理六九年六月二十二日來電話指示（1969.06.22）

解決內蒙問題，要堅決貫徹「加強團結，糾正錯誤，總結經驗，落實政策，穩定局勢，共同對敵」的方針。這一段時間你們狠抓了糾正錯誤，落實政策，當前特別要狠抓加強團結，共同對敵。這是大方向。只有狠抓加強團結，共同對敵，才能變被動為主動。對犯錯誤的同志，要按主席的教導，從團結的願望出發，經過批評或鬥爭。

在新的基礎上，走向團結，要懲前毖後，治病救人，責任由上面承擔，不要追究下面的責任。

對待下面犯錯誤的同志叫他們總結經驗，吸取教訓，認識到錯誤的危害性，提高覺悟就行了。不要追究他們的責任。

對於受害者，打錯了的給予平反，認真做好善後工作，恢復工作的要信任他們。加強團結共同對敵。對兩種不同觀點的群眾，都要做好思想政治工作，當前最主要的是，加強團結共同對敵。內蒙地處邊防第一線，備戰任務很重，要穩定局勢，顧全大局。把廣大群眾引導來共同對敵。

（當吳濤彙報滕海清同志到鐵路局火車頭聽取群眾批評，並做了檢查時）總理說：到群眾中去做檢查，那就主動了嘛！

（當彙報到，經過十幾天接見上訪人員後，最近上訪人員減少了）總理說：要發動常委同志「造反派頭頭」，大家作工作，動員上訪人員回去，就地鬧革命，就地解決問題，兩種不同觀點群眾組織，所派去串聯人員都要調回來。加強團結，非常重要，要加強核心小組，常委的團結，加強軍隊常委的團結，加強群眾團結，加強民族團結。你們要做大量的團結工作，總之，加強團結，共同對敵。

你們要狠抓煤炭的生產，你們的兩個煤炭幾乎停產，最近派軍隊去支左，你們要狠狠地抓上去。鐵路運輸，包頭工業生產都要狠狠地抓一抓。滿洲里市邊境境岸，面對蘇修，要很好地解決該地區的問題，由自治區和盟裡共同負責解決好，中央不下文件了。

47.周總理指示（其二1969.06.23）

（1969年6月23日凌晨4時）

解決內蒙問題，要堅決貫徹24字方針，這一段時間你們狠抓了糾正錯誤，落實政策，當前特別要狠抓加強團結，共同對敵。這是大方向。只有狠抓加強團結，共同對敵，才能變被動為主動。

對犯錯誤的同志，要按主席的教導，從團結的願望出發，經過批評或鬥爭。在新的基礎上，走向團結，要懲前毖後，治病救人，責任由上面承擔，不要追究下面的責任。對待下面犯錯誤的同志叫他們總結經驗，吸取教訓，認識到錯誤的危害性，提高覺悟就行了。不要追究他們的責任。

對於受害者，打錯了的給予平反，認真做好善後工作，恢復工作的要信任他們。加強團結共同對敵。

對兩種不同觀點的群眾，都要做好思想政治工作，當前最主要的是，加強團結共同對敵。內蒙地處邊防第一線，備戰任務很重，要穩定局勢，顧全大局。把廣大群眾引導來共同對敵。

（當吳濤彙報滕海清同志到鐵路局火車頭聽取群眾批評，並做了檢查時）總理說：到群眾中去做檢查，那就主動了嘛！

（當彙報到，經過十幾天接見上訪人員後，最近上訪人員減少了）總理說：要發動常委同志「造反派頭頭」，大家作工作，動員上訪人員回去，就地鬧革命，就地解決問題，兩種不同觀點群眾組織，所派去串聯人員都要調回來。

加強團結，非常重要，要加強核心小組，常委的團結，加強軍隊常委的團結，加強群眾團結，加強民族團結。你們要做大量的團結工作，總之，加強團結，共同對敵。

你們要狠抓煤炭的生產，你們的兩個煤炭幾乎停產，最近派軍隊去支左，你們要狠狠地抓上去。

鐵路運輸，包頭工業生產都要狠狠地抓一抓。

　　滿洲里市邊境境岸，面對蘇修，要很好地解決該地區的問題，由自治區和盟裡共同負責解決好，中央不下文件了。

48.周總理指示（其三1969.06.23）

（1968年6月23日凌晨4時）

解決內蒙問題，要貫徹24字方針，這一段時間你們狠抓了糾正錯誤，落實政策，當前特別要狠抓加強團結，共同對敵。這是大方向。只有狠抓加強團結，共同對敵，才能變被動為主動。

對犯錯誤的同志，要按主席的教導，從團結的願望出發，經過批評或鬥爭。在新的基礎上，走向團結，要懲前毖後，治病救人，責任由上面承擔，不要追究下面的責任。對待下面犯錯誤的同志叫他們總結經驗，吸取教訓，認識到錯誤的危害性，提高覺悟就行了。不要追究他們的責任。

對於受害者，打錯了的給予平反，認真做好善後工作，恢復工作的要信任他們。加強團結共同對敵。

對兩種不同觀點的群眾，都要做好思想政治工作，當前最主要的是，加強團結共同對敵。內蒙地處邊防第一線，備戰任務很重，要穩定局勢，顧全大局。把廣大群眾引導來共同對敵。

（當吳濤彙報滕海清同志到鐵路局火車頭聽取群眾批評，並做了檢查時）總理說：到群眾中去做檢查，那就主動了嘛！

（當彙報到，經過十幾天接見上訪人員後，最近上訪人員減少了）總理說：要發動常委同志「造反派頭頭」，大家做工作，動員上訪人員回去，就地鬧革命，就地解決問題，兩種不同觀點群眾組織，所派去串聯人員都要調回來。

加強團結，非常重要，要加強核心小組，常委的團結，加強軍隊常委的團結，加強群眾團結，加強民族團結。你們要做大量的團結工作，總之，加強團結，共同對敵。

你們要狠抓煤炭的生產，你們的兩個煤炭幾乎停產，最近派軍隊去支左，你們要狠狠地抓上去。鐵路運輸，包頭工業生產都要狠狠地抓一抓。滿洲里市

邊境境岸，面對蘇修，要很好地解決該地區的問題，由自治區和盟裡共同負責解決好，中央不下文件了。

包頭市內蒙電力公司批滕聯絡站翻印

內蒙師院《東縱》再翻印

49.盟革命委員會電話會議轉達周總理在 1969年6月23日淩晨四時對內蒙的指示（1969.06.27）

（根據記錄整理，1969年6月27日晚十時）

　　周總理說：解決內蒙問題，要堅決貫徹加強團結，糾正錯誤，總結經驗，落實政策，穩定局勢，共同對敵的方針。在這段時間裡，你們狠抓了糾正錯誤，落實政策，當前特別要狠抓加強團結，共同對敵。這是大方向。只有如此，才能變被動為主動。

　　總理說：對犯錯誤的同志，要按偉大領袖毛主席的教導從團結的願望出發，經過批評或鬥爭。在新的基礎上，走向團結，要懲前毖後，治病救人，上面要承擔責任，不要追究下面的責任，對待下面犯錯誤的同志要他們總結經驗，吸取教訓，認識到錯誤的危害，提高覺悟就行了。不要追究責任。

　　總理說：對受害者打錯了的一定要給予平反，認真做好善後工作，恢復工作的要信任他們。要加強團結，共同對敵。

　　總理說：要對兩種不同觀點的群眾，都必須好思想政治工作，當前最主要的是，加強團結，共同對敵。內蒙地處邊防第一線，備戰任務很重，要穩定局勢，顧全大局。把廣大群眾引導來共同對敵。

　　當吳濤同志彙報到滕海清同志到鐵路局火車頭聽取群眾批評，並做了檢查時，周總理說到群眾中去做檢查，那就主動了。

　　當吳濤同志彙報到經過十幾天接見上訪人員後最近上訪人員減少時總理說要發動常委同志、造反派頭頭，大家作工作，動員上訪人員回去，就地鬧革命，就地解決問題，兩種不同觀點群眾組織，所派去串聯人員都要調回來。

　　總理說：加強團結是非常重要的，要加強核心小組，常委的團結，加強軍隊常委的團結，加強群眾團結，加強民族團結。你們要做大量的團結工作，總而言之，加強團結，共同對敵。

　　總理說：你們必須狠抓煤炭的生產，你們那裡兩個煤炭幾乎停產，最近派

軍隊去支左，你們一定要狠抓上去。

　　總理還說：鐵路、運輸和包頭工業生產你們要狠狠地抓一抓。

　　總理最近說：滿洲里市邊境口岸，面對著蘇修，要很好地解決那裡的問題，由你們自治區和盟裡共同負責解決好，中央不下文件了。

達拉特旗革命委員會辦公室翻印

一九六九年六月十七日

50.內蒙革委會負責同志接見哲盟聯合上訪團（1969.07.01）

內蒙革委會副主任、內蒙軍區政委吳濤同志，內蒙革委會副主任高錦明同志及內蒙革命委員會常委郝廣德，高樹華，王志有，那順巴雅爾，劉玉堂，楊萬祥等同志，於一九六九年六月三十日二十二點五十五分至次日四點五十五分，在呼市新城賓館接見了哲盟聯合上訪團。

參加接見的還有內蒙革委會委員木林同志，內蒙革命委員會，內蒙古軍區接見哲盟上訪團辦事處的工作人員，呼三司赴哲盟調查組和七盟二市上訪團的部分人員。

被接見的有哲裡木革命大批判指揮部，盟委井岡山，政法東方紅，農牧東方紅，公署東方紅，盟直通遼紙廠，教印廠等廠礦企業單位及通遼市、通遼縣，左中，右中、後旗、庫倫、紮旗的受害受壓的工人、貧下中農（牧）、革命幹部和紅衛兵小將共200余人。

被接見的有：哲盟革委會副主任陳福隆、常委王新、金殿琛、李洪福、霍風林、委員張風廷、徐玉山、張傑等同志。

被接見的有：通遼地區工代會成員張佐慶、高升等同志。

被接見的還有各旗縣市革命委員會的部分委員，委員同志。通遼市有王忠孝、任士國、黃錦卿、劉裕、姚福才同志，通遼縣有王少書、張軍同志，右中有吳舍、滿都拉等同志。

被接見的還有：哲盟革委會主任趙玉溫、副主任呂順、常委杜志華同志。

接見過程中，霍鳳林等同志代表哲盟上訪團，對滕海清、趙玉溫進行了揭發、批判和控訴。接見結束前吳濤同志作了重要講話。

51.吳濤同志接見哲盟聯合上訪團全體人員時的重要講話

等常委到齊後，準備還要開會，來解決哲盟的問題。

今天有些具體問題不能講了。

首先向受害者，受害的同志致以親切的慰問！（鼓掌，呼口號：毛主席萬歲！毛主席萬萬歲！敬祝偉大領袖毛主席萬壽無疆！）向受害同志們表示賠禮道歉！接受同志們的批評和教育。

首先，我們要感謝偉大領袖毛主席給受害者平反！（高呼：毛主席萬歲！萬歲！祝毛主席萬壽無疆！）是我們偉大領袖毛主席他老人家洞察了內蒙的情況，指出了：內蒙在清理階級隊伍中已經擴大化了。黨中央負責同志嚴肅地指出了內蒙在清理階級隊伍中犯了嚴重的逼、供、信和擴大化的錯誤。是毛主席，黨中央糾正了內蒙的擴大化，我們要堅決貫徹執行毛主席的教導和「5.22」批示，中央指示的24個字方針，就是要加強團結，糾正錯誤，總結經驗，落實政策，穩定局勢，共同對敵。（呼口號：聽毛主席的話，照毛主席的指示辦事！捍衛「5.22」批示！誰對抗「5.22」批示就打倒誰！）堅決貫徹中央的指示，堅決按中央24個字方針來解決那個問題。要按照中央的教導、指示，按所通過的165號文件，要給受害者以徹底平反！從政治上，思想上，組織上都要給予徹底平反！政治上恢復名譽，組織上平反，從思想上通過批判錯誤，真正的對受害者，錯打成的「反革命」，「內人黨」及其他什麼變種組織的，都應該給予平反，特別是在思想上也應平反，真正的徹底平反。思想上的平反，也很重要，腦子裡經過批判，從思想上清理出去，認為是好同志，是階級兄弟，有真正階級感情了，這樣才是徹底平反。要給受傷的治療，因擴大化造成非正常死亡的給予撫恤，給予平反。現在按國務院內務部，內蒙關於因公死亡條例正在制定文件給予撫恤。對於沒有工作的家屬，未成年的子女都給予撫恤，行成文件後發下去。同時對錯打了的，給予撫恤，過去有工作職務的要複職。必須堅決這樣做，任何地方都要這樣做，都要堅決貫徹了毛主席無產階級政策。如果誰在那兒抵制不搞，不落實政策，應予教育給予批評嚴重抵制的

要追究！一定要落實政策。

今天會上，許多同志揭發了很多問題，進行了批評，這是很好的。趙玉溫同志要很好地認識錯誤的嚴重性。今天態度很不好！首先表現在對受害者，對受害的階級兄弟缺乏階級感情，對錯誤的認識很差。對於中央的指示在哲盟竟敢宣佈作廢！對這個嚴重錯誤認識很不足。這是現在的嘛！不是過去的嘛。我們說這個錯誤是由於內蒙，特別是核心小組領導同志，包括我在內犯了嚴重錯誤，下面是執行者，當然趙玉溫同志本身也是執行者，另一方面，趙玉溫同志也是一個地區的負責人，是一個專區的，是一個盟嘛，是個負責幹部嘛！因按毛主席教導來執行嘛，來辦事嘛。應緊跟毛主席偉大戰略部署，按毛主席革命路線辦事。所以這些錯誤，趙玉溫同志應按中央指示，按周總理指示，最低限度有總結經驗，吸取教訓。如對嚴重性認識不足，那你就沒辦法糾正錯誤，落實政策，要接受同志們的批評，批評錯誤是對的嘛！錯誤不批，閉門思過，是改不了的。批評錯誤是改正的前提，糾正錯誤，有這樣決心有行動，才能保證真正落實政策。負責落實政策不徹底。自己對錯誤的嚴重性認識不好，不足，就會影響下邊落實政策。當然，我們解決哲盟問題還是有按毛主席的教導、中央24字方針，總理最近的指示，特別對內蒙的整個的形勢、方向、方針、原則、做法都有明確的指示。首先讓我們狠抓糾正錯誤，落實政策，因為不糾正錯誤，就沒辦法落實政策，不糾正錯誤，落實政策，也就達不到團結一致，共同對敵。因為有個基礎嘛。不落實政策，把我們一部分階級兄弟當敵人來看待，這怎麼能團結呢？沒辦法團結嘛。只有真正糾正錯誤，落實政策，把我們自己的階級兄弟平反了，真正按階級兄弟看待了，這才能夠團結嘛。總理講，在當前要特別重視，特別狠抓加強團結，共同對敵。我們從「5.22」到6月23日，一個月的時間，總理有了三次指示。「5.22」的時候，我們回呼市在火車上，在集寧車站把車停下來，總理從北京打電話，停了一兩個小時。回來以後，又打電話指示，6月23日又打電話指示，對內蒙局勢特別關心。總理講當前要特別注意加強團結，共同對敵。加強團結的問題是帶有偉大戰略意義的，因此必須糾正錯誤，落實政策。如不糾正錯誤，落實政策，怎麼能夠團結呢？怎麼能夠共同對敵呢？我們講團結，是毛澤東思想基礎上的團結嘛，這個團結也必須糾正錯誤，落實政策嘛。如果把自己的階級兄弟當做敵人，那就沒

辦法團結嘛？那就製造分裂嘛，誰製造的？那就把好同志把自己的階級兄弟打成敵人了，這樣造成的嘛。必須糾正錯誤，落實政策嘛。但是同時，也必須進一步深入刻地領會我們偉大領袖毛主席的教導：「要團結起來，爭取更大的勝利」的最新指示。特別是在「七大」期間，毛主席講要開一個團結的大會，勝利的大會。24年前，1945年八大的時候，毛主席將加強全黨的團結，實現了主席的偉大的號召，取得了解放戰爭和抗日戰爭的勝利，奪取了全國的政權，取得了偉大的勝利。24年以後的今天，在「九大」期間，主席又提到了加強團結。這可不是一般的問題，是帶有偉大戰略意義的，是根據國際國內形勢，根據國際國內階級鬥爭的形勢，來提出的偉大號召，是帶有戰略性意義的，不是輕易的。當然，主席歷來都主張我們全黨、全軍、全國人民各民族都要團結，但特別在這個時期強調。最近一個時期，報紙也經常登載這些關於加強團結方面的文章嘍。所以，應該把它看作帶有偉大戰略意義的。對於我們來講是非常重要的，所以，我們當前來看，首先要加強團結，把它放在第一位。加強團結，才能糾正錯誤，落實政策。這就是說我們這次所犯的嚴重的逼、供、信和擴大化的錯誤，它的性質是在「左」傾錯誤思想指導下的，嚴重的違犯毛主席無產階級政策的這樣的錯誤，是屬在肅反鬥爭中，清理階級隊伍裡邊，嚴重的逼，供，信和擴大化的錯誤。是違犯毛主席無產階級政策的這樣的錯誤。這樣的錯誤，它的後果也是十分嚴重的。由於逼，供，信擴大化的錯誤，這個後果是非常嚴重的，把好多一部分我們的階級兄弟，工人、貧下中農，貧下中牧、革命幹部，打成了「內人黨」，打成了「反革命」。這就傷害了我們的階級兄弟，而且造成了身體傷殘，精神上政治上受到了很大的損失，特別嚴重的是把我們自己的階級兄弟，由於逼，供，信而造成了非正常死亡，這個損失，這個危害是非常之大的。不僅如此，對於經濟建設，生產各方面危害也很大，對於民族之間的關係的危害也很大，必須足夠的認識這個錯誤。但是，這個問題這個錯誤，還是屬違犯政策的這樣的錯誤，違犯政策的錯誤和路線錯誤相比，也不能說違犯政策的錯誤它的損失就比路線錯誤輕，但它的性質是不一樣的。二月逆流是路線錯誤，方向路性錯誤。因為他是反對文化大革命的。二月逆流是反對文化大革命的。這次嚴重的逼、供、信擴大化的錯誤，是違犯無產階級政策的錯誤，它的大前提是清理階級隊伍，如果說把我們本隊伍裡的壞人清理出

去，這就沒問題了，恰恰是把我們的隊伍裡一部分階級兄弟也當成反革命把它清理出去，這就是非常錯誤的。總理講嘛，違犯政策的錯誤，也會造成極大的損失，我們實際上造成很大的損失嘛！總理講「八・一」南昌暴動大方向是正確的，但是由於違犯政策，最後遭到了極大的損失以至於失敗。不能說違犯政策的錯誤就小。違犯政策的錯誤照樣會造成很大的惡果，必須有這樣足夠的認識。這樣才能夠徹底糾正錯誤，落實政策。如果對錯誤認識很不夠，那就沒有辦法來糾正錯誤，來徹底落實政策，所以我們必須按照總理的指示，總理講加強團結，共同對敵是當前的大方向，這是根據當前國內國際鬥爭的形勢來指示的，我們當前面對蘇蒙修正主義嘛，是反修正第一線嘛，有對敵鬥爭，對敵作戰的這樣的任務，是戰略的任務，更應團結起來，加強團結共同對敵呀，這個意義就更重了。按照周總理的指示，我們對於犯錯誤的同志還是要採取懲前毖後，治病救人，還是要幫助改正錯誤，批判錯誤是為了糾正錯誤，我們還是要這樣的按照毛主席的教導來這樣做。而犯錯誤的同志本身應該深刻地認識到自己錯誤的嚴重性，來徹底檢查自己的錯誤，糾正自己的錯誤。糾正錯誤就要有行動，要給受害者無產階級感情嘛，要有同情心嘛，我們把我們的階級兄弟打成了反革命嘛，要檢查沉痛的教授嘛，這是對不起黨的事業嘛，對不起毛主席嘛，辜負了黨對我們的培養教育嘛。把自己的階級兄弟傷害了嘛，應該心情很沉痛嘛！應該用無產階級感情來解決這些問題嘛！受害者就是自己的親兄弟嘛！就是自己的親姊妹嘛！就是自己的父母嘛，就是自己的子女嘛，一樣的看待嘛！這才行嘛！因為是階級兄弟嘛。如果說對敵人來講，那我們就應該狠嘛，是真正的階級敵人，那我們應該狠狠的實行無產階級專政嘛！對於自己人要和嘛，這是毛主席的教導，要很好地認識自己的錯誤，要總結經驗吸取教訓。要認識這個錯誤的嚴重性，要提高覺悟嘛，如果覺悟水平很低，那就難免保證不繼續犯錯誤。沒法保證糾正錯誤，如果不提高覺悟，也沒有辦法認真地徹底的落實政策，來糾正錯誤來落實政策，也就不能達到加強團結，共同對敵。加強團結，首先應該很好承認錯誤嘛，還要團結別人嘛，如果連承認錯誤都不能認識，那就沒有辦法進一步真正的有無產階級感情，同志之間的關係來相處。今後如果工作不真正互相信任，互相信賴，那就沒有辦法共同對敵，所以責任應該在犯錯誤的同志這方面，對於這些問題，應該按照總理的指示來

辦，我們當前應該把這個團結的問題放在最重要的位置，用團結，首先我們團結一起來批判錯誤，來糾正錯誤，來落實政策，來共同對敵。只有這樣才能解決內蒙的問題。

特別我們要提出來一些問題，當然哲盟現在還沒有發現這個問題了。我們的態度就是說要堅決按照24字方針來解決問題。堅決反對武鬥，我們堅決反對武鬥！要採取果斷措施來制止武鬥。革命造反派，內蒙的革命造反派最聽中央的話，最聽毛主席的話，中央負責同志都講了，我們一定要文鬥不要武鬥。誰要搞武鬥，誰就成了罪魁禍首！不能搞武鬥。

再一個，我們要剎住經濟主義妖風，這個時期在內蒙有些地方搞這個東西，這是這次文化大革命以來，本來很長時間沒有這個問題了，現在搞這個東西，就是要破壞內蒙爭取第一個可能，搞武鬥的搞經濟主義妖風的都是希望第二個可能的實現。第二個可能對我們那麼沒好處，只有壞處，所以堅決反對這個經濟主義妖風，同時我們也堅決反對抵制糾正錯誤，抵制落實政策。不落實政策就是違抗中央的指示。應該是堅決按照中央的教導中央的指示來糾正錯誤，落實政策。只有這樣才能達到加強團結，共同對敵。

同時，在這個時期，也有一些什麼謠言，什麼傳說，有些不正確的東西，或者錯誤的東西，或者反動的東西，應該指出來，應該批判，批評。比方說有人講內蒙革命委員會是支一派壓一派。這完全是錯誤的說法。據我所知，我們革委會委員一個多月以來接見群眾三十幾次吧，解決了一些問題。我們總的觀點來講，我們是支持受害者，支持被壓的人。（鼓掌，高呼口號：毛主席萬歲！祝毛主席萬壽無疆！）這個是遵照毛主席的教導，遵照中央的指示辦理的。把我們自己的階級兄弟打成反革命，我們給予他們平反，支持這些同志平反過來，這完全是對的。並不是支一派，壓一派。我們就是要按照中央的教導，中央的指示來支持受害者嘛，是對的嘛！我們還能支持打人者嗎？我們還能支持犯錯誤的人嗎？！犯錯誤的要批判嘛，糾正嘛！當然，我們要按照中央的教導懲前毖後，治病救人，不是一棍子打死。（此時有一個右中受害者，感動的痛哭和吳濤同志抓手，吳濤同志高喊：感謝毛主席！毛主席給我們平反了。群眾高呼口號，受害者憤怒控訴……）。並不是支一派壓一派。支持受害者是完全正確的嘛，是對的嘛。另一方面，我們在解決問題中也如此嘛。

比方說，巴盟問題，五原和烏達，五原我們所支持和烏達所支持的，在巴盟來講是兩種觀點嘛，但是在五原我們支持的也是受害者，受壓的我們支持了他們嘛，給他們平反了嘛。在烏達也是支持那個受壓者，受害者。把好多人從革委會裡吐出去了嘛，我們要給他們平反嘛，恢復他們的職務嘛，並不是說支持那一派，壓那一派。那一些是受害的，那一些是受害的我們就支持那一些嘛。這怎麼能叫做支一派壓一派呢？第二個問題還有的講就是一風吹。怎麼會是一風吹呢？毛主席教導：階級敵人是一小撮，壞人是一小撮。而我們在清理階級隊伍，抓「內人黨」這個問題上，挖「內人黨」打擊了一大片嘛，在打擊的一大片中是階級兄弟給予平反，完全是正確的，不是一風吹。對一小撮的階級敵人仍然實行無產階級專政嘛！並沒有一風吹嘛。內蒙古自治區的，內蒙古軍區的一小撮階級敵人，還在嘛，並沒有一風吹嘛。講這種話的實際上就是抵抗落實政策，就是不給受害者平反。這種說法是錯誤的。我們內蒙革委會沒有一風吹這樣的事情，就是說所有被害者被打錯了的，都給予平反，這不叫一風吹嘛，這是正確的嘛。因為階級敵人是一小撮嘛，一小撮敵人我們還是實行無產階級專政嘛，擴大化了打錯了的都要平反嘛，這個不能叫做一風吹。所以這個問題必須講清楚，不能夠這樣說。這種說法屬認識方向的，應該很好的提高認識，屬立場方面的，應該轉變立場，這是個錯誤的東西，這樣的話不利於糾正錯誤，落實政策。也還有抓小滕海清這個問題。這個人按照中央的教導責任由上面來負嘛，下面不追究責任，但是犯錯誤的同志必須要注意什麼呢？要總結經驗，吸取教訓嘛，教訓也不吸取還行嗎？下次還幹哪？那還了得！你要認識錯誤的嚴重性嘛，認識到錯誤的嚴重性，才能糾正錯誤，才能落實政策嘛。要提高認識嘛，提高覺悟嘛，總理講的提高覺悟嘛，這是要做的嘛，如果這個都不做那怎麼能行呢？所以我們革命者，我們是革命造反派，受害者，工人階級、貧下中農，革命幹部，革命小將，是按照毛主席的教導按照毛主席指示辦事的，我們絕不以擴大化來反對擴大化，有人講以擴大化反對擴大化了，沒有這樣的事情。中央提出來，要特別注意，我們是按照中央教導的，我想我們受害的工人，受害的貧下中農，受害的貧下中牧，受害的革命幹部，受害的革命小將都是按照中央指示按照毛主席的教導，沒有像擴大化那樣來以牙還牙，沒有這個事情，我們接見了三十幾場，每場多的五六百人，三四百人，二三百人，

最少得六七十人，五六十人嘛。

　　受害者是通情達理的，使我們非常受感動，是非常好的同志，打得遍體鱗傷還是講道理，還是按照毛主席指示辦事，按照毛主席政策、無產階級政策來執行，就是講道理嘛！這就說明真正是我們的階級兄弟嘛，並沒有以牙還牙沒有這樣做嘛。通過這些說明，我們的受害者同志政策水平是很高的，姿態也是很高的。但是一起批判犯錯誤的同志，批判錯誤是正確的，如果不批判錯誤的話就沒有辦法糾正錯誤，沒有辦法落實政策。那是不對的。這個還有一些謠言說，這個謠言了，講什麼內蒙一級戰備了，戰備當然是很重要了，還講什麼內蒙要落實軍管了，要停止四大了，這都是謠言，沒有這個事情，這是謠言了，不僅是哲盟，別的地方也有這樣說的了，這都是謠言了。我們經常和中央聯繫嘛，中央經常有指示嘛，怎麼會有這樣的事情呢？停止四大，那不是把文化大革命停止了嗎？那不可能的事情嘛！也可能有一些人這樣想一下，就是要這麼造謠，怎麼能那樣呢？我們說，四大的權力還是要充分的使用嘛，發揮嘛！當然我們的四大是文鬥不搞武鬥。今後，就是說對犯錯誤的同志，我們還是按照毛主席的教導，思想鬥爭從嚴，組織處理從寬。不要輕易的提出來什麼組織上的措施，不要那樣子，那樣不好，還是要從思想上進行思想鬥爭嘛，批判錯誤嘛，把錯誤徹底糾正過來。還是按照毛主席的教導嘛，無產階級革命造反派，工人階級，貧下中農，貧下中牧，革命幹部胸懷最大。對犯錯誤的人要懲前毖後，治病救人。採取這種辦法給予改正錯誤的機會。有一些具體問題今天不能講了，等把常委同志都找來在一起開個會，哲盟的問題要盡快解決。同時嘛，在內蒙當前來講上訪的人員還很多，還有其他的單位也要解決，你們可以根據總理的指示，「七一」的社論好好的討論討論，研究研究，這樣記幾條紀錄來取得解決問題。我簡單講到這兒吧。（熱烈鼓掌）

　　　　　　　　　　　　　　　　　（根據錄音整理，未經本人審閱）

內蒙古文革檔案04　PC0932

新銳文創
INDEPENDENT & UNIQUE

有關內蒙古人民革命黨的政府文件和領導講話（上冊）

主　　編	楊海英
責任編輯	尹懷君
圖文排版	周妤靜
封面設計	蔡瑋筠

出版策劃	新銳文創
發 行 人	宋政坤
法律顧問	毛國樑　律師
製作發行	秀威資訊科技股份有限公司
	114 台北市內湖區瑞光路76巷65號1樓
	電話：+886-2-2796-3638　傳真：+886-2-2796-1377
	服務信箱：service@showwe.com.tw
	http://www.showwe.com.tw
郵政劃撥	19563868　戶名：秀威資訊科技股份有限公司
展售門市	國家書店【松江門市】
	104 台北市中山區松江路209號1樓
	電話：+886-2-2518-0207　傳真：+886-2-2518-0778
網路訂購	秀威網路書店：https://store.showwe.tw
	國家網路書店：https://www.govbooks.com.tw

出版日期	2020年7月　BOD一版
定　　價	360元

國家圖書館出版品預行編目

有關內蒙古人民革命黨的政府文件和領導講話 /
楊海英主編. -- 一版. -- 臺北市：新銳文創,
2020.07
    冊； 公分. -- (內蒙古文革檔案；4-5)
    BOD版
    ISBN 978-986-5540-03-6(上冊：平裝). --
ISBN 978-986-5540-04-3(下冊：平裝). --
ISBN 978-986-5540-05-0(全套：平裝)

    1.文化大革命 2.內蒙古 3.種族滅絕 4.內蒙古自
治區

628.75   109007257

讀者回函卡

感謝您購買本書,為提升服務品質,請填妥以下資料,將讀者回函卡直接寄回或傳真本公司,收到您的寶貴意見後,我們會收藏記錄及檢討,謝謝!
如您需要了解本公司最新出版書目、購書優惠或企劃活動,歡迎您上網查詢或下載相關資料:http:// www.showwe.com.tw

您購買的書名:＿＿＿＿＿＿＿＿＿＿＿＿＿＿＿＿＿＿＿＿＿＿＿＿

出生日期:＿＿＿＿＿年＿＿＿＿＿月＿＿＿＿＿日

學歷:□高中 (含) 以下　　□大專　　□研究所 (含) 以上

職業:□製造業　□金融業　□資訊業　□軍警　□傳播業　□自由業
　　　□服務業　□公務員　□教職　　□學生　□家管　　□其它＿＿＿

購書地點:□網路書店　□實體書店　□書展　□郵購　□贈閱　□其他

您從何得知本書的消息?

　□網路書店　□實體書店　□網路搜尋　□電子報　□書訊　□雜誌
　□傳播媒體　□親友推薦　□網站推薦　□部落格　□其他＿＿＿＿＿＿

您對本書的評價:(請填代號　1.非常滿意　2.滿意　3.尚可　4.再改進)

　封面設計＿＿＿　版面編排＿＿＿　內容＿＿＿　文／譯筆＿＿＿　價格＿＿＿

讀完書後您覺得:

　□很有收穫　□有收穫　□收穫不多　□沒收穫

對我們的建議:＿＿＿＿＿＿＿＿＿＿＿＿＿＿＿＿＿＿＿＿＿＿＿＿

＿＿＿＿＿＿＿＿＿＿＿＿＿＿＿＿＿＿＿＿＿＿＿＿＿＿＿＿＿＿＿＿

＿＿＿＿＿＿＿＿＿＿＿＿＿＿＿＿＿＿＿＿＿＿＿＿＿＿＿＿＿＿＿＿

＿＿＿＿＿＿＿＿＿＿＿＿＿＿＿＿＿＿＿＿＿＿＿＿＿＿＿＿＿＿＿＿

11466
台北市內湖區瑞光路 76 巷 65 號 1 樓

秀威資訊科技股份有限公司　　　收

BOD 數位出版事業部

· ·

（請沿線對折寄回，謝謝！）

姓　　名：＿＿＿＿＿＿＿＿　年齡：＿＿＿＿　性別：□女　□男

郵遞區號：□□□□□

地　　址：＿＿＿＿＿＿＿＿＿＿＿＿＿＿＿＿＿＿＿＿＿＿＿＿

聯絡電話：(日)＿＿＿＿＿＿＿＿　(夜)＿＿＿＿＿＿＿＿＿＿

E-mail：＿＿＿＿＿＿＿＿＿＿＿＿＿＿＿＿＿＿＿＿＿＿